华侨大学 哲学社会科学文库·经济学系列

中国人口结构转变与收入分配

事实、机制与政策含义

DEMOGRAPHIC TRANSITION AND INCOME DISTRIBUTION IN CHINA

Facts, Mechanisms, and Policy Implications

魏下海 董志强 蓝嘉俊 著

社会科学文献出版社

SOCIAL SCIENCES ACADEMIC PRESS (CHINA)

◆本书入选"华侨大学哲学社会科学学术著作专项资助计划",得到"中央高校基本科研业务费专项资金"出版资助

◆本书为国家社会科学基金青年项目(13CRK025,16CRK017)、国家自然科学基金面上项目(71473089)研究成果

打造优秀学术著作
助力建构中国自主知识体系

——《华侨大学哲学社会科学文库》总序

习近平总书记在哲学社会科学工作座谈会上指出："哲学社会科学是人们认识世界、改造世界的重要工具，是推动历史发展和社会进步的重要力量，其发展水平反映了一个民族的思维能力、精神品格、文明素质，体现了一个国家的综合国力和国际竞争力。"当前我国已经进入全面建成社会主义现代化强国、实现第二个百年奋斗目标，以中国式现代化全面推进中华民族伟大复兴的新征程，进一步加强哲学社会科学研究，推进哲学社会科学高质量发展，为全面建成社会主义现代化强国、全面推进中华民族伟大复兴贡献智慧和力量，具有突出的意义和价值。

2022年4月，习近平总书记在中国人民大学考察时强调：加快构建中国特色哲学社会科学，归根结底是建构中国自主的知识体系。建构中国自主的知识体系，必须坚持马克思主义的指导地位，坚持以习近平新时代中国特色社会主义思想为指引，坚持党对哲学社会科学工作的全面领导，坚持以人民为中心的研究导向，引领广大哲学社会科学工作者以中国为观照、以时代为观照，立足中国实际，解决中国问题，不断推进知识创新、理论创新、方法创新，以回答中国之问、世界之问、人民之问、时代之问为学术己任，以彰显中国之路、中国之治、中国之理为思想追求，在研究解决事关党和国家全局性、根本性、关键性的重大问题上拿出真本事、取得好成果，认真回答好"世界怎么了""人类向何处去"的时代之题，发挥好哲学社会科学传播中国声音、中国理论、中国思想的特殊作用，让世界更好读懂中国，为推动构建人类命运共同体做出积极贡献。

华侨大学作为侨校，以侨而生，因侨而兴，多年来始终坚持走内涵发展、特色发展之路，在为侨服务、传播中华文化的过程中，形成了深厚的人文底蕴和独特的发展模式。新时代新征程，学校积极融入构建中国特色哲学社会科学的伟大事业之中，努力为教师更好发挥学术创造力、打造精品力作提供优质平台，涌现出一大批优秀成果。依托侨校优势，坚持以侨立校、为侨服务，学校积极组织开展涉侨研究，努力打造具有侨校特色的新型智库，在中华文化传承传播、海外华文教育、侨务理论与政策、侨务公共外交、华商研究、海上丝绸之路研究、东南亚国别与区域研究、海外宗教文化研究等诸多领域形成具有特色的研究方向，推出了以《华侨华人蓝皮书：华侨华人研究报告》《世界华文教育年鉴》《泰国蓝皮书：泰国研究报告》《海丝蓝皮书：21 世纪海上丝绸之路研究报告》等为代表的一系列研究成果。

《华侨大学哲学社会科学文库》是"华侨大学哲学社会科学学术著作专项资助计划"资助出版的成果，自 2013 年以来，已资助出版 68 部学术著作，内容涵盖马克思主义理论、哲学、法学、应用经济学、工商管理、国际政治等基础理论与重大实践研究，选题紧扣时代问题和人民需求，致力于解决新时代面临的新问题、新任务，凝聚着华侨大学教师的心力与智慧，充分体现了他们多年围绕重大理论与现实问题进行的研判和思考。已出版的学术著作，获得福建省社会科学优秀成果奖二等奖 1 项、三等奖 9 项，获得厦门市社会科学优秀成果奖一等奖 1 项、二等奖 2 项、三等奖 2 项，得到了同行专家和学术共同体的认可与好评，在国内外产生了较大的影响。

在新时代新征程上，围绕党和国家推动高校哲学社会科学高质量发展，加快构建中国特色哲学社会科学学科体系、学术体系、话语体系，加快建构中国自主知识体系的重大历史任务，华侨大学将继续推进《华侨大学哲学社会科学文库》的出版工作，鼓励更多哲学社会科学工作者尤其是青年教师勇攀学术高峰，努力推出更多造福于国家与人民的精品力作。

今后，我们将以更大的决心、更宽广的视野、更有效的措施、更优质的服务，推动华侨大学哲学社会科学高质量发展，不断提高办学质量和水平，为全面建成社会主义现代化强国、全面推进中华民族伟大复兴做出新贡献。

华侨大学党委书记　徐西鹏

2023 年 10 月 8 日

序　一

　　中国人口正在经历一场巨大的变化，快速老龄化、低生育率和人口负增长接踵而至，出生人口性别比失衡积累的能量开始释放。这场巨变恰好发生在实现中国式现代化进程的关键时期，无疑给中国的经济发展与社会进步带来了深刻和深远的影响，尤其是原有的人口经济关系格局将被打破，新的关系格局正在形成。如何正确认识人口经济关系的新格局，如何科学应对新格局中的新问题和新挑战，如何积极创造和抓住新的发展机遇，对这些问题的回答既涉及人口经济研究的前沿领域，也是中国人口经济学家的重大使命。魏下海、董志强、蓝嘉俊三位学者的著作回应了现实的呼唤。

　　在中国人口的诸多变化中，人口结构的变化尤为突出，对经济影响的程度和范围远超以往，并将越来越强烈。由于中国经济尚处在发展阶段，人口红利时代的退出和人口负债即将出现给经济发展带来一些压力和不确定性，但以互联网和人工智能为代表的新一轮技术革命浪潮给老龄化压力下的中国经济发展带来了光明的前景。简言之，中国人口经济关系已经彻底从马尔萨斯的静态数量均衡转变为结构性的动态新质均衡。因此，人口结构快速转变对经济的影响成为中国人口经济关系新格局的基本方面。经济增长与收入分配是经济发展的两个基本维度，中国人口结构转变对经济的影响也集中体现在这两个方面。而已有的研究文献几乎都是关注人口结构与经济增长，关于人口结构与收入分配的研究则非常少见，魏下海、董志强、蓝嘉俊的这部著作是国内第一部全面、系统、深入研究中国人口结构转变与收入分配关系的前沿性研究，因而更显得难能可贵。该书有三个特点令人印象深刻：一是对人口结构与收入分配关系逻辑的准确把握，对人口结构转变影响收入分配的路径和机制的深入阐释；二是把宏观经济要素与微观经济行为纳入统一的分析框架，拓展了人口结构变化对收入分配影响的研究视野；三是基于严谨的实证研究，对中国快速老龄化、性别比失衡及家庭结构变化等人口结构性特征对收入分配影响及趋势性变化的准确判断、新的发现和独到见解。该书是中国人口经济学研究的一部原创性的上乘之作，相信会超乎读者所望。

理论源于对现实世界的深入体验和细致观察，中国人口经济关系的转变和中国式现代化的伟大实践为人口经济学理论发展提供了难得的机会。这部著作的理论价值是向人口结构经济学的创立迈出了坚实的一步，相信在包括三位作者在内的中国学者的坚持不懈努力下，人口结构经济学在中国诞生已是可期之事。

南开大学人口与发展研究所教授

2024 年 12 月 6 日

序　二

　　在经济学的浩瀚星海中，收入分配问题始终是璀璨绚丽的星辰，它不仅关系到个体和家庭的福祉，也关系到整个社会的长期稳定和可持续发展。魏下海、董志强、蓝嘉俊三位学者的这部著作，正是对这一星辰的深刻探索和解读。

　　本书作者以深邃的洞察力和严谨的学术态度，为我们揭开了中国人口结构与收入分配关系逻辑的神秘面纱。书中充分展现和分析了中国人口结构转变与收入分配格局演进的特征事实，为我们提供了一个清晰的宏观视角，得以窥见人口结构变化对经济格局的深远影响。在此基础上，作者首先深入探讨了老龄化、资本劳动比与劳动收入份额之间的微妙关系，这一部分内容不仅丰富了我们对老龄化的收入分配效应的理解，更为政策制定者提供了宝贵的参考。其次，在探讨老龄化、群体异质性与收入差距的内容中，作者巧妙地将理论与实证分析相结合，揭示了人口结构变化对社会公平的影响机理和作用程度。再次，书中关于年龄移民、代际效应与劳动收入动态演进的讨论，则为我们提供了一个全新的视角以理解收入变动及差距。最后，本书对世界人口老龄化与收入分配的考察，不仅拓宽了我们的国际视野，更为全球化背景下的比较研究提供了新的维度。特别值得注意的是，作者引入性别和婚姻因素，深入探究了性别比失衡、婚姻匹配与劳动力市场之间的关系，以及性别比失衡、企业资本深化与要素收入分配的探讨，这些都是本书的亮点，它们不仅丰富了性别经济学的研究，也为我们提供了对劳动力市场的新理解；对性别比失衡、风险偏好与家庭资产配置的分析，为我们提供了对家庭经济行为的深入洞察。

　　《中国人口结构转变与收入分配：事实、机制与政策含义》是一部学术价值很高的著作，也是一座思想的宝库。它不仅为收入分配领域的研究者提供了丰富的理论资源，也为政策制定者提供了实践指导。在本书中，我们不仅能够读到中国故事，更能够感受到全球经济的脉动。我强烈推荐这本书给所有对经济学、人口学、社会学以及公共政策感兴趣的学者、学生以及政策制定者。让我们一同走进本书，探索收入分配的奥秘，为构建更加和谐的社会贡献智慧和力量。同时，期盼魏下海、董志强、蓝嘉俊三位学者在这一领域进一步取得丰硕成果。

河北大学经济学院教授、教育部长江学者特聘教授

2024 年 11 月 9 日

前　言

　　中国人口正经历着前所未有的重大变化。过去二十多年，中国人口经历了四次重大的转折：首先是 1999 年，我国 65 岁及以上人口占比（即老龄化系数）首次超过 7%，正式跨入老龄化社会；随后是 2011 年，15~64 岁劳动年龄人口达到峰值，此后出现负增长；继之是 2021 年，老龄化系数首次超过 14%，正式步入深度老龄化社会；最后是 2022 年，总人口出现负增长，标志着人口开始进入负增长。

　　伴随老龄化的加速和人口进入负增长，生育率下滑和性别比失衡问题同样值得关注。过去一段时期，我国总和生育率下滑，长期低于更替水平，从 1990 年的 2.0 左右下降到 2010 年的 1.5，再到 2020 年的 1.3，2021 年甚至仅为 1.15。我国出生性别比在 2004 年达到峰值 121.2，到 2020 年下降至 111.3。尽管有所改善，但仍明显高于国际警戒线（107），性别比失衡问题仍未消除。

　　老龄化、低生育率、性别比失衡等人口结构转变，对经济具有长远而深刻的影响。劳动力规模收缩可能导致生产力下降，拖累经济增长；老龄化可能导致市场需求向日常用品和服务领域倾斜，科技创新领域投资因此受到限制；低生育率将加剧未来劳动力供给短缺；性别比失衡导致婚姻市场和劳动力市场不平衡。这些可能带来的影响和潜在后果都值得深入研究。其中，人口结构变迁的收入分配效应在中国尤其值得关注。人口结构变迁将深刻影响个人、家庭和企业，改变个人和家庭的消费结构、劳动供给、家庭资产配置，甚至影响组建家庭的行为，同样也会改变企业的生产成本、投入产出技术、雇佣策略和劳动组织等，最终影响收入分配结果。这是事关中国式现代化的重大问题，因为实现共同富裕是中国式现代化的基本特征之一，而实现共同富裕要求形成更加公平合理的收入分配格局。

本书立足中国（乃至全球）人口结构转变的重大现实背景，从全景式视角考察人口结构转变对中国收入分配的重塑机制，并探寻前瞻性的公共政策和应对之道。

相较于已有研究，本书的研究创新主要体现在三个方面。首先，研究主题具有前沿性。本书着眼于老龄化、性别比失衡、收入分配等多重维度，全面系统地评估了人口结构（年龄结构和性别结构）转变对收入分配的影响机制和经济后果。这一立体式、系统化、全球化的研究视野在当前国内外文献中较为少见，有效地拓展了这一领域的研究空间。其次，致力于讲述中国人口经济学故事。随着中国人口发展进入新的阶段，人口结构转变对经济发展的影响将不同以往。本书详细考察了人口结构转变对收入分配的重塑机制，构建了适应中国情景的"人口结构-收入分配"理论框架，推动了这一领域的理论和实践创新。最后，提炼出契合时代精神的政策建议。这些政策建议以人口结构转变对收入分配影响的深入研究为基础，具有理论和事实依据，为政府建立政策支持体系提供了新颖的政策思路和洞见。这既是对党的二十大要求"优化人口发展战略"的积极回应，也为实现全体人民共同富裕提供了具有前瞻性的政策设想。

目　录

导　论 ……………………………………………………………… 1

上篇　人口结构与收入分配的特征事实

第一章　中国人口结构转变的特征事实 ………………………… 17

第一节　人口老龄化变动的特征事实 …………………………… 17

第二节　出生性别比变动的特征事实 …………………………… 34

第三节　本章小结 ………………………………………………… 38

第二章　中国收入分配格局演进的特征事实 ………………… 39

第一节　引言 ……………………………………………………… 39

第二节　规模性收入分配的测度与特征事实 …………………… 41

第三节　功能性收入分配的测度与特征事实 …………………… 48

第四节　规模性收入分配和功能性收入分配的国际比较 ……… 54

第五节　本章小结 ………………………………………………… 58

中篇　老龄化与收入分配

第三章　老龄化、资本劳动比与劳动收入份额 ……………… 61

第一节　引言 ……………………………………………………… 61

第二节　老龄化影响劳动收入份额的理论模型 ………………… 62

第三节　人口年龄结构影响劳动收入份额的模型设定 ………… 70

第四节　老龄化影响劳动收入份额的经验分析 ………………… 73

第五节　本章小结 ………………………………………………… 79

第四章 老龄化、群体异质性与收入差距 ……………………… 81

第一节 引言 ………………………………………………………… 81

第二节 人口年龄结构与收入差距的数理模型 ……………… 82

第三节 人口年龄结构影响收入差距的实证分析一 ………… 85

第四节 人口年龄结构影响收入差距的实证分析二 ………… 89

第五节 人口年龄结构影响收入极化的实证分析 …………… 92

第六节 本章小结 ………………………………………………… 96

第五章 年龄移民、代际效应与劳动收入动态演进 ………… 98

第一节 引言 ………………………………………………………… 98

第二节 中国居民劳动收入与人口年龄分布的阶段性数据
特征 ………………………………………………………… 99

第三节 中国居民劳动收入变动的代际效应和年龄效应 ……… 102

第四节 中国居民劳动收入分解结果和讨论 ………………… 106

第五节 本章小结 ………………………………………………… 115

第六章 世界人口老龄化与收入分配的变动考察 …………… 117

第一节 世界老龄化进程与收入分配格局 …………………… 117

第二节 世界老龄化影响劳动收入份额的实证检验 ………… 119

第三节 世界老龄化影响收入差距的实证检验 ……………… 130

第四节 本章小结 ………………………………………………… 135

下篇 性别比失衡与收入分配

第七章 性别比失衡、婚姻匹配与劳动力市场 …………… 139

第一节 引言 ………………………………………………………… 139

第二节 性别比失衡影响婚姻匹配与劳动力市场表现的文献
综述 ………………………………………………………… 140

第三节 性别比失衡影响婚姻匹配与劳动力市场表现的实证
设计 ………………………………………………………… 144

第四节　性别比失衡影响婚姻匹配与劳动力市场表现的实证

　　　　检验 ……………………………………………………… 148

第五节　本章小结 ……………………………………………… 157

第八章　性别比失衡、企业资本深化与要素收入分配 ……… 159

第一节　引言 …………………………………………………… 159

第二节　性别比失衡影响企业劳动收入份额的理论框架 ……… 161

第三节　性别比失衡影响企业劳动收入份额的实证设计 ……… 165

第四节　性别比失衡影响企业劳动收入份额的实证检验 ……… 167

第五节　性别比失衡影响企业劳动收入份额的拓展分析 ……… 171

第六节　本章小结 ……………………………………………… 175

第九章　性别比失衡、风险偏好与家庭资产配置 …………… 176

第一节　引言 …………………………………………………… 176

第二节　性别比失衡影响家庭资产配置的理论机制 …………… 178

第三节　性别比失衡影响家庭资产配置的实证设计 …………… 179

第四节　性别比失衡影响家庭资产配置的实证检验 …………… 183

第五节　性别比失衡影响家庭资产配置的扩展分析 …………… 189

第六节　本章小结 ……………………………………………… 191

第十章　全书总结与政策含义 ………………………………… 193

参考文献 ………………………………………………………… 197

表目录

表 1.1　国际通用年龄结构类型标准 ……………………………… 19

表 1.2　历次全国人口普查人口年龄结构 ………………………… 22

表 1.3　中国农村与城镇人口老龄化程度的比较 ………………… 32

表 1.4　历年出生性别比 …………………………………………… 35

表 1.5　第五、六、七次普查各省区市出生性别比情况 ………… 35

表 1.6　出生性别比的城乡比较 …………………………………… 36

表 1.7　出生性别比的分孩次比较 ………………………………… 37

表 2.1　中共中央历届会议报告对收入分配的提法 ……………… 40

表 2.2　家庭劳动收入水平与差距情况 …………………………… 44

表 2.3　CHNS 历年家庭收入分配极化指数 ……………………… 47

表 2.4　中国历年劳动收入份额变动趋势与比较 ………………… 51

表 2.5　2020 年世界各国基尼系数比较 ………………………… 54

表 2.6　按经济发展水平分的不同国家平均劳动收入份额 ……… 56

表 3.1　人口年龄结构与劳动收入份额等变量描述性统计 ……… 72

表 3.2　人口年龄结构与劳动收入份额等变量相关系数矩阵 …… 72

表 3.3　人口年龄结构影响劳动收入份额的基本识别 …………… 75

表 3.4　人口年龄结构影响劳动收入份额的稳健性检验 ………… 78

表 4.1　人口年龄结构与泰尔指数等变量的描述性统计 ………… 86

表 4.2　人口年龄结构影响收入差距的估计结果 ………………… 88

表 4.3　人口年龄结构与基尼系数等变量的描述性统计 ………… 90

表 4.4　人口年龄结构影响收入差距的估计结果 ………………… 91

表 4.5　收入分布区间的人口比重 ………………………………… 94

表 4.6　人口年龄结构影响收入极化的估计结果 ………………… 96

表 5.1　中国居民"世代-年份"观测值 ………………………… 105

表 5.2 中国居民劳动收入差距的代际效应 …………………… 114

表 6.1 世界老龄化、收入分配及收入差距等变量的统计信息 …… 121

表 6.2 世界老龄化影响功能性收入分配的基准回归 …………… 123

表 6.3 世界老龄化影响功能性收入分配的稳健性检验 ………… 125

表 6.4 不同类型国家劳动收入份额与人口老龄化的均值差异 … 126

表 6.5 不同收入类型国家老龄化影响功能性收入分配的差异 … 127

表 6.6 不同年龄结构老龄化影响功能性收入分配的差异 ……… 128

表 6.7 不同国际组织与论坛老龄化影响功能性收入分配的差异 … 129

表 6.8 世界老龄化影响规模性收入分配的基准回归 …………… 131

表 6.9 世界老龄化对各国收入分布的影响 …………………… 131

表 6.10 世界老龄化影响规模性收入分配的稳健性检验 ……… 132

表 6.11 更换收入差距指标资料来源的回归结果 ……………… 133

表 6.12 世界老龄化影响收入差距的异质性分析 ……………… 134

表 6.13 按国际组织与论坛分的基尼系数与人口老龄化均值 … 135

表 7.1 性别比、婚姻匹配、劳动力市场表现等变量的统计信息 … 147

表 7.2 性别比失衡影响婚姻匹配的男性样本回归结果 ……… 149

表 7.3 性别比失衡影响婚姻匹配的女性样本回归结果 ……… 150

表 7.4 性别比失衡影响夫妇年龄差异的全样本回归结果 …… 150

表 7.5 性别比失衡影响夫妇家庭背景差异的全样本回归结果 … 151

表 7.6 性别比失衡影响劳动参与的男性样本回归结果 ……… 152

表 7.7 性别比失衡影响劳动参与的女性样本回归结果 ……… 152

表 7.8 性别比失衡影响小时工资的男性样本回归结果 ……… 153

表 7.9 性别比失衡影响小时工资的女性样本回归结果 ……… 153

表 7.10 性别比失衡影响年工作小时数与年工作收入的分样本回归
结果 ………………………………………………………… 154

表 7.11 性别比失衡影响创业的分样本回归结果 ……………… 155

表 7.12 性别比失衡影响小时工资的男性样本稳健性检验 …… 156

表 7.13 性别比失衡影响是否创业的男性样本稳健性检验 …… 157

表 8.1 企业性别比与劳动收入份额等变量的统计信息 ……… 167

表 8.2 性别比失衡影响企业劳动收入份额的回归结果 ……… 168

表 8.3　性别比失衡影响企业劳动收入份额的机制检验 ················· 173

表 8.4　性别比失衡影响不同所有制企业的异质性检验 ················· 174

表 9.1　性别比失衡影响家庭资产配置变量的统计信息 ················· 181

表 9.2　性别比失衡影响家庭资产配置的回归结果 ····················· 184

表 9.3　性别比失衡影响家庭资产配置的稳健性检验 ················· 187

表 9.4　性别比失衡影响家庭资产配置的其他稳健性检验 ············· 188

表 9.5　性别比失衡影响家庭资产配置的机制检验 ····················· 189

表 9.6　性别比失衡影响家庭资产配置的扩展分析 ····················· 189

图目录

图 1.1　　经典人口结构转变模型 ……………………………………… 20

图 1.2　　1950~2100 年中国人口出生率、死亡率和自然增长率变化 …… 20

图 1.3　　1950~2100 年中国人口年龄结构变化趋势 ………………… 21

图 1.4　　典型年份全国人口普查的人口金字塔 ……………………… 24

图 1.5　　1950~2100 年中国人口抚养比变化 ………………………… 24

图 1.6　　1950~2100 年世界人口金字塔 ……………………………… 29

图 1.7　　2020 年东部、中部、西部地区人口金字塔 ………………… 31

图 1.8　　1953~2100 年中国劳动力人口规模及占总人口比例 ……… 33

图 1.9　　1960~2021 年中国总和生育率变动情况 …………………… 34

图 1.10　世界主要国家（地区）出生性别比 ………………………… 37

图 2.1　　1981~2021 年我国居民基尼系数的阶段性特征 …………… 42

图 2.2　　家庭劳动收入累积分布函数曲线 …………………………… 44

图 2.3　　收入两极化与差距比较示意 ………………………………… 45

图 2.4　　1996~2017 年分省区市劳动收入份额变动比较 …………… 53

图 2.5　　2020 年基尼系数和人均 GDP 关系 ………………………… 55

图 2.6　　全球 138 个国家和地区劳动收入份额与人均 GDP 散点图 … 57

图 2.7　　各国劳动收入份额与基尼系数散点图 ……………………… 58

图 3.1　　人口年龄结构对功能性收入分配的影响路径 ……………… 68

图 3.2　　人口年龄结构与劳动收入份额的散点图 …………………… 73

图 3.3　　人口年龄结构影响劳动收入份额的逻辑路线 ……………… 77

图 4.1　　收入分布核密度 …………………………………………… 93

图 4.2　　人口年龄结构与收入极化指数散点图 ……………………… 94

图 5.1　　劳动收入累积分布函数曲线 ………………………………… 101

图 5.2　　1991~2009 年中国居民年龄-收入曲线 …………………… 101

图 5.3   中国居民年龄-收入分布曲线 ·························· 107

图 5.4   1991~2009 年中国居民收入的年龄效应 ············· 108

图 5.5   1927~1991 年中国居民收入的代际效应 ············· 108

图 5.6   1991~2009 年中国居民收入的时期效应 ············· 108

图 5.7   城镇居民年龄-收入曲线 ···························· 109

图 5.8   农村居民年龄-收入曲线 ···························· 109

图 5.9   1991~2009 年中国居民收入的城乡年龄效应 ········· 110

图 5.10   1927~1991 年中国居民收入的城乡代际效应 ········ 111

图 5.11   1991~2009 年中国居民收入的城乡时期效应 ········ 111

图 5.12   中国居民年龄-收入差距曲线 ······················ 112

图 5.13   1991~2009 年劳动收入差距的年龄效应 ············· 113

图 6.1   全球收入分配与老龄化的变动情况 ·················· 118

图 7.1   中国出生性别比变化趋势 ·························· 144

图 8.1   1995~2010 年性别比与劳动收入份额变动的时间序列 ········ 161

图 9.1   地区性别比与房屋投资 ···························· 177

导　论

第一节　人口结构与收入分配关系研究进展

当今全球正面临人口结构转变，将通过多种方式重塑经济格局和经济秩序（古德哈特、普拉丹，2021）。普遍观点认为，人口是影响和决定一国经济发展的基础性因素。当一国尚未步入相对严重的老龄化区间，人口结构处于年轻阶段时，其经济发展能获得一个"人口红利"（demographic dividend）机会窗口。在此时期，"生之者众、食之者寡"的人口结构保证了一个国家拥有充足的劳动力资源和高储蓄率，从而为经济增长提供额外的源泉，比如人口红利曾经助推东亚经济高速增长，中国的人口红利也是过去四十年经济发展的重要源泉。

随着人口慢慢变"老"和劳动力供给萎缩，人口红利也将不断衰减直至终结，随后出现"人口负债"（demographic debt），在这一转折期，人口-经济关系格局会发生重大改变，人口老龄化的经济社会后果也就日益凸显。老龄化等诸多因素导致日本"失去的二十年"和"欧洲债务危机"加剧等许多真实案例皆可以印证这一点。当前，我国经济进入了新常态，人口也经历新的格局变化，人口与经济的关系格局发生重大转变（李建民，2014，2015）。过去，许多文献讨论经济增长的人口因素，但在收入分配领域，人口因素的作用往往被忽略。需要说明的是，收入分配虽属于民生与经济层面，但与人口因素紧密结合。人口结构转变与收入分配的关系逐渐成为学术界重点关注的议题。鉴于此，本节从生育率、老龄化、性别比失衡、家庭结构等角度对研究人口结构与收入分配关系的文献进行梳理归纳。

一 人口结构与规模性收入分配

(一) 生育率与收入差距

由于发达国家人口结构的快速转变主要是由生育率快速下降引起的，因此早年间国外便涌现出一些探寻生育率影响收入差距的文献。其中，一部分文献基于生育率与收入水平之间的负相关关系 (Kuznets, 1973; Razin and Ben-Zion, 1975; Repetto, 1978)，发现高生育率和人口增长率是收入分配不均等的内在根源，认为高抚养比造成劳动要素收入的相对比重下降，从而导致收入分配不均加剧 (Boulier, 1975)。另一部分文献从生育率差异角度研究不同群体的收入差距，认为实现社会福利的帕累托改进的契机在于穷人家庭降低其生育水平 (Lam, 1986; Chu, 1987)，否则穷富家庭之间的生育率差距将通过代际传递持续恶化收入差距现象 (Adelman and Morris, 1973; Potter, 1979; Dietzenbacher, 1989)。

近年文献则基于生育率主要受家庭生育决策和国家生育政策影响的视角，从以下三方面研究生育水平对群体间、地区间收入差距的影响。

第一类文献基于"生育的收入惩罚"理论，从性别间、性别内收入差距视角解析生育率变化与性别收入差距的关系。具体地，在生育政策放松的时代背景下，生育数量增加会增强雇主的男性员工偏好，降低女性劳动收入和劳动时间，从而扩大性别收入差距 (黄乾、晋晓飞，2022; Wu, 2022)。还有研究从中国家庭谱系制度与地区生育规范视角，发现家族传承信念与"多子多福"思想带来的高生育率会负向影响女性劳动就业与收入，加剧性别间的收入差距 (Zhang and Li, 2017; Zhang, 2022)。此外，即使家庭生育数量可能由于精细化育儿理念而减少，女性"工作-家庭"平衡的压力也并不会因此得到缓解，反而使得母职工资惩罚增加，男女工资差距扩大 (许琪，2021)。值得注意的是，"性别-母职双重赋税"导致的劳动力市场收入差距不仅体现在性别之间，生育决策同样会促使女性群体内部发生收入分化 (杨菊华，2019; Dumauli, 2019)。具体地，农村地区、非管理层、低人力资本与收入水平的早育女性会承受更大的"生育工资惩罚"，从而加剧已育与未育女性的收入不均等现象 (肖洁，2017; 刘娜、卢玲花，2018; 王俊，2020)。

第二类文献基于"生育数量质量"理论，关注家庭生育水平在阶层收入分配变化中扮演的角色。徐达实（2019）基于跨国面板数据和内生的生育率选择模型研究发现，低生育率和高教育投资有助于中等收入国家摆脱经济增长放缓的困境，跨越"中等收入陷阱"，缩小国别收入差距。梁超（2017）和 Guo 等（2018）认为低生育率能够置换出高子代质量，人力资本的均衡改善将有助于缩小阶层就业差距与收入差距，这种数量质量替代效应在低收入阶层和发展落后地区更为凸显。与之对应的是，王俊和石人炳（2021）发现家庭生育数量增加存在阶层分化效应，即生育二孩会降低中低收入家庭的经济收入，从而拉大阶层收入差距。Butler 等（2020）进一步分析城乡之间的生育率影响，发现由此导致的农村人口负增长会加剧当地阶层收入不均等现象。

第三类文献基于家庭收入流动性视角，关注国家生育政策限制下的生育水平如何影响收入差距。刘小鸽（2016）认为节育政策强度的差异化会导致不同群体间差异化的生育水平，城乡、民族之间存在代际收入不均等现象。然而，生育率降低整体上能促进社会代际收入流动，有助于低收入家庭摆脱"低收入代际流动陷阱"，缓解中低收入阶层由发展机会较少引致的收入不均等。陈云等（2021）基于代内收入流动与生育二孩决策研究发现，家庭生育率上升会使低收入家庭出现阶层固化，增大中低和中间收入家庭跌离原本阶层的概率，使得经济发达地区与城镇地区的家庭相对收入倾向于向上流动，从而进一步加剧阶层收入分化与地区收入不均等。Bairoliya 和 Miller（2021）基于世代重叠模型发现，生育政策放松所致的生育率小幅上升会降低全国层面的人均短期收入，其中穷人家庭的长期收入可能会因人均教育投资的减少而降低，不利于收入差距收敛与均衡经济增长。

（二）老龄化与收入差距

人口老龄化是当今全球面临的一个重要社会现象，其影响涉及社会、经济、政治和文化等多个领域，人口结构这一变化对收入分配产生的重要影响已引起学术界广泛关注。大多数经验研究表明，人口老龄化会加剧收入不均等现象（Chen et al.，2016；Dong et al.，2018；Hwang et al.，2021；Koochakzadeh et al.，2021；Zhang et al.，2021）。既有研究主要基于分解方法（组间和组内差异）探讨人口老龄化对收入差距的解释力度，这一方法来源于 Deaton 和 Paxon（1995）以及 Deaton（1997）进行的关于人口年龄结构变化对收入差距的影响的全面研究。他们在传统生命周期理论的基础上提出了"相关生命周期假说"，该假说将人口增长与收入和收入差距联系起来，并将人口结构对收入差距的影响分为同期出生组内效应（或年龄效应）和出生组间效应。其中，组内收入差距随着年龄增加而扩大。根据永久收入假说，消费受终身财富随机冲击（不确定性）的影响，对于固定人群，其消费水平差异会随着时间推移而扩大，从而使收入水平差异扩大，即同一年龄群体内的收入差距随着年龄增加而扩大。组间收入差距主要由技术进步和经济增长引起，因为技术和经济的发展会带来劳动收入和生活水平的提高。此外，如果老年人和年轻人的消费模式存在很大的差异，老年人口比例的提高也会拉大组间收入差距。他们利用美国、英国和中国台湾数据研究发现，消费方差随年龄增长而扩大。

在此基础上，学者们进一步将收入差距的影响因素分解为人口效应、组内效应和组间效应（Ohtake and Saito，1998）。人口效应是指人口年龄比重变化时收入差距的变化程度，用于衡量人口老龄化对收入差距的贡献率。组内效应是指同期出生组内方差估计值变化时的收入差距变化程度，衡量的是收入差距的变化有多少是组内方差变化带来的。组间效应是指年龄组收入对数的方差变化时收入差距的变化，衡量的是收入差距的变化有多少是由各个年龄组的平均收入的差异造成的。

人口老龄化还可通过代际传递作用于收入差距（刘李华、孙早，2022）。一方面，由于老龄化具有较为高昂的照料负担（宗庆庆等，2020），家庭与社会往往需要在其与子代人力资本投入之间进行权衡（李超，2016；刘文、张琪，2017；刘李华、孙早，2022），这会改变资源的跨期分配（Zhang et al.，2021），从而影响代际收入差距。另一方面，老龄化会提高人们预防性储蓄与养老保险投入，使得高收入群体的后代不仅赡养负担较轻，还可能获得意外遗产，从而导致社会收入差距扩大（Miyazawa，2006）。然而，人口老龄化所需的家庭隔代照料会提高家庭生育率和女性劳动供给，在一定程度上也可能缩小家庭间收入差距（郭凯明等，2021）。这与 Schultz（1997）、Mason 和 Lee（2002）基于中国台湾的研究结论相似，即人口老龄化并未导致收入差距的恶化，反而对其存在缓解作用。

（三）性别比失衡与收入差距

目前有关性别比失衡所致经济社会后果的文献相对稀少，其中从"竞争性储蓄"、婚姻匹配模式和婚姻议价能力（Du et al.，2015；Porter，2016）、个体劳动供给模式（王临风等，2018）等角度入手的文献，解释了性别比失衡对家庭间、群体间收入差距的影响。

Wei 和 Zhang（2011b）研究发现，性别比失衡促使有儿子的家庭增加竞争性储蓄以提高儿子的婚姻议价能力。此外，由于大部分"单身汉"（bare branches）来自低收入家庭，在性别严重失衡的地区，有儿子的家庭出于积累收入的需求，对矿工和工地等相对危险的、不愉快的工作接受度更高，有儿子与女儿的家庭的收入和财富差距则可能随之扩大。

同样从婚姻议价能力出发，一些文献表明性别比偏向男性的失衡结构会增加女性从婚姻市场中获取物质资源的机会，受这种婚姻挤压的机制影响，性别比上升会激励男性在劳动力市场的输出，而降低女性的劳动参与率、工作时间与劳动收入（Chiappori et al.，2002；Amuedo-Dorantes and Grossbard-Shechtman，2007；王临风等，2018），进一步扩大两性群体间的收入差距。

（四）家庭结构与收入差距

微观层面的人口结构转变反映于家庭结构的变迁。作为人类经济社会的基本单位，家庭不仅是探讨规模性收入分配的重要支撑点，亦是关键的落脚点。学术界日益重视家庭结构变化与规模性收入分配的研究，但遗憾的是，这一主题的文献仍不多见，大致可分为以下两类。

一类文献讨论了家庭规模与关系架构对规模性收入分配的影响。Schultz（1997）利用 Kuznets 指数度量家庭规模与收入差距之间的关系，研究发现家庭规模越大，人均收入就越低，收入差距越大。也有学者研究发现，双亲家庭数量降低和单亲家庭数量增加会加大收入差距（Martin，2006；Maia and Sakamoto，2016），其中，单亲母亲家庭数量增加会显著加大收入差距（Kasy and Ramos-Chaves，2014）。更进一步地，对代际收入流动性影响的研究表明，不稳定的家庭关系结构更有可能造成代际收入的向下流动，拉大与稳定家庭之间的收入差距（Bloome，2017）。

另一类文献探讨了家庭人口结构对规模性收入差距的影响。Kollmeyer（2013）从家庭劳动人口性别结构的角度出发，发现女性劳动参与率的提高有助于缩小收入差距。倪旭君（2015）从家庭人口教育结构的角度发现更高的家庭教育水平显著推动家庭收入的提高，但不同收入家庭之间的教育回报差异反而扩大了家庭间的收入差距。罗楚亮和颜迪（2020）认为，家庭结构的组内差距是造成收入差距的主要原因。也有学者从家庭年龄结构的视角出发（Mason and Lee，2002），依据家庭中老年人和非老年人比例构建家庭结构与收入差距之间的模型，分析家庭结构变化对收入差距的影响。综上所述，在为数不多的文献中，更多的证据表明，家庭结构变化可能会造成规模性收入差距的扩大。

二 人口结构与功能性收入分配

（一）生育率与劳动收入份额

低生育率导致劳动收入份额下降的原因主要有二。从短期看，少儿抚养比下降会减轻劳动力的抚养负担，此时劳动力供给相对丰富，劳动收入增长滞缓于资本回报增长，劳动收入份额因此下降（董丽霞、赵文哲，2017；伍晓等，2021）。从长期看，生育率的持续下降最终会导致劳动力供给不足，从而影响劳动收入份额。Bairoliya 和 Miller（2021）研究表明，低生育率会导致同代人劳动人口急剧下降，最终导致劳动力市场均衡工资上升。在低生育率和劳动力成本上涨的背景下，企业更倾向于选择自动化来替代常规劳动，劳动收入份额因此受损（Basso and Jimeno，2021；Irmen，2021；Brunnschweiler et al.，2021）。

部分学者从家庭储蓄的视角探寻低生育率影响劳动收入份额的背后机制。其逻辑主要在于：一方面，从养老储蓄动机看，低生育率降低个体依靠子女养老的可能性，社会整体预防性储蓄意愿因此增加（İmrohoroğlu and Zhao，2018），这刺激了社会劳动时间总供给增加，劳动力市场均衡工资下降，最终导致资本获利而劳动受损（董丽霞、赵文哲，2017）；另一方面，从人力资本储蓄角度来看，生育率与少儿抚养比下降使得家庭更倾向于对子女进行人力资本投资（Bairoliya and Miller，2021），潜在的教育支出影响家庭储蓄率。综上，人力资本储蓄和养老储蓄动机刺激国民储蓄率提高，导致丰裕的物质资本积累与高资本集约度，从而抑制与挤压劳动收入份额（伍晓等，2021；徐强、赵欣，2022）。

（二）老龄化与劳动收入份额

现有研究老龄化造成劳动收入份额变动原因的文献大致分为以下三类。

第一类文献聚焦于老龄化影响技术进步与劳动力供给。与新一轮技术革命相适应，人口老龄化将促进偏向性技术进步发展，显著提高自动化、智能化设备的应用程度（邓明，2014；陈彦斌等，2019；杨扬等，2018），当自动化技术的就业创造效应小于劳动力替代效应时，就业水平和劳动收入份额将持续降低（Acemoglu and Restrepo，2022；Basso and Jimeno，2021；Irmen，2021）。此外，人口结构转变和刘易斯转折点的到来，将显著影响就业结构和劳动收入份额变化（蓝嘉俊等，2019a）。

第二类文献聚焦于老龄化影响家庭储蓄率与投资。既有研究表明，老龄人口增加会影响社会整体储蓄率（陈彦斌等，2014）。一个简明的逻辑链条是：由于预期寿命的延长与预防性储蓄动机等因素（Lugauer et al.，2019），老龄人口增加会提升全社会的储蓄率，而储蓄的增加会导致投资增加，资本集约度提升，因而降低劳动收入份额（常进雄等，2019）。

第三类文献聚焦于老龄化群体的劳动议价能力。Glover 和 Short（2023）从劳动市场老龄化视角研究发现，世界各地劳动收入份额一半以上的降低归因于劳动力老龄化，具体表现在老年工人的边际产出、议价能力和工资收入均低于年轻工人，从而拉低整体劳动收入份额；Hopenhayn等（2022）从企业老龄化视角研究发现，人口负增长与劳动力减少促使企业进入率下降，企业老龄化程度与就业集中度升高，老企业和大公司掌握重新分配就业与劳动份额的主动权，工人议价能力降低，总劳动收入份额下降。

三 国内外研究现状评述

既有文献就人口结构转变、人口特征与功能性和规模性收入分配关系进行了有益探索，为本书深入研究人口结构转变对收入分配格局的影响提供了重要参考，但仍有较多亟须挖掘和探索的议题。

一是人口结构对收入分配的影响需要从多个角度展开论证。中国人口结构是复杂多元的，具有少子老龄化、性别比失衡、人口负增长等特征，其对收入分配的影响同时包括微观机制和宏观效应，这就需要从多维视角展开全景分析，才能完整清晰揭示其作用机制。二是人口结构转变与收入分配的"中国经验"亟待丰富。目前关于人口结构转变与收入分配关系的理论研究大多集中在发达国家，有关发展中国家尤其是中国的研究成果屈指可数。

　　基于此，本书从全景式视角探寻人口结构转变对中国收入分配格局的影响，聚焦功能性、规模性和代际收入分配多重维度，全面评估人口结构（年龄结构和性别结构）转变的影响机制和经济后果，意图厘清"人口-分配"关系的理论逻辑和现实逻辑，谋求具有前瞻性的应对之道。

第二节　篇章安排和主要内容

　　本书着眼于老龄化、性别比失衡、收入分配等多重维度，全面系统评估了人口结构（年龄结构和性别结构）转变对收入分配的影响机制和经济后果。本书遵循"挖掘特征事实→揭示机制效应→提炼政策含义"的逻辑思路，分为三个专题，每个专题独立一篇，主要内容共十章。除了导论外，其余章节内容安排如下。①

　　上篇　人口结构与收入分配的特征事实

　　第一章：中国人口结构转变的特征事实。本章利用历次全国人口普查资料、各省区市人口数据以及《世界人口展望》等数据资料，探索中国人口结构转变的特征事实，为后文实证分析提供事实基础和准备。

　　第二章：中国收入分配格局演进的特征事实。首先，梳理中共中央历届会议报告中对收入分配问题的政策主张，从历史和发展的视角理解我国收入分配变革。其次，利用国家统计数据或微观调查数据，分析我国收入分配在不同经济发展时期的特征事实。

---

　　① 核心章节内容体现在作者团队（魏下海、董志强、蓝嘉俊等人）合作发表的关于"人口经济与收入分配"系列研究论文中。

中篇 老龄化与收入分配

第三章：老龄化、资本劳动比与劳动收入份额。本章首先构建一个简要的理论模型论述人口年龄结构与劳动收入份额的关系。个人的生命分为两期：青年期和老年期。个人收入来源于青年期的劳动供给，老年期的收入则来源于青年期的储蓄和老年期领取的社保基金。个人需要在一生中平滑收入，即决定青年期的储蓄。社会整体的储蓄影响企业投资，从而改变企业生产的资本劳动比。利用边际生产力分配理论，可以将劳动和资本的收入份额与人口老龄化联系在一起。其次，利用中国省级宏观面板数据验证理论假说。

第四章：老龄化、群体异质性与收入差距。本章通过一个数理模型阐述人口年龄结构与收入差距的逻辑关系，简言之，由于群体异质性，每个年龄段的人口组存在对应的组内收入差距，年龄结构变化意味着不同收入差距程度的群组占社会总人口的比重在发生变化，从而以各组群比重为权重计算的整个社会的收入差距程度将因年龄结构变化而发生改变。本章基于中国省级宏观面板数据证实了理论预期，同时利用大规模微观调查数据（如 CHNS），围绕人口年龄结构与收入极化现象进行探索性研究。

第五章：年龄移民、代际效应与劳动收入动态演进。本章意图从微观层面探析"年龄移民"对收入及其变化的影响。结合生命周期理论观点，即如果收入冲击是持久的，则收入状况的变化路径将呈现为随机游走（random walk）过程。这意味着，随着同一代人的逐渐老去，其内部的收入差距在增大。在实证分析中，本章采用前沿的世代分析方法（Deaton，1997），考察中国居民劳动收入动态变化的"年龄效应"和"代际效应"。

第六章：世界人口老龄化与收入分配的变动考察。全球人口正以前所未有的速度老龄化，本章充分利用跨国面板数据进行经验分析，意图检验人口老龄化与收入分配的显著关系是否具有全球普适性。研究结果证实了老龄化影响收入分配的一般性规律。需要注意的是，虽然全球人口"变老"是一个共同趋势，但由于政治、经济发展的阶段性差异以及生育政策选择不同，世界不同国家和地区的人口发展阶段、特点与未来趋势不尽相同，并且研究结果也表明老龄化的经济后果具有特殊的时序结构特征。

下篇　性别比失衡与收入分配

第七章：性别比失衡、婚姻匹配与劳动力市场。本章首次评估性别比失衡对 1978~1992 年出生人口的婚姻匹配与劳动力市场表现的影响。采用微观数据，研究发现性别比失衡可能存在局部的积极影响，比如性别比失衡会显著提高女性结婚的可能性，并且对于农业户口和低教育的女性的正向影响更大，甚至会提高非农户口男性结婚的可能性，以及显著提高农业户口和低教育的男性成为创业者的概率。

第八章：性别比失衡、企业资本深化与要素收入分配。本章从"性别故事"角度探讨劳动收入份额变化，换言之，在解释中国劳动收入份额变化方面，性别比失衡也是一个不应该忽视的因素。男女性别比过高会加剧婚配竞争压力，导致地区的储蓄率更高。在一个封闭经济中，更高的储蓄率使得企业的融资成本下降，企业将使用更多的资本，带来资本深化，或者说资本集约度提高。由于企业层面的生产中，资本和劳动通常是互相替代的，资本集约度提高就会带来企业劳动收入份额的下降。因此，城市的性别比与企业的劳动收入份额呈反向变动关系。

第九章：性别比失衡、风险偏好与家庭资产配置。本章从性别比失衡这一角度探讨家庭资产选择的不同，并提供相应的解释。相比于女孩家庭，性别比失衡会降低男孩家庭的风险偏好程度，进而增加男孩家庭未来对房屋的投资，减少对高风险金融资产的投资。本章研究提醒人们，既然性别比失衡影响了家庭资产配置结构，当这种微观影响不断累积叠加时，也可能造成资本金融市场的结构性变化，最终在宏观层面影响中国经济。

第十章：全书总结与政策含义。结合前面章节的理论和经验研究，本章围绕中国人口结构转变与收入分配格局变迁的客观事实，提出关于劳动力市场、代际转移、性别比失衡、优化分配秩序等方面的公共政策启示。这亦是对未来人口均衡发展政策和收入分配政策的一个有益探索。

第三节　研究特色和创新

本书就中国人口结构转变对收入分配产生的冲击进行了全面、系统的研究，从而为中国的老龄化经济学、性别经济学和收入分配重大理论研究提供新的视角和起到一定程度的导向作用。主要创新点包括以下方面。

（一）对中国人口结构转变的经济后果进行全新探索

人口结构转变引致的经济后果近些年来逐渐受到重视，但现有文献更多集中于讨论人口结构转变对经济发展的影响，而在对收入分配影响方面的探索相对较少，尤其结合老龄化和性别比失衡讨论收入分配效应的研究文献更是屈指可数，本书填补了国内研究的缝隙。此外，透过全球视角反思中国的"人口-分配"关系格局，为当今我国应对人口结构转变和优化收入分配格局提供了重要线索。

（二）理论框架中充分嵌入中国制度因素，是对中国人口经济学的新发展

第一，本书不是对国外模型的简单照搬，而是充分地考虑到中国的制度因素，将当前中国的"完全基金式+现收现付式"混合养老制度嵌入模型，推导出老龄化如何影响微观个体消费储蓄决策，进而影响功能性收入分配的理论模型。第二，充分考虑群体异质性，构建一个数理模型以刻画人口年龄结构变化影响规模性收入分配（以收入差距度量）的机制。第三，充分考虑中国经济社会转型及其引致的随机冲击，建立居民家庭收入变动的生命周期模式的理论模型。通过构建一系列更具中国色彩的理论模型，为该领域的后续研究提供理论基础。第四，创新地提出性别比失衡与国民收入初次分配关系的理论分析框架，探讨中国劳动收入份额决定机制的"性别故事"。

（三）本书为当代中国收入分配问题提供一种不同于既有文献的成因解释

人口结构变化是解释中国收入分配格局变迁的重要因素。这一新的解释如果成立，则将是重要的，因为它蕴含着与现有研究大不相同的政策洞见和治理路径。同时，本书也可为评估现行人口政策的经济社会效果提供新的证据。我国生育政策的变化，推动了人口结构的迅速转变，人口结构转变恰恰为评估生育率外生变化对收入分配的冲击提供了一个有价值的"自然试验"——而这在目前恰恰被许多学者忽视了。

第四节 研究方法和数据来源

一 研究方法

第一，理论模型构建。本书涉及的内在机制研究部分通过构建契合中国实践情景的数理模型，厘清变量之间的内在逻辑。如采用世代交叠模型探究人口年龄结构对功能性收入分配的影响，通过构建一个（统计性）理论框架探究人口年龄结构对规模性收入分配的影响，构建 CES 生产函数探究性别比失衡对企业劳动收入份额的影响。

第二，前沿计量评估。为准确厘清变量间因果关系，本书除了采用固定效应模型（FE）、工具变量估计（IV）等因果识别方法外，还采用反事实分析工具（DFL）、世代分析（Cohort Analysis）和动态面板数据（DPD）等较为前沿的计量方法进行实证检验和关系验证。如在探究人口年龄分布与家庭收入动态演进内在关系时使用世代分析方法甄别不同世代之间的系统性差异，从而更精确地刻画居民劳动收入变动模式。

第三，逻辑演绎归纳。本书对国内外既有研究中的一些重要结论进行总结，并借助大量经典劳动经济学、人口经济学和收入分配相关理论，解析人口结构转变重塑收入分配的影响机制。如在各章节机制分析部分，整合生命周期理论、永久收入假说等理论，构建"人口-分配"理论框架，借助经典文献和假说从理论上证明人口年龄结构变化影响收入分配（功能性和规模性收入分配）的逻辑自洽性。

第四，提炼国际经验。本书不局限于国内视野，而是以开放式、全球性的视野出发，深刻提炼人口结构转变下优化收入分配格局的国际经验。如在第六章，本书分别对全球性人口年龄结构、规模性收入分配、功能性收入分配变迁的社会背景和特征事实进行细致描述，在此基础上，利用宾夕法尼亚大学世界数据库（Penn World Table，PWT）、世界财富与收入数据库（World Inequality Database，WID）、世界银行的世界发展指标（World Development Indicators，WDI）等国际数据库，进一步探讨了推动全球性收入分配格局变化的人口逻辑。

二　数据来源

本书有两个重要的数据来源。

第一，基于中国的经验数据。本书从历次全国人口普查数据（Census）和联合国发布的《世界人口展望》（*World Population Prospects*）中抽取研究所需的人口关键指标，对当代中国人口结构变化的规模、阶段性特征和未来趋势进行全面系统的分析。同时利用省级宏观数据和大规模微观调查数据研究收入分配状况。各种资料来源于国家统计局和各省区市统计局发布的宏观数据，包括《中国人口和就业统计年鉴》（历年）、《中国劳动统计年鉴》（历年）、《中国统计年鉴》（历年）、《新中国统计资料汇编》（五十年、五十五年、六十年）、《中国国内生产总值核算历史资料：1952—1995》、《中国国内生产总值核算历史资料：1996—2002》、《中国贸易外经统计年鉴》（历年）、《中国农村住户调查年鉴》（历年），以及中国健康与营养调查（China Health and Nutrition Survey，CHNS）等。

第二，来自全球的经验数据。本书的人口结构数据来自联合国发布的《世界人口展望》、世界银行的世界发展指标（WDI），劳动收入份额及其他经济指标来自 Penn World Table（PWT，Version 10.01），通过匹配 PWT 和世界银行的数据，得到世界各国和地区大样本面板数据。

人口结构与收入分配的特征事实

第一章　中国人口结构转变的特征事实

本章利用历次全国人口普查资料、各省区市人口数据以及《世界人口展望》等数据资料，探索中国人口结构转变的特征事实，为后文实证分析提供事实基础和准备。

第一节　人口老龄化变动的特征事实

一　关于几个人口学统计指标解释

为了行文方便，在进入正式讨论之前，首先对几个核心变量进行定义，包括总抚养比、老年抚养比、少儿抚养比、老龄化系数、老少比等。

总抚养比，也称总负担系数。按照国家统计局人口和就业统计司给出的定义，总抚养比是指人口总体中非劳动年龄人口数与劳动年龄人口数之比。该指标通常用百分比表示，说明每 100 名劳动年龄人口大致要负担多少名非劳动年龄人口，用于从人口角度反映人口与经济发展的基本关系。计算公式为：

$$Dep = \frac{P_{0 \sim 14} + P_{65+}}{P_{15 \sim 64}} \times 100\% \tag{1.1}$$

其中，Dep 为总抚养比；$P_{0 \sim 14}$ 为 0~14 岁少年儿童人口数；P_{65+} 为 65 岁及以上的老年人口数；$P_{15 \sim 64}$ 为 15~64 岁劳动年龄人口数。

老年抚养比，也称老年人口抚养系数。按照国家统计局人口和就业统计司定义，该指标是指某一人口中老年人口数与劳动年龄人口数之比，表明每 100 名劳动年龄人口要负担多少名老年人。老年抚养比是从经济角度反映人口老龄化社会后果的指标之一。计算公式为：

$$Odep = \frac{P_{65+}}{P_{15\sim64}} \times 100\%　\qquad\qquad (1.2)$$

其中，$Odep$ 为老年抚养比；P_{65+} 和 $P_{15\sim64}$ 含义同上。

少年儿童抚养比，简称少儿抚养比。按照国家统计局人口和就业统计司定义，该指标是指某一人口中少年儿童人口数与劳动年龄人口数之比。该指标通常用百分比表示，以反映每 100 名劳动年龄人口要负担多少名少年儿童。计算公式为：

$$Ydep = \frac{P_{0\sim14}}{P_{15\sim64}} \times 100\%　\qquad\qquad (1.3)$$

其中，$Ydep$ 为少儿抚养比；$P_{0\sim14}$ 和 $P_{15\sim64}$ 含义同上。

老龄化系数，是指某一人口中老年人口数与总人口数之比，用百分比表示，以反映每 100 人中老年人口的数量。计算公式为：

$$Ager = \frac{P_{65+}}{P_{0\sim14}+P_{15\sim64}+P_{65+}} \times 100\%　\qquad\qquad (1.4)$$

这一公式度量了人口老龄化（aging of population）过程，即一个国家因老年人口增加、年轻人口减少导致老龄人口占总人口的比例不断增加的动态过程（邬沧萍、王萍，2009），可形象地比喻为"年龄移民"过程。通常，人口老龄化分为底部老龄化和顶部老龄化两种类型。其中，底部老龄化是由于生育率下降使金字塔底部的少儿人口比重下降而造成；顶部老龄化则是由于人均预期寿命延长使得金字塔顶部老年人口比重上升而造成。有别于发达国家，中国的人口老龄化面临底部和顶部老龄化的双重挑战。

按照国际通行标准，当 65 岁及以上人口占总人口比例超过 7%（或 60 岁及以上人口占总人口比例超过 10%）时，这个国家就迈入老龄化社会；当 65 岁及以上老年人口占比达到 14% 时就进入深度老龄化社会；如果该比例进一步上升至 20% 以上，则进入超级老龄化社会。联合国国际人口学会提供了人口年龄结构类型（年轻型、成年型、老年型）的通行标准：除了老龄化系数之外，还包括少儿系数、老少比、年龄中位数等指标。具体而言，当少儿系数低于30%，老少比超过30%，年龄中位数大于30岁时，则国家进入老年型社会（见表1.1）。

表 1.1　国际通用年龄结构类型标准

指标	年轻型	成年型	老年型
0~14岁少儿比例（%）	>40	30~40	<30
65岁及以上老年比例（%）	<4	4~7	>7
老少比（%）	<15	15~30	>30
年龄中位数（岁）	<20	20~30	>30

资料来源：联合国国际人口学会（1992）。

二　人口再生产类型转变

根据 Blacker（1947）观点，人口结构转变可划分为五个阶段（见图1.1）：（1）高位静止阶段，即 HS 阶段（High Stationary），高出生率和高死亡率并存，人口增长处于静止均衡状态；（2）早期扩张阶段，即 EE 阶段（Early Expanding），死亡率下降早于出生率下降，人口增长开始加速；（3）后期扩张阶段，即 LE 阶段（Late Expanding），死亡率下降至低水平，出生率开始下降，人口扩张，然后开始降速；（4）低位静止阶段，即 LS 阶段（Low Stationary），低死亡率和低出生率，两者重新达到均衡，人口增长再次进入静止状态；（5）减退阶段，即 D 阶段（Diminishing），出生率继续下降并开始低于死亡率，人口进入负增长状态。其中第一、二阶段类似传统类型，第三阶段类似过渡型，第四、五阶段类似现代型。目前多数发展中国家处于第三阶段，多数发达国家处于第四和第五阶段（刘爽等，2012）。

新中国成立初期，我国人口死亡率显著下降，出生率保持较高水平，人口出现"爆炸式"增长。从20世纪70年代开始，伴随经济发展和医疗环境的改善，加之生育政策的强力干预，人口出生率快速下降，死亡率和人口自然增长率下降，从过渡型发展到现代型。新中国成立初期的死亡率下降和20世纪70年代出生率的下降是两个意义重大的人口结构转变（见

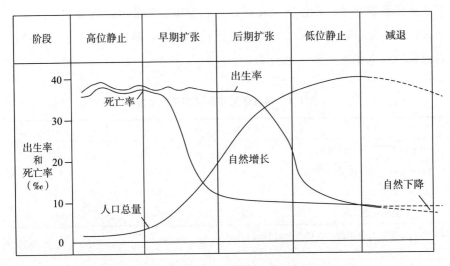

图 1.1　经典人口结构转变模型

资料来源：刘爽等（2012）。

图 1.2）。倘若依据国际通行标准：人口高增长与低增长的划分标准是15‰的人口自然增长率（廖立国，2011），那么从 20 世纪 70 年代中后期开始我国人口发展进入了低增长时代。至此我国人口再生产类型实现了第二次重大转变，从过渡型发展到了现代型人口再生产类型社会。

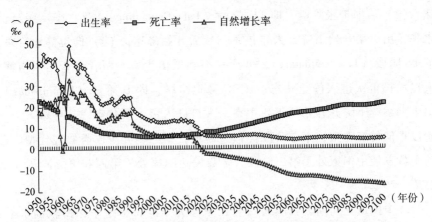

图 1.2　1950~2100 年中国人口出生率、死亡率和自然增长率变化

资料来源：*World Population Prospects 2022*。

　　在人口再生产类型的动态转变过程中，将会在某一时期形成最有利于经济发展的人口年龄结构（见图 1.3）。其典型特征是，适龄劳动力供给充足，少儿和老年抚养比处于低水平，社会负担系数小，是经济发展的"黄金时期"，通常被称为"人口机会窗口"或"人口红利"（于学军，2003）。的确，人口年龄结构变化及其"人口红利"对我国经济发展的积极作用已得到众多经验支持，是塑造"中国经济奇迹"最重要的因素之一（World Bank，1998；Wang and Mason，2008；都阳，2019；蔡昉，2022）。

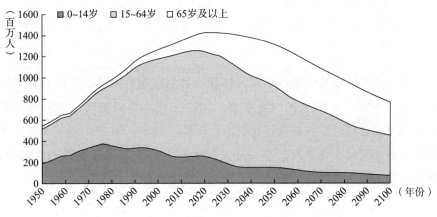

图 1.3　1950~2100 年中国人口年龄结构变化趋势

资料来源：*World Population Prospects 2022*。

三　人口老龄化的动态演进

（一）老龄化的动态特征

从历次全国人口普查得出的数据看（见表 1.2），中国一直朝着老龄化社会迈进，历经年轻型—成年型—老年型过程。在新中国成立初期，中国人口结构年轻，第一次全国人口普查（1953 年）和第二次全国人口普查（1964 年）数据显示，老龄化系数依次为 4.4% 和 3.6%。到第三次全国人口普查（1982 年），中国老龄化系数增长到 4.9%，人口年龄结构由年轻型初步过渡到成年型。至第四次全国人口普查（1990 年），中国老龄化系数已经达到 5.6%，属于典型的成年型。进入 21 世纪后的 2000 年和 2010 年，中国老龄化系数分别达到 7.0% 和 8.9%。根据第七次全国人口普查数据，2020 年中国老龄化系数已达到 13.50%。此外，到 2021 年老龄化系数首次超过 14%，正式步入深度老龄化社会。

表 1.2 历次全国人口普查人口年龄结构

指标	1953 年	1964 年	1982 年	1990 年	2000 年	2010 年	2020 年
0~14 岁少儿比例（%）	36.3	40.7	33.6	27.7	22.9	16.6	17.95
65 岁及以上老年比例（%）	4.4	3.6	4.9	5.6	7.0	8.9	13.50
老少比（%）	12.2	8.8	14.6	21.0	30.4	53.4	75.2
年龄中位数（岁）	22.7	20.2	22.9	25.3	30.8	35.2	38.7

资料来源：《新中国 60 周年系列报告之五：人口总量适度增长结构明显改善》和第七次全国人口普查数据。

　　图 1.4 是根据几个典型年份人口普查数据绘制的人口金字塔。值得注意的是，相比于 1990 年人口金字塔，2010 年底部明显萎缩，2020 年劳动力人口明显老龄化，占总人口比例最大年龄段为 40~60 岁。图 1.5 刻画了我国抚养比时间变化情况，进一步反映了在人口老龄化加速推进的同时，特别是迈入深度老龄化社会后，养老负担在随之加重。

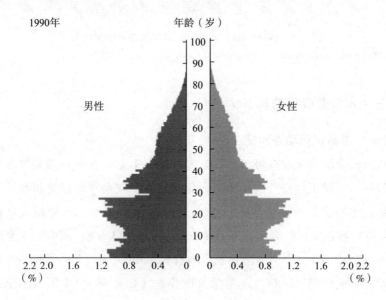

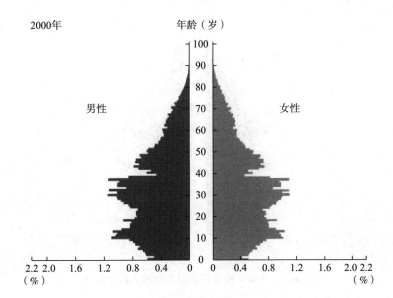

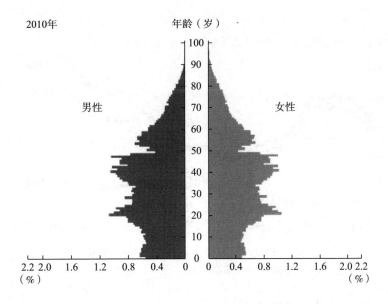

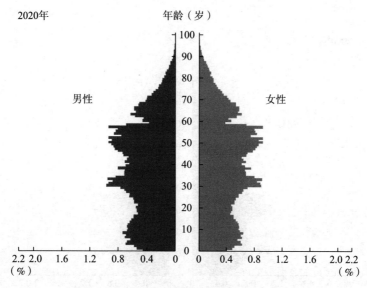

图 1.4　典型年份全国人口普查的人口金字塔

资料来源：国家统计局发布的历次全国人口普查数据。

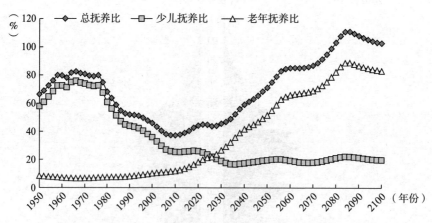

图 1.5　1950~2100 年中国人口抚养比变化

资料来源：*World Population Prospects 2022*。

（二）人口老龄化的未来趋势

根据全国老龄工作委员会办公室发布的《中国人口老龄化发展趋势预测研究报告》，21 世纪的中国将不可逆转地进入老龄化社会。从 2001 年到

2100 年，中国人口老龄化发展过程可以划分为三个阶段：2001 年到 2020 年为第一阶段，是快速老龄化阶段；2021 年到 2050 年为第二阶段，是加速老龄化阶段；2051 年到 2100 年为第三阶段，是稳定的重度老龄化阶段。此外，我国老年抚养比到 2080 年左右达到峰值 88.8%，然后缓慢下降，那时我国人口老龄化问题将十分严重，社会抚养负担重。因此，建立适合我国国情的养老制度，切实提高老年人福利并减轻年轻人负担刻不容缓。

从世界人口发展形势来看（见图 1.6），人口年龄分布由金字塔形（1950 年至 2010 年）演变到 2020 年的"半钟形"结构，从 2040 年至 2100 年世界人口年龄结构将逐渐演变为"钟形"结构。到 2100 年，占总人口比例最大的年龄段在 50 岁左右。这些数据均表明，世界人口正在以前所未有的速度老龄化，人口结构转变是一个全球性的普遍现象。

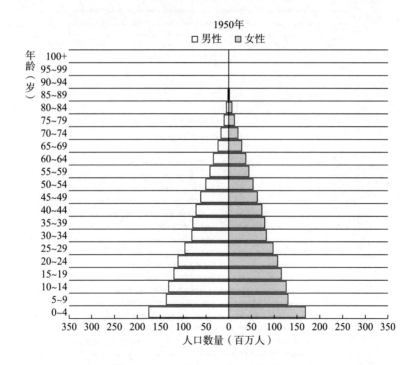

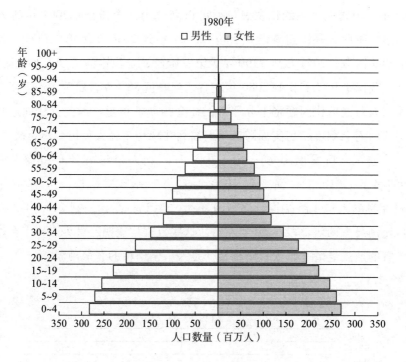

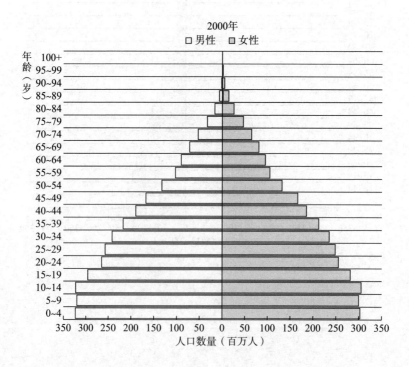

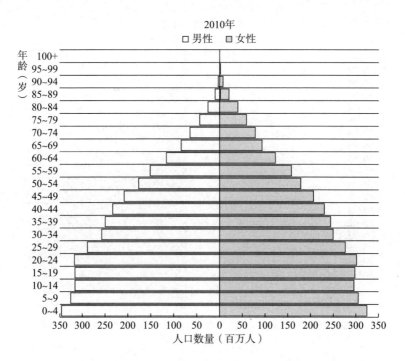

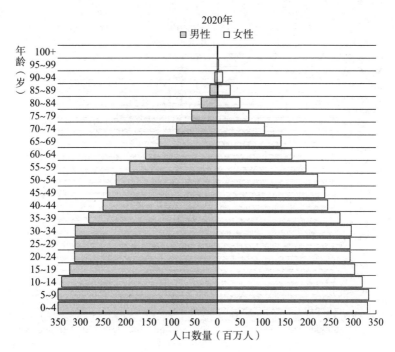

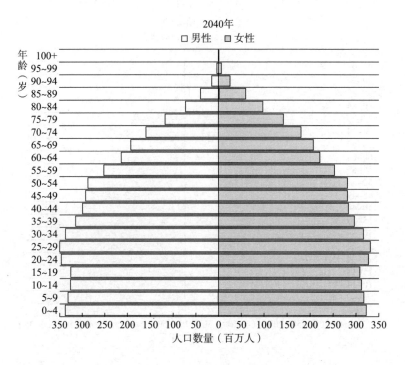

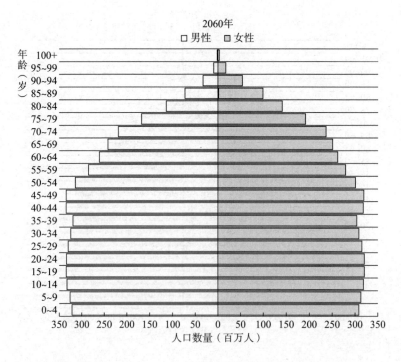

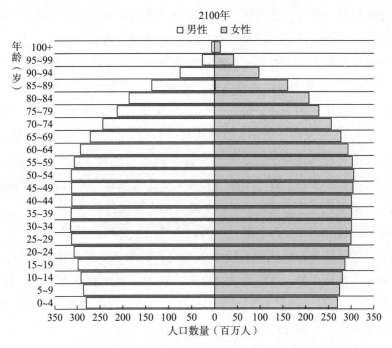

图 1.6　1950~2100 年世界人口金字塔

资料来源：*World Population Prospects 2022*。

四　老龄化的地区、城乡比较

（一）地区比较

中国各地区人口老龄化阶段存在鲜明差异。根据历次全国人口普查数据可知，我国各省区市进入老龄化的时间不一。其中，在 2000 年的第五次全国人口普查中，上海市老龄化最为严重，老龄化系数达到 11.46%，宁夏回族自治区老龄化系数仅为 4.47%，为全国最低。全国有 14 个省区市进入老年型社会，包括上海、浙江、江苏、北京、天津、山东、重庆、辽宁、安徽、四川、湖南、广西、河南、河北。而其他 17 个省区仍属于成年型社会。

到 2010 年的第六次全国人口普查，绝大多数省区市进入老龄化社会。全国 65 岁及以上老年人口占比为 8.87%，相比 2000 年增长了 1.91 个百分点，而且各省区市老龄化速度不相同。其中，安徽、重庆、广东、内蒙古、河南等地的老龄化速度较慢，湖北、辽宁、云南、浙江、江西等地老龄化速度较快。值得注意的是，老龄化最严重的省市主要分布在中西部地区，重庆、四川、安徽、辽宁已取代上海、北京、浙江、天津成为人口老龄化程度最高的省市。这可能与年轻劳动力的空间迁移有着密切关系。

到 2020 年，全国老龄化程度进一步加深。平均来看，全国 65 岁及以上老年人口占比已升至 13.50%，比 2010 年增长了 4.6 个百分点。其中，辽宁、重庆 65 岁及以上老年人口占比均已超过 17%，排在其后的是四川、上海、江苏、吉林、黑龙江、安徽，这些省市均已进入深度老龄化社会。西藏、新疆、广东、青海、宁夏的老龄人口比重较低。导致此现象的原因可能是经济发展水平的差异和年轻劳动力的大规模迁移。

进一步将中国划分为东部、中部、西部三个区域，可以看到，三个区域的人口年龄分布都呈现两头较小中间突出的形态。但仔细对比可发现，东部地区占比最高的人口年龄区间为 30~34 岁，而中西部地区人口占比最高的在 50 岁左右（见图 1.7）。东部地区人口明显比中西部地区人口年轻。原因可能在于，东部地区经济较为发达，青壮年劳动力人口迁移大多是由中西部流向东部。

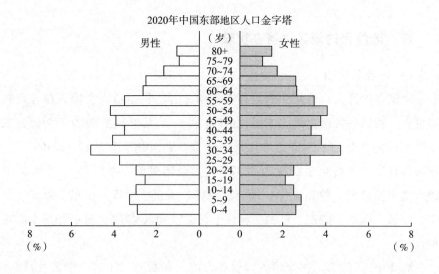

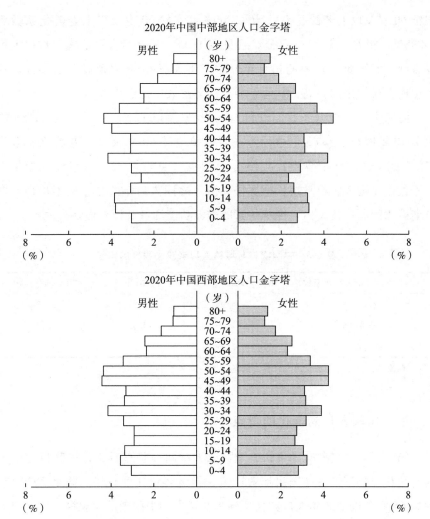

图 1.7 2020 年东部、中部、西部地区人口金字塔

资料来源：第七次全国人口普查。

（二）城乡比较

我国农村人口老龄化比城市更严重，形成了"城乡倒置"格局，这与近年来大量农村青壮年劳动力进城务工有较大关系。第六次全国人口普查数据显示，2010 年我国 60 岁及以上老年人口数量已经达到 17759 万人，占我国总人口的 13.26%。其中，城镇 60 岁及以上老年人口数量为 7829 万人，占比为 44%，农村 60 岁及以上老年人口数量为 9930 万人，占比为 56%，农村 60 岁及以上老年人口为城镇的 1.27 倍，远多于城镇老年人口。

城镇 60 岁及以上老龄化系数为 11.69%，农村 60 岁及以上老龄化系数为
14.98%，相差了 3.29 个百分点（见表 1.3）。从老龄人口结构的数据上可
以看到，城镇 60~64 岁的相对年轻的老年人口占 60 岁及以上老年人口的
比例比农村的比例要高，其他年龄段的老龄人口比例相差不大。

　　时隔十年，2020 年我国农村地区 60 岁及以上老龄化系数为 23.81%，
比 2010 年增长了 8.83 个百分点；而城镇地区 60 岁及以上老龄化系数为
15.82%，比 2010 年增长了 4.13 个百分点（见表 1.3）。农村地区老年人
口不仅占比更大，而且增长得更快，城乡之间人口年龄分布极不均衡。农
村老龄化问题日益突出，传统的家庭赡养功能和养老模式面临挑战。

表 1.3　中国农村与城镇人口老龄化程度的比较

60 岁及以上老龄化系数	2010 年	2020 年	增长（百分点）
农村（%）	14.98	23.81	8.83
城镇（%）	11.69	15.82	4.13
农村与城镇差额（百分点）	3.29	7.99	4.70

资料来源：第六、七次全国人口普查数据。

五　中国人口老龄化的特点

　　第一，人口老龄化速度快，规模庞大。同一时点对比，尽管目前中国
老龄化状况仍不及发达国家那般严重，但老龄化速度较快。截至 2020 年，
中国 65 岁及以上老年人口数量达到 1.9 亿人，中国老龄化规模之庞大令人
担忧。

　　第二，高龄人口比重攀升，高龄趋势明显。按照国际通行标准，80 岁
及以上为高龄人口。依据 United Nations 发布的 *World Population Ageing
2013* 数据，中国是世界上 80 岁及以上人口最多的国家，而且高龄人口增
长仍在持续，增长速度也很快，预计到 2050 年，中国的高龄人口将达到
9000 万人。高龄人口占比增加将给社会保障体系带来巨大冲击。

　　第三，"未富先老""未备先老"特征明显。发达国家在迈入老龄化社
会时，经济发展水平通常已经保持在较高水平，人均国内生产总值一般在
5000~10000 美元，因而具备足够的经济能力建立健全养老保障体制以迎

接老龄化的挑战。而我国步入老龄化社会时经济基础仍比较薄弱，老龄化具有"未富先老""未备先老"特征。

第四，劳动力人口数量在经历增长高峰后开始减少（见图 1.8）。我国劳动力人口规模在 2010 年之后保持相对稳定的状态，预计到 2030 年劳动力人口规模开始下降；而劳动力人口占总人口的比例大概从 2010 年开始缓慢降落，预计到 2030 年左右开始进入"快速降低期"。劳动力人口缩减既会影响家庭消费和储蓄等经济决策，也会影响社会的供养系数、社会保障支出、劳动力市场供求，从而影响收入分配等宏观变量。

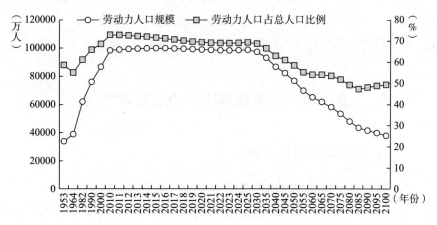

图 1.8　1953~2100 年中国劳动力人口规模及占总人口比例

资料来源：《中国统计年鉴 2022》、*World Population Prospects 2022*。

第五，生育率长期处于更替水平之下，甚至落入"低生育率陷阱"，"少子化"现象凸显。育龄妇女的总和生育率（TFR）有几个典型界定区间：当 TFR 低于 2.1（更替水平）时，表示低生育率（low fertility）；当 TFR 低于 1.5 时，表示很低生育率（very low fertility）；当 TFR 低于 1.3 时，表示极低或者超低生育率（the lowest fertility）。我国总和生育率总体在下滑，20 世纪 70 年代为 6 左右，1990 年下降到 2.0，到 2010 年为 1.5，2020 年为 1.3，2021 年进一步下降到 1.15（见图 1.9），陷入"低生育率陷阱"。由于全面"二孩政策"效果不及预期，"三孩政策"的效果未能显现，中国出生人口的下降趋势未能扭转，生育堆积效应逐渐消退，出生人口自 2017 年以来逐年下降。到 2022 年，我国总人口出现负增长，标志着人口开始进入负增长。

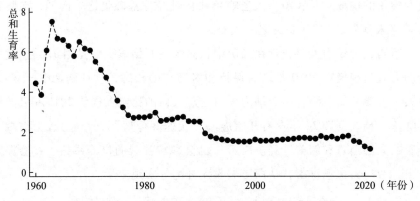

图 1.9　1960~2021 年中国总和生育率变动情况

资料来源：世界银行数据库（World Bank Database）。

第二节　出生性别比变动的特征事实

一　出生性别比的动态演进

（一）人口性别结构的相关指标

人口性别构成是一定范围、一定时期内人口中男女两性人口的分布及其比例关系，其中有两个关键性指标：性别比和出生性别比。

性别比是指男性人口与女性人口之比，通常用每 100 名女性人口对应多少名男性人口来表示，该指标既可按照全体人口计算，以观察一个地区总人口性别构成的变化，也可以分年龄计算，以观察各年龄组性别构成的变化。一般而言，男女两性人口的比例基本平衡，但在不同的年龄组别，男女死亡率的差异，使得人口性别比构成有所不同，以中国数据为例，低龄组往往男多女少，高龄组往往男少女多。计算公式为：

$$性别比 = \frac{男性人口数}{女性人口数} \times 100 \tag{1.5}$$

出生性别比是指一定时期内（通常为一年）出生存活婴儿中男婴和女婴人数之比。出生性别比是衡量社会男女两性人口是否均衡的一个重要指标。众多人口统计资料表明，在不进行人为控制的情况下，即完全由人类生殖过程的生物学特性决定的情况下，婴儿出生性别比的正常范围为 105±2。

计算公式为：

$$出生性别比 = \frac{某年男婴出生数}{该年女婴出生数} \times 100 \tag{1.6}$$

（二）出生性别比的动态特征

根据历次全国人口普查和人口抽样调查，中国出生性别比经历先升后降的动态演进过程，整体呈现倒 U 形变化趋势（见表 1.4）。具体地，第三次全国人口普查（1982 年）数据显示出生性别比为 108.5，高于正常值 107；到 2004 年，出生性别比升至 121.2，达到峰值，出生性别比失衡十分严重。随后年份开始下降，到 2020 年，出生性别比回落到 111.3 的水平。但需注意的是，这一指标仍然高于正常阈值，表明中国的出生性别比失衡问题依然存在。

表 1.4　历年出生性别比

指标	1982 年	1987 年	1990 年	1995 年	2000 年	2005 年	2010 年	2015 年	2020 年
出生性别比	108.5	110.9	112.3	115.6	118.2	118.6	118.1	113.5	111.3

资料来源：历次全国人口普查和人口抽样调查。

二　分地区、城乡、孩次、国家（地区）比较的出生性别比

（一）分地区比较

根据第五、六、七次全国人口普查数据可知，进入 21 世纪以来我国不同省区市出生性别比情况有较大差异（见表 1.5）。根据第五、六次全国人口普查数据，2000～2010 年各省区市出生性别比呈现攀升态势，中度、重度失衡省区市由 24 个上升至 28 个，出生性别比失衡状况加剧。2010～2020 年，全国有 10 个省区市的出生性别比从中度失衡回归到正常范围。另有 11 个省区的出生性别比在 110 及以上，即处于中度、重度失衡状态，其中包括经济发达的浙江、广东、山东、福建等省份。

表 1.5　第五、六、七次普查各省区市出生性别比情况

出生性别比范围	第五次全国人口普查	第六次全国人口普查	第七次全国人口普查
低于 103	西藏		

续表

出生性别比范围	第五次全国人口普查	第六次全国人口普查	第七次全国人口普查
103~107（正常）	贵州、新疆	西藏、新疆	山西、内蒙古、辽宁、吉林、黑龙江、重庆、云南、西藏、甘肃、青海、宁夏、新疆
108~109（轻度失衡）	内蒙古、黑龙江、云南、宁夏	北京	北京、天津、河北、上海、江苏、河南、四川、陕西
110~119（中度失衡）	北京、天津、河北、山西、辽宁、吉林、上海、江苏、浙江、福建、江西、山东、河南、重庆、四川、甘肃、青海	天津、河北、山西、内蒙古、辽宁、吉林、黑龙江、上海、江苏、浙江、山东、河南、重庆、四川、云南、陕西、甘肃、青海、宁夏	浙江、安徽、福建、山东、湖北、湖南、广东、广西、贵州
高于120（重度失衡）	安徽、湖北、湖南、广东、广西、海南、陕西	安徽、福建、江西、湖北、湖南、广东、广西、海南、贵州	江西、海南

资料来源：第五、六、七次全国人口普查。

（二）分城乡比较

出生性别比的城乡差异和变化特征见表 1.6。由第五、六次全国人口普查数据可知，乡村出生性别比高于城市出生性别比，这可能与当时乡村地区较为浓厚的男孩偏好和"传宗接代"的观念密切相关。进一步结合第七次全国人口普查数据可知，2010~2020 年，城乡出生性别比差异有所减小，甚至已出现城乡在出生性别比方面的无差异特征，这可能与生育政策放开以及生育成本变化等原因有关。

表 1.6　出生性别比的城乡比较

城乡	第五次全国人口普查	第六次全国人口普查	第七次全国人口普查
城市	114.15	118.33	112.15
镇	119.90	122.76	113.03
乡村	121.67	122.09	111.90

资料来源：第五、六、七次全国人口普查。

（三）分孩次比较

根据 2000 年、2010 年和 2020 年的三次全国人口普查数据，可以发现不同孩次间的出生性别比呈现明显的动态差异演进（见表 1.7）。从一孩的出生性别比差异来看，出生性别比在 2000~2020 年经历先上升后微弱下降的演变过程。其中，2020 年一孩出生数量占整体出生数量的 45.8%，比重较大，因而一孩出生性别比对整体出生性别比有着举足轻重的作用。相较于一孩出生性别比，二孩及以上的出生性别比呈现重度失衡、异常偏高的状态。总的来看，除了 2020 年二孩出生性别比下降至正常范围以外（这可能与全面二孩政策有关），三孩及以上均存在较为严重的出生性别比失衡问题。

表 1.7　出生性别比的分孩次比较

年份	一孩	二孩	三孩	四孩	五孩及以上
2000	107.12	151.92	160.30	161.42	148.79
2010	113.73	130.29	161.56	146.50	143.65
2020	113.17	106.78	132.93	130.07	127.14

资料来源：第五、六、七次全国人口普查。

（四）分国家（地区）比较

平均意义上，当前世界主要国家（地区）出生人口的性别结构基本平衡（见图 1.10）。大部分发达国家处于正常的 103~107 之内，平均值为 105.4。发展中国家均值接近正常范围的上限，为 106.9，剔除最贫穷的国家后，发展中国家的出生性别比为 107.8。在亚洲，中国和印度的出生性别比失衡较为严重。

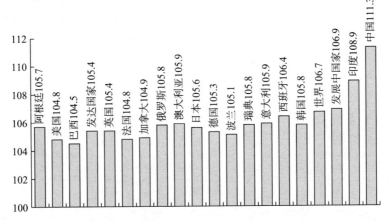

图 1.10　世界主要国家（地区）出生性别比

资料来源：世界主要国家（地区）数据来自 *World Population Prospects 2022*，根据 2010~2020 年计算均值得到；中国数据来自第七次全国人口普查（2020 年）。

第三节　本章小结

我国在很短的时间内经历了快速的人口结构转变，老龄化速度加快，对经济社会发展产生了较大的影响。同样，性别比失衡是当前中国面临的一个重要的人口问题。出生性别比长时间偏离正常值，将不断累积从而导致婚姻挤压等一系列人口问题，不利于经济的长远发展和社会的和谐稳定。无疑，我国人口结构的重大变化将对社会经济发展产生深远的影响。

在人口结构转变的时代背景下，党的二十大报告强调，"实施积极应对人口老龄化国家战略"，提出"优化人口发展战略，建立生育支持政策体系，降低生育、养育、教育成本"以及"坚持男女平等基本国策，保障妇女儿童合法权益"，这为全面做好新时代人口工作明确了重点任务和前进方向。

第二章 中国收入分配格局演进的特征事实

第一节 引言

本节梳理中共中央历届会议报告中对收入分配问题的政策主张,从中可以发现中国收入分配变化的关键线索(见表2.1)。

自1978年我国实行改革开放以来,允许多种经济成分存在和发展。与此对应的是,我国出现多种收入分配方式并存的局面,收入分配格局发生重大变化。随着改革开放的深入推进,居民收入差距也呈现扩大趋势,劳动报酬份额在经历一段持续下降后维持在较低水平,是当前我国国民收入分配格局不平衡的重要体现。在新的转型时期,如何在"做大蛋糕"(提高效率)的同时"分好蛋糕"(实现公平),共享经济发展成果,牵涉到全体公民福祉,也关乎社会稳定和经济持续发展。

作为政策的回应,党的十七届五中全会通过《中共中央关于制定国民经济和社会发展第十二个五年规划的建议》,把合理调整收入分配关系作为加强社会建设、建立健全基本公共服务体系的一项十分重要的工作。党的十七大报告明确指出,"初次分配和再分配都要处理好效率和公平的关系,再分配更加注重公平。逐步提高居民收入在国民收入分配中的比重,提高劳动报酬在初次分配中的比重"。党的十八大报告则进一步强调,"努力实现居民收入增长和经济发展同步、劳动报酬增长和劳动生产率提高同步"。党的二十大报告强调,"努力提高居民收入在国民收入分配中的比重,提高劳动报酬在初次分配中的比重……促进机会公平,增加低收入者收入，扩大中等收入群体。完善按要素分配政策制度，探索多种渠道增加中低收入群众要素收入"。

　　收入分配是经济学的核心研究领域之一，具有多维度的概念。从经济学的逻辑定义，收入分配一般划分为两大类：一是功能性收入分配（functional distribution of income），也可称为要素收入分配，指国民收入在不同生产要素之间的分配，围绕资本收入份额和劳动收入份额展开讨论①，是宏观意义上的分配；二是规模性收入分配（size distribution of income），也可称为居民收入分配，指国民收入或财富在个体（包括个人和家庭）之间的分配，以收入差距来代理（郭庆旺、吕冰洋，2012），是微观概念上的分配。

表 2.1　中共中央历届会议报告对收入分配的提法

会议 （召开年份）	提法
党的十二届三中全会（1984）	允许和鼓励一部分地区、一部分企业和一部分人依靠勤奋劳动先富起来
党的十三大（1987）	以按劳分配为主体，其他分配方式为补充；在促进效率提高的前提下体现社会公平
党的十四大（1992）	以按劳分配为主体，其他分配方式为补充，兼顾效率与公平
党的十五大（1997）	坚持按劳分配为主体、多种分配方式并存的制度；把按劳分配和按生产要素分配结合起来；效率优先、兼顾公平；允许和鼓励资本、技术等生产要素参与收益分配
党的十六大（2002）	确立劳动、资本、技术和管理等生产要素按贡献参与分配的原则，完善按劳分配为主体、多种分配方式并存的分配制度；初次分配注重效率，再分配注重公平
党的十七大（2007）	坚持和完善按劳分配为主体、多种分配方式并存的分配制度，健全劳动、资本、技术、管理等生产要素按贡献参与分配的制度，初次分配和再分配都要处理好效率和公平的关系，再分配更加注重公平
党的十八大（2012）	完善按劳分配为主体、多种分配方式并存的分配制度；完善劳动、资本、技术、管理等要素按贡献参与分配的初次分配机制；努力实现居民收入增长和经济发展同步、劳动报酬增长和劳动生产率提高同步；提高居民收入在国民收入分配中的比重，提高劳动报酬在初次分配中的比重，实现发展成果由人民共享

---

　　① 亦有实证文献围绕着劳、资、政分配国民收入展开研究。

续表

会议 （召开年份）	提法
党的十九大 （2017）	坚持按劳分配原则，完善按要素分配的体制机制，促进收入分配更合理、更有序。鼓励勤劳守法致富，扩大中等收入群体，增加低收入者收入，调节过高收入，取缔非法收入。坚持在经济增长的同时实现居民收入同步增长、在劳动生产率提高的同时实现劳动报酬同步提高。拓宽居民劳动收入和财产性收入渠道。履行好政府再分配调节职能，加快推进基本公共服务均等化，缩小收入分配差距
党的二十大 （2022）	分配制度是促进共同富裕的基础性制度。坚持按劳分配为主体、多种分配方式并存，构建初次分配、再分配、第三次分配协调配套的制度体系。努力提高居民收入在国民收入分配中的比重，提高劳动报酬在初次分配中的比重。坚持多劳多得，鼓励勤劳致富，促进机会公平，增加低收入者收入，扩大中等收入群体。完善按要素分配政策制度，探索多种渠道增加中低收入群众要素收入，多渠道增加城乡居民财产性收入。加大税收、社会保障、转移支付等的调节力度。完善个人所得税制度，规范收入分配秩序，规范财富积累机制，保护合法收入，调节过高收入，取缔非法收入。引导、支持有意愿有能力的企业、社会组织和个人积极参与公益慈善事业

第二节　规模性收入分配的测度与特征事实

一　规模性收入分配（收入差距）的动态演进

在中国经济转型过程中，一直伴随着规模性收入分配（此处尤指居民收入差距）的阶段性变化。本节采用实证文献中最常用的测度居民收入差距指标，即基尼系数。该系数是意大利经济学家基尼于 1922 年根据洛伦兹曲线提出的。尽管有许多指标（比如，泰尔指数、对数方差、广义熵等）也可用于测度收入差距状况，但基尼系数无疑是国际上最通用的。

虽然中国基尼系数的计算方法和结果在一些文献中存在差异，但学界对于收入差距变化趋势大致可以形成共识。图 2.1 清晰地表明，我国居民收入差距变化可以分为三个阶段。

第一阶段：从改革开放初期到 20 世纪 90 年代中前期，居民收入差距总体在扩大。1981 年基尼系数为 0.288，到 1994 年已经超过国际警戒线 0.4，到 1995 年进一步上升至 0.445。居民收入差距的扩大，可能与这一时期市场化改革阶段密切相关。在改革开放初期，我国发展经济强调效率、鼓励"一部分人先富起来"，收入差距开始拉大。同时，从以劳动要素为分配主体逐渐扩展到各种生产要素参与分配，居民收入来源多元化，在一定程度上也扩大了收入差距。

第二阶段：从20世纪90年代中期到1999年，居民收入差距有所缩小。基尼系数由1995年的0.445下降到1999年的0.397，下降了0.048。这一阶段的收入差距减少，原因有两方面：一是农产品价格上涨（杨天宇，2008）；二是城市面临工业结构调整、减人增效的改革以及宏观经济不景气导致的生产能力过剩，城市失业现象日益严重（蔡昉、杨涛，2000），最终导致城乡收入差距缩小。世界银行1997年的研究表明，城乡居民收入差距可以解释75%的居民收入分配不平等。

第三阶段：从21世纪初至2021年，居民收入差距出现波动性上涨并保持在一个较高水平。由1999年的0.397上升至2008年的0.491。自党的十八大以来，中国基尼系数虽然有所下降，但仍处于0.46~0.47，高于国际警戒线。这些数据客观反映了中国居民贫富悬殊的现状。种种迹象表明，目前我国收入分配格局存在不合理之处，建立利益共享机制成为客观需求。

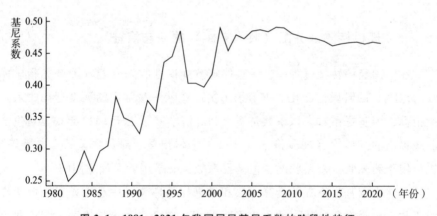

图2.1　1981~2021年我国居民基尼系数的阶段性特征

资料来源：历年基尼系数来自陈宗胜和周云波（2002）、尹虹潘和刘姝伶（2011）测算，以及国家统计局官方发布数据。

二　规模性收入分配的跨地区比较

沿用国内大多数文献的通常做法，本节采用如下公式计算基尼系数（陈昌兵，2007；杨俊等，2008）：

$$G = \sum_{i=1}^{n} W_i Y_i + 2\sum_{i=1}^{n} W_i(1-V_i) - 1 \qquad (2.1)$$

其中，W_i 表示按收入分组后的人口占总人口的比重，Y_i 表示按收入分组后各组人口所拥有的收入占总人口收入的比重，V_i 表示 Y 从 $i=1$ 到 i 的累加。原始数据来源于各省份历年统计年鉴、《中国农村住户调查年鉴》等。

中国幅员辽阔，各地区经济发展和公共政策差异甚大，各地区收入分配状况也存在差异。根据各省份 2020 年统计年鉴、《中国农村住户调查年鉴》计算发现，从各省份数据看，基尼系数全国较高的有山东（0.5062）、贵州（0.5003）、新疆（0.4998）、江苏（0.4906）、广东（0.4867）、黑龙江（0.4860），反映出这些地区收入分配状况堪忧；而北京（0.3520）、河南（0.3535）、河北（0.3554）、海南（0.3579）、福建（0.3668）的基尼系数较小。从区域分布看，东部地区的基尼系数普遍较高，而西部地区如贵州、新疆等地区的基尼系数虽然也较大，但西部地区的基尼系数均值小于东部地区。

三　规模性收入差距与极化现象：大规模数据的经验考察

本节使用了美国北卡罗来纳大学和中国疾病预防控制中心在我国多个省区市进行的中国健康与营养调查（CHNS）数据。该调查主要覆盖辽宁、黑龙江、山东、江苏、河南、湖北、湖南、广西、贵州的城镇和农村，在2011 年追加了北京、上海、重庆三个直辖市的抽样调查。本节采用多阶段分层整群随机抽样方法，实证样本选取 1991 年、1993 年、1997 年、2000年、2004 年、2006 年、2009 年和 2011 年的调查数据，重点考察家庭人均收入，且换算为 2011 年不变价。最终获得 37382 个初始观测样本。

（一）居民家庭劳动收入差距变化

表 2.2 和图 2.2 提供了各调查年份中国家庭劳动收入水平（人均）及

差距动态演进情况。从中发现，1991~2011年，调查样本的家庭劳动收入由1991年的3043元上升至2000年的5655元，2011年增至15516元，劳动收入涨幅为409.9%。与此同时，调查样本的劳动收入差距状况总体在加剧。利用基尼系数（Gini）、泰尔指数（Theil）、对数方差（Varlogs）等指标的度量几乎都能得到一致的结论。以基尼系数为例，1991年基尼系数为0.370、2000年上升至0.443、2011年进一步上升至0.459，基尼系数上涨幅度高达24.100%。

表2.2   家庭劳动收入水平与差距情况

指标	1991年	1993年	1997年	2000年	2004年	2006年	2009年	2011年	Δ%
平均值（元）	3043	3488	4340	5655	7575	8889	12754	15516	409.9
基尼系数	0.370	0.412	0.398	0.443	0.475	0.508	0.483	0.459	24.100
泰尔指数	0.232	0.290	0.272	0.357	0.394	0.488	0.436	0.388	67.241
对数方差	0.635	0.831	0.766	1.010	1.119	1.265	1.195	1.247	96.378

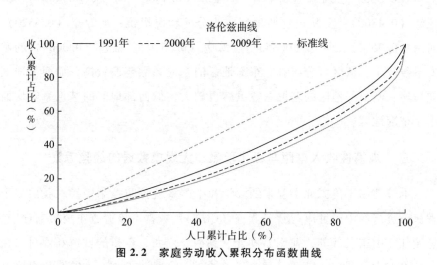

图2.2   家庭劳动收入累积分布函数曲线

（二）收入两极化：测度方法与统计事实

为直观理解收入两极化与差距的区别和联系，本节遵循两种不同理论假设给出收入分布密度函数（见图2.3）。其中，虚线部分表示的是收入分布均匀的密度函数，形状如矩形，收入水平在0.25~1.75等距分布。这里将中位收入水平标准化为1.00，其他收入水平按与中位收入水平的比值规范化。实线部分表示的是具有双峰特点的收入分布密度函数，可以看出其出现中部空竭（depleted middle）。借鉴 Wolfson（1994）关于两极化和中产阶层消失（disappering middle class）的概念，收入分布具有双峰密度特点的情形比均匀密度分布的情形两极化程度更严重。根据测度收入差距的方法，比如洛伦兹准则，收入分布具有双峰密度分布特点的情形比具有均匀密度分布特点的情形更平等，即前者的洛伦兹曲线比后者的洛伦兹曲线更靠近 45°线。如图 2.3 中的箭头所示，双峰密度分布是由均匀密度分布通过两极的均值保留再分配渐进转移（two sets of progressive mean-preserving redistributive transfers）得到的，双峰密度分布比均匀密度分布两极化更严重，但是更加平等。因此，收入极化可以作为规模性收入分配的另一个刻画。

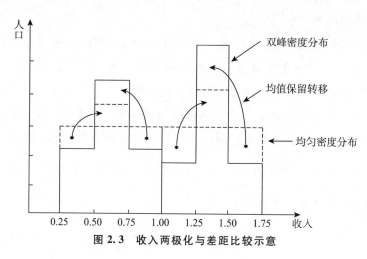

图 2.3　收入两极化与差距比较示意

1. 极化测度方法

国外关于极化测度方法的研究，大体遵循两条路径：一是由 Wolfson（1994）提出并发展的 Wolfson 指数（两极分化指数）；二是由 Esteban 和 Ray（1994）提出并发展的 ER 指数（多级分化指数）。在多数情形中，Wolfson 开展的系列研究可能更接近于人们通常讨论的两极分化现象。"中产阶层消失"或者"中空"（a hollowed out middle）意味着收入分布中间位置的人群逐渐向两端聚集。Wolfson 依据洛伦兹曲线和基尼系数提出了测度极化的指数：$W = \dfrac{2\left[1-2L\left(0.5\right)-Gini\right]}{m/u}$。其中，$m$、$u$ 分别表示收入的中位数和均值；$Gini$ 表示基尼系数；L（0.5）表示收入最低的 50% 人群所占的收入比重。显然，由 Wolfson 指数可知，极化指数与基尼系数（反映收入差距）高度正相关，但也并不唯一由其决定。

Esteban 和 Ray（1994）基于"认同–疏离"（identification–alienation）框架分析极化现象，即按照某种特征将人口分组，如果存在组内认同和组间疏远，那么社会就出现了"极化"，从而构建离散型 ER 指数。Esteban 等（2007）引入组内认同敏感性参数将其发展成为连续型的 EGR 极化指数，Duclos 等（2004）进一步将其发展成 DER 极化指数。DER 指数有两个特征：一是在连续而非离散分布的情况下构建测度指标；二是收入分组标准是依据收入分布聚合特征给出，而非随意设定（张奎、王祖祥，2009）。参考罗楚亮（2010）、洪兴建和李金昌（2007）的表述，DER 指数方法介绍如下。

假设有两个代表性个体，收入分别为 x 和 y，则两人的疏离性可表示为 $|x-y|$；收入为 x 的个体其认同性取决于有多少人与其收入相近，即取决于收入分布，以 f（x）表示收入为 x 的密度。定义 x 对 y 的有效对抗为 T $[f$（x），$|x-y|]$，这是一个疏离性递增的函数，并且 T（0，$|x-y|$）$=T$ $[f$（x），$0]$ $=0$，极化指标刻画为社会所有有效对抗的和，即 P（f）$=\iint T[f(x)，|x-y|]f(x)f(y)\mathrm{d}y\mathrm{d}x$。Duclos 等（2004）证明在一定的公理性条件下，上式进一步表述为：

$$P^{DER} = \iint f(x)^{1+\alpha}f(y)\,|x-y|\mathrm{d}y\mathrm{d}x \qquad (2.2)$$

其中，$\alpha \in$ [0.25，1] 为极化回避程度参数。P^{DER} 进一步分解为认同性、疏离性及两者相关性的乘积，其中收入 y 的认同性为 $\iota^{\alpha}=f$（y）$^{\alpha}$，进行加总可得出社会平均的认同性为 $\bar{\iota}^{\alpha} = \int f$（$y$）$^{1+\alpha}\mathrm{d}y$。收入 x 对收入 y 的疏离性为 $|x-y|$，所有人对收入 y 的疏离性为 a（y）$= \int f$（x）$|x-y|\mathrm{d}\dot{x}$，社会平均的疏离性为 $\bar{a} = \iint f$（x）f（y）$|x-y|\mathrm{d}y\mathrm{d}x$。一旦收入出现极化，将出现两种情况：一是部分人群聚集成少数群体，每个个体的收入分布认同性提升；二是不同群体间收入差距会拉大，疏离性增强（罗楚亮，2010）。

水平分解 DER 指数公式为：

$$P^{DER} = \bar{\iota}^{\alpha} \times \bar{a} \times (1+\rho) \tag{2.3}$$

其中，ρ 表示疏离性和认同性之间的相关性。

2. 中国家庭收入极化现象

本节采用的数据依然来自 CHNS。表 2.3 给出 Wolfson 指数和 DER 指数（参数取值为 $\alpha = 0.5$）测算结果。可以发现，随时间推移收入分配极化指数虽有波动，但整体呈现上升态势，反映出中国居民收入两极分化总体在加剧，这是一个值得警醒的信号。进一步地，在认同－疏离框架下，分解历年 DER 指数。从认同性指标看，收入分布中的认同性总体在上升，认同性上升意味着收入分布向少数群体聚集。从疏离性指标看，该指标一直保持波动迹象，但与 1991 年相比，2011 年疏离性上升。上述结果表明，我国收入极化程度的上升主要源于组内和组间差距总体在扩大。

表 2.3　CHNS 历年家庭收入分配极化指数

年份	Wolfson	DER	疏离性	认同性	相关性
1991	0.167	0.227	0.370	0.474	0.295
1993	0.196	0.244	0.412	0.510	0.164
1997	0.183	0.237	0.398	0.564	0.0573
2000	0.201	0.255	0.443	0.623	−0.0749
2004	0.235	0.271	0.475	0.688	−0.172
2006	0.250	0.288	0.508	0.727	−0.219
2009	0.232	0.274	0.483	0.764	−0.256
2011	0.217	0.264	0.459	0.764	−0.249

3. 收入极化与收入差距的统计关系

尽管收入差距和两极化是两个不同的概念，但二者却存在密切的联系，可由 DER 指数和 Wolfson 指数公式获知。本节根据源数据计算得到，极化指标与基尼系数之间具有非常强的正相关性，具体地，基尼系数与 Wolfson 指数和 DER 指数的相关系数均超过 0.95。从这种意义上说，收入差距扩大与收入极化分布之间具有高度相关性，这个发现与现有国内经验文献相一致（罗楚亮，2010）。

第三节　功能性收入分配的测度与特征事实

一　关于功能性收入分配的几点说明

从经济学文献来看，功能性收入分配通常以劳动收入份额（labor share income）刻画，即劳动者报酬占国民收入的比重。关于功能性收入分配的研究，最早可追溯到古典政治经济学。古典政治经济学认为在一定技术条件下，厂商将各种要素投入生产获得产出，同时各要素获得相应回报：劳动得工资、资本得利息、土地得地租，这也就是初次分配理论。到 20 世纪初的新古典主义理论阶段，该理论基于一次齐次柯布-道格拉斯生产函数推导出劳动收入份额将在长期内如"光速"般恒定不变。随后的一系列经验案例印证了该理论判断（Hicks，1932；Kaldor，1961；Keynes，1939；Solow，1958），因而劳动收入份额恒定不变被信奉为"卡尔多特征事实"①。然而，从 20 世纪 80 年代开始，全球范围内出现了劳动收入份额下降现象，背离了"卡尔多特征事实"的教条，因而引发了许多学者对功能性收入分配的研究兴趣，他们试图从不同角度诠释劳动收入份额下降的成因（Diwan，2001；Harrison，2005）。

中国也不例外，自 20 世纪 90 年代中期开始，我国劳动收入份额出现了持续的大幅下降。根据国家统计局数据，1995 年劳动收入份额为51.9%，至 2007 年已经降为 39.7%，2007 年之后下降趋势得以缓解，大致在 40% 左右波动。即使考虑不同测度指标和方法的差异，过去近 20 年中国劳动收入份额持续下降这一判断也是共识，分歧仅仅在于下降的幅度大小（白重恩等，2008；李稻葵等，2009；罗长远、张军，2009a，2009b；吕光明，2011；Qi，2014）。劳动收入份额的持续下降，既可能制约居民消费能力的有效提升（李稻葵等，2009），也可能导致收入分配更加不均

---

① 卡尔多（Kaldor，1961）总结了经济发展的六个特征事实：一是劳动生产率稳速增长；二是人均资本持续提升；三是长期来看，实际利率（资本回报率）比较稳定；四是资本-产出比率大体上恒定不变；五是劳动和资本在国民收入分配中的比例是稳定的；六是人均产出增长率在世界不同国家存在显著差异。

并引发劳资冲突（蔡昉，2005；赵俊康，2006），进而有可能对我国经济长期增长和社会繁荣稳定形成挑战。因此，对劳动收入份额下降的原因及其后果进行研究，具有十分重要的意义。

本节首先对劳动收入份额测度方法、结果进行清晰界定。

二　劳动收入份额的测算与数据来源

劳动收入份额的定义是非常明确的，计算公式为：

$$LS = wL/Y \tag{2.4}$$

式中 w 是平均工资，L 是劳动力数量，wL 表示劳动者报酬，Y 是国民收入总额。在实际的测度中，由于统计资料来源和口径的差异，劳动收入份额计算结果有所不同，这在许多文献中皆有所体现（白重恩、钱震杰，2009；李稻葵等，2009；罗长远、张军，2009a，2009b；周明海等，2010）。

目前，我国计算劳动收入份额的数据集主要有三个：一是国民经济核算体系的收入法 GDP，这是现有研究应用最广泛的；二是投入产出表；三是资金流量表。收入法 GDP 是基于要素收入加总得到的，按照国家统计局分类方法，收入法 GDP 由四部分组成：劳动者报酬+生产税净额+固定资产折旧+营业盈余。[①] 显然，劳动者报酬由劳动者所得，固定资产折旧和营业盈余属于资本收入，而生产税净额为政府收入（郭庆旺、吕冰洋，2012）。相比于后两种数据集，收入法 GDP 符合国际惯例，且具有在时间上连续的特点，便于构造省级面板数据进行实证分析，因而受许多研究者青睐（白重恩、钱震杰，2009；李稻葵等，2009；罗长远、张军，2009a，2009b；周明海等，2010）。然而，收入法 GDP 也面临着统计口径

---

① 按照国家统计局给出的指标解释，劳动者报酬是指劳动者因从事生产活动所获得的全部报酬，包括劳动者获得的各种形式的工资、奖金和津贴，既包括货币形式的，也包括实物形式的，还包括劳动者所享受的公费医疗和医药卫生费、上下班交通补贴、社会保险费、住房公积金等。生产税净额是指生产税减去生产补贴后的余额，是政府对生产单位从事生产、销售和经营活动以及因从事生产活动使用某些生产要素（如固定资产、土地、劳动力）所征收的各种税、附加费和规费。固定资产折旧是指一定时期内为弥补固定资产损耗按照规定的固定资产折旧率提取的固定资产折旧，或按国民经济核算统一规定的折旧率虚拟计算的固定资产折旧。它反映了固定资产在当期生产中的转移价值。营业盈余是指常住单位创造的增加值扣除劳动者报酬、生产税净额和固定资产折旧后的余额。它相当于企业的营业利润加上生产补贴，但要扣除从利润中开支的工资和福利等。

调整的窘境①，因而，劳动收入份额测度结果也需相应调整。

　　计算劳动收入份额的第二个数据集是投入产出表，该表（部门联系平衡表）反映国民经济各部门的投入和产出、投入的来源和产出的去向，以及部门与部门之间相互提供、相互消耗产品的错综复杂的技术经济关系，每五年编制一次（国家统计局国民经济核算司编，2011）。第三个数据集资金流量表，主要核算资金收入在非金融企业部门、金融机构部门、政府部门、住户部门和国外部门之间的转移和支付，反映各种要素收入在初次分配中的情况，经过初次分配后，增加值可细分为劳动者报酬、生产税净额、固定资产折旧、营业盈余。后两者是测度劳动收入份额的重要来源，但由于缺乏时间连续性，难以刻画劳动收入份额在时间上的动态变化，因而实证研究中较少被使用。

三　中国劳动收入份额的时间变动

　　目前关于中国劳动收入份额现状有着各种不尽相同的看法，一个重要原因在于缺乏一致认可的统计口径和资料来源，而不同研究见解源自不同的数据和方法。尽管如此，我国劳动收入份额在近年来持续下降是研究者们的共识，也是大家普遍高度认同的观点，所不同的只是下降幅度多少的问题。

　　表2.4提供了利用收入法GDP数据集计算得到的中国历年劳动收入份额变动情况。中国劳动收入份额在20世纪90年代中前期有略微上升迹象，但从1998年开始，劳动收入份额基本上呈现先下降后波动上升趋势。以收入法GDP测算的劳动收入份额（口径调整）由1998年的59.34%下降至2007年的52.06%，下降幅度较大，但劳动收入份额又经历一个略微上升的阶段，2017年增长至56.87%。

---

① 2004年全国经济普查前后对劳动者报酬有着不同界定，由2004年前的"我国个体劳动者的收入（包括农民的家庭经营性收入和城镇工商户的经营性收入）全部视为劳动者报酬"，调整为"对于个体经济来说，业主的劳动者报酬和经营利润不易区分，这两部分都视为营业盈余，劳动者报酬只包括雇员报酬。考虑农户的特点，把劳动者报酬和经营利润全部作为劳动者报酬"（国家统计局国民经济核算司编，2011）。

表 2.4 中国历年劳动收入份额变动趋势与比较

单位：%

年份	（1）省区市收入法 （未调整）	（2）省区市收入法 （口径调整）
1992	50.69	58.31
1993	50.24	57.94
1994	50.65	58.46
1995	51.40	58.83
1996	51.37	58.86
1997	51.11	58.79
1998	51.39	59.34
1999	50.36	58.22
2000	49.57	57.71
2001	49.14	57.11
2002	48.87	56.74
2003	47.59	55.27
2004	46.40	53.80
2005	45.43	52.56
2006	45.20	52.29
2007	44.84	52.06
2008	46.80	54.44
2009	47.10	54.74
2010	45.95	53.46
2011	46.12	53.84
2012	46.76	54.50
2013	47.96	55.73
2014	48.26	55.98
2015	49.56	56.84
2016	49.69	56.71
2017	49.96	56.87

资料来源：收入法 GDP 根据《中国统计年鉴》（历年）、Penn World Table（PWT, Version 10.01）数据库中的数据计算得到。

作为稳健的统计分析，本节对比现有其他学者测算结果。白重恩等

（2008）用全国的劳动者报酬除以净 GDP（GDP 扣除净间接税）来表示劳动收入份额，测算结果表明，我国 1995 年劳动收入份额为 59.7%，到 2006 年下降为 47.3%，降幅超过 12 个百分点；但在随后一篇论文中，白重恩和钱震杰（2009）研究发现，1995~2004 年劳动收入份额下降中有 6.3 个百分点是由统计口径变化导致的，这占了同期劳动收入份额下降幅度的 59%。李稻葵等（2009）则用劳动者报酬除以 GDP 表示劳动收入份额，发现我国劳动收入份额从 1990 年的 53% 下降到了 2006 年的 40% 左右。罗长远和张军（2009a）通过省份收入法 GDP 数据计算发现，劳动收入份额从 1995 年 51.4% 的峰值下降至 2003 年的 46.2%，并在 2004 年加速下降至 41.6%，远低于世界大多数国家 55%~65% 的水平。章上峰和许冰（2010）利用时变弹性生产函数测算发现，我国劳动收入份额先由 1978 年的 48.7% 逐步增加到 1996 年的 53.34%，之后逐渐下降到 2008 年的 42.31%。吕光明（2011）对文献中常见的测算方法进行评析，并修正定义口径和数据质量等问题，测算出中国劳动收入份额在 1999 年前是稳定上升的，之后自 1999 年的 66.97% 下降到 2007 年的 60.56%。

四　劳动收入份额变动的省区市比较

各省区市劳动收入份额变化也有所不同。为直观理解这一点，本节绘制图 2.4，结果表明，全国多数省区市出现了劳动收入份额的下降，有少部分经济发展水平已经达到发达标准的省市（如北京、上海）保持略微上升。值得注意的是，相比发达国家，我国各省区市劳动收入份额过低，2019 年，中国的劳动收入份额为 58.6%，低于美国（59.7%）、德国（64.2%）、加拿大（65.5%）和法国（62.4%）等发达国家和高收入经济体。

从上述一些文献和测算结果可以看到，我国全局和各省区市劳动收入份额在 1996~2017 年整体来看处于下降趋势，后面虽略有提升但仍维持在较低水平。

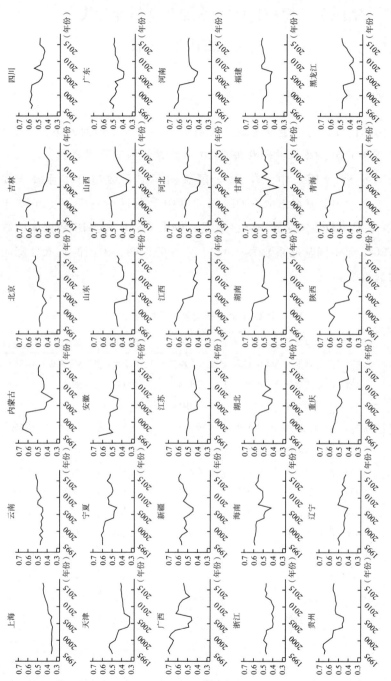

图 2.4　1996～2017年分省区市劳动收入份额变动比较

注：由于西藏的部分变量数据缺失较为严重，故未将其加入实证样本，对应的劳动收入份额变动也未加入分析。
资料来源：根据《国家统计年鉴》（1996～2017年）计算得到。

第四节 规模性收入分配和功能性收入 分配的国际比较

一 收入差距的国际观测与事实

通过国际比较，可以更准确地理解当前中国收入差距的大小。表 2.5 利用 OECD 和 WDI 数据库共同获得 2020 年世界各国的基尼系数，可以发现，在入围的 55 个国家中，有 12 个国家的基尼系数超过国际警戒线 (0.40)。有关中国的基尼系数在 OECD 和 WDI 数据库中只更新至 2019 年 (0.382)，基尼系数虽未达到国际警戒线，但由 OECD 和 WDI 数据库中数据可知，2012 年中国基尼系数为 0.422。这充分说明，中国的收入分配问题仍需引起重视。[①]

表 2.5　2020 年世界各国基尼系数比较

国家	基尼系数	国家	基尼系数	国家	基尼系数	国家	基尼系数
阿尔巴尼亚	0.294	丹麦	0.275	吉尔吉斯斯坦	0.290	斯洛文尼亚	0.240
阿根廷	0.423	多米尼加	0.396	韩国	0.331	瑞典	0.289
亚美尼亚	0.251	厄瓜多尔	0.473	立陶宛	0.360	泰国	0.350
澳大利亚	0.318	西班牙	0.349	卢森堡	0.334	乌克兰	0.256
奥地利	0.298	爱沙尼亚	0.307	拉脱维亚	0.357	乌拉圭	0.402
比利时	0.260	芬兰	0.271	墨西哥	0.454	美国	0.397
保加利亚	0.405	法国	0.307	马耳他	0.314	越南	0.368
白俄罗斯	0.244	英国	0.326	荷兰	0.260	加拿大	0.280
玻利维亚	0.436	格鲁吉亚	0.345	挪威	0.263	希腊	0.336
巴西	0.489	冈比亚	0.388	新西兰	0.320	秘鲁	0.438
智利	0.449	克罗地亚	0.295	葡萄牙	0.347	哥伦比亚	0.535
匈牙利	0.297	巴拉圭	0.435	哥斯达黎加	0.492	印度尼西亚	0.376
罗马尼亚	0.346	塞浦路斯	0.317	爱尔兰	0.292	俄罗斯联邦	0.360

[①] 需要说明，利用 OECD 和 WDI 数据库得到的中国基尼系数与国内学者计算结果有所差异，原因在于计算公式和源数据的差异，但并不影响中国收入分配差距较大的基本结论。

续表

国家	基尼系数	国家	基尼系数	国家	基尼系数	国家	基尼系数
捷克	0.262	意大利	0.352	塞尔维亚	0.350		

资料来源：OECD 和 WDI 数据库中 2020 年各国的基尼系数，http：//www. oecd-ilibrary. org/sta-
tistics，http：//data. worldbank. org/frontpage。

　　另一个令人感兴趣的问题是，经典的"库兹涅茨曲线假说"是否依然
成立？倘若成立，也可以进一步观察中国目前处在曲线的上行区间还是下
行区间。图 2.5 根据 OECD 和 WDI 数据库中数据绘制人均 GDP（自然对
数）与基尼系数散点图和二次曲线，表明二者之间存在鲜明的倒 U 形曲线
关系。

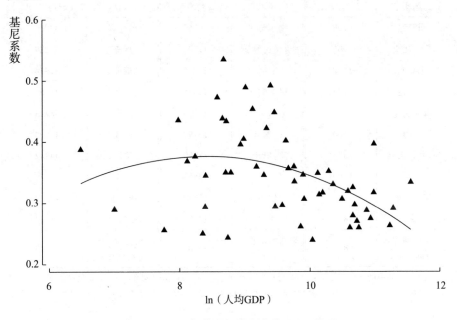

图 2.5　2020 年基尼系数和人均 GDP 关系

资料来源：OECD 和 WDI 数据库中 2020 年各国的基尼系数和人均 GDP，http：//www. oecd-
ilibrary. org/statistics，http：//data. worldbank. org/frontpage。

二　劳动收入份额"U 形曲线假说"的验证

　　接下来考察劳动收入份额与经济发展水平的关系。根据世界银行 WDI
数据库，1980～2019 年，全球平均劳动收入份额从 54.18% 下降到

50.73%。根据源数据可知，全球平均劳动收入份额同样经历一个先大幅下降再略微上升的过程。类似于李稻葵等（2009）的做法，本节验证劳动收入份额的"U 形曲线假说"。表 2.6 数据显示，人均 GDP 最低的 10 个国家平均劳动收入份额为 58.95%，人均 GDP 处于中间水平的 10 个国家下降至49.02%，而人均 GDP 最高的 10 个国家上升至 59.43%。本节预测劳动收入份额与经济发展水平之间呈正 U 形关系，即劳动收入份额随着经济发展水平的提高，表现为先下降后上升趋势。

表 2.6　按经济发展水平分的不同国家平均劳动收入份额

单位：美元

国家	人均 GDP	国家	人均 GDP	国家	人均 GDP
布隆迪	760	塞尔维亚	10757	奥地利	37020
莫桑比克	902	哥斯达黎加	11305	丹麦	37529
尼日尔	1177	加蓬	12235	瑞典	37974
卢旺达	1274	保加利亚	12335	荷兰	38669
塞拉利昂	1349	罗马尼亚	12359	冰岛	38713
乍得	1360	巴拿马	12798	挪威	40600
布基纳法索	1373	阿根廷	13000	美国	44842
多哥	1549	乌拉圭	13553	瑞士	46979
坦桑尼亚	1566	白俄罗斯	13880	新加坡	47629
莱索托	1851	智利	13974	爱尔兰	51532
平均劳动收入份额（%）	58.95	平均劳动收入份额（%）	49.02	平均劳动收入份额（%）	59.43

注：表格中的 30 个国家是全部 138 个国家和地区中人均 GDP 最低、中间和最高的各 10 个国家。其中，人均 GDP 与平均劳动收入份额的取值为 1980~2019 年的平均值，按 2017 年不变美元价计。

资料来源：Penn World Table（PWT，Version 10.01）数据库。

图 2.6 进一步刻画了全球 138 个国家和地区劳动收入份额与人均 GDP散点图及其拟合趋势线，可见全球范围内劳动收入份额与经济发展水平之间呈现正 U 形曲线特征，即在经济发展早期，劳动收入份额下降；当经济发展达到一定水平时，劳动收入份额开始上升。这一发现与李稻葵等（2009）的结论一致。

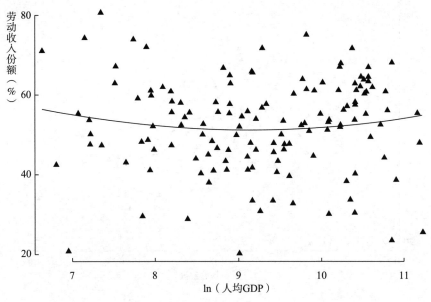

图 2.6　全球 138 个国家和地区劳动收入份额与人均 GDP 散点图

资料来源：PWT 数据库。

三　功能性与规模性收入分配的统计关系

从理论上讲，功能性与规模性收入分配二者不可能完全隔离，而是存在相互贯通的关系，这一点已得到国外学者的关注（Daudey and García-Peñalosa，2007）。那么在真实世界里，二者究竟存在怎样的统计关系呢？图 2.7 绘制了以劳动收入份额刻画的功能性收入分配和以基尼系数刻画的规模性收入分配之间的散点关系，统计关系不言自明，即劳动收入份额下降是伴随着收入差距扩大而产生的，劳动收入份额较低的国家往往对应着基尼系数较高的国家。到目前为止，本章仍无法确认规模性收入分配和功能性收入分配孰因孰果，但二者作为收入分配的两个维度，的确存在统计相关性。

关于二者关系，有文献从理论和实证方面展开探索性研究，得到有价值的发现（周明海等，2012；吕冰洋、郭庆旺，2012；王宋涛等，2012）。如果功能性收入分配与规模性收入分配能确认因果关系，无疑能为解释当今我国收入分配格局变化提供新的证据和政策洞见。

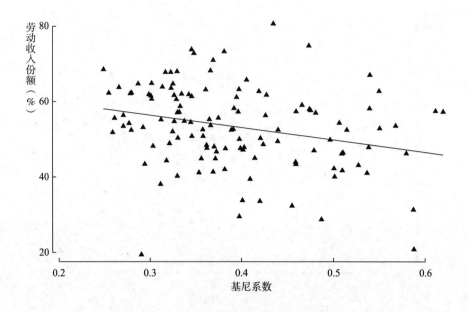

图 2.7　各国劳动收入份额与基尼系数散点图

资料来源：基尼系数来自 OECD 和 WDI 数据库，劳动收入份额数据来自 PWT 数据库。

第五节　本章小结

　　上述研究表明，无论是功能性还是规模性收入分配，我国收入分配领域的不均衡现象仍较为严峻。党的二十大报告强调，"着力促进全体人民共同富裕，坚决防止两极分化""规范收入分配秩序"。在新的历史阶段，如何正确认识中国"人口−分配"关系格局特征、规律性变化以及影响效应，对于中国人口由"数量红利"向"质量红利"转变和最终实现共同富裕具有重要意义。

老龄化与收入分配

第三章 老龄化、资本劳动比与劳动收入份额

第一节 引言

作为新兴的市场国家，中国的渐进式改革在带来显著增长绩效的同时，也使得国民收入分配格局存在一定的不平衡现象。现有文献主要集中于以下几方面探讨劳动收入份额下降的成因。

第一，产业结构变迁。既有研究表明，产业结构变迁与劳动收入份额密切相关（白重恩、钱震杰，2009；郭凯明，2019；刘亚琳等，2022；于泽等，2015）。李稻葵等（2009）研究发现，劳动收入份额变动与经济发展存在 U 形关系，产业结构变动和劳动者相对谈判能力是影响劳动收入份额变动的重要因素。Chi 和 Qian（2013）研究发现，产业结构和所有制结构是解释地区劳动收入份额差异的两大因素，国有经济占比更高的地区，劳动收入份额也更高。

第二，技术进步（偏向）。在人口红利因素逐渐消失和收入差距逐渐扩大的现实背景下，偏向性技术进步如何影响劳动力市场正在被越来越多的学者所关注（Acemoglu and Restrepo，2019；魏下海等，2018，2020；王永钦、董雯，2020；王林辉等，2022），大多数研究认为技术偏向对劳动收入份额存在负向效应（黄先海、徐圣，2009；陈宇峰等，2013；何小钢等，2023）。

第三，全球化。全球化浪潮深刻影响劳动收入份额（Hung and Hammett，2016；Panon，2022）。罗长远和张军（2009a）研究表明，FDI 对劳

动收入份额存在负向影响，原因在于，个别地方政府为招商引资竞争削弱了劳动力谈判地位，以及较低的劳动力成本和优惠政策使外资产生流动性。邵敏和黄玖立（2010）也发现外资进入对劳动收入份额下降产生的影响，其原因是外资的负"工资溢出"效应。

第四，二元经济和制度转型。龚刚和杨光（2010）认为，二元经济结构下劳动力的无限供给是导致中国劳动收入份额下降的主要原因。白重恩和钱震杰（2009）的研究表明，国有企业改制导致工业劳动收入份额下降。周明海等（2010）研究表明，企业中民营和外资股权的上升将使要素分配向不利于劳动的方向倾斜，从而造成劳动收入份额下降。

第五，工人力量和劳动力议价能力。魏下海等（2013）研究表明，工会的力量虽然促使企业工资率和劳动生产率显著提升，但劳动收入份额反而下降了。

无疑，上述研究文献有助于研究者理解中国劳动收入份额下降的原因。本章试图拓宽研究视角，为劳动收入份额下降提供一种完全不同于既有文献的解释。从理论机制和经验研究两方面，探讨老龄化对劳动收入份额的影响机制和作用过程。

第二节　老龄化影响劳动收入份额的理论模型

本章模型的基本框架来自 Diamond（1965）的世代交叠模型，与 Schmidt 和 Vosen（2013）一样考虑了老年人口的存活率，同时增加了对少儿抚养比的考量。这样，本节就可以讨论少儿抚养比下降和老龄化加剧将如何影响经济中的储蓄和资本集约度，进而影响劳动收入份额。

一　生产与劳动收入份额

假设经济中只生产一种产品，该产品既可用于消费，也可用于投资。厂商在每个时期租用劳动力和资本存量进行生产。假设市场完全竞争，则每种生产要素都按其边际产品支付报酬，以及出售所生产的产品。竞争也使得厂商获得零利润。生产函数是一次齐次的，即生产的规模报酬不变，故可以将生产函数 $Y = A \cdot F(K, L)$ 写成紧凑形式 $y = Af(k)$，这里 $y = Y/L$ 表示单个劳动力的产出，$k = K/L$ 则是人均资本存量，A 是技术系数。根据欧拉定理，有 $y = 1 \cdot MP_L + k \cdot MP_K$。故给定时期 t，有：

$$y_t = A_t f(k_t) \tag{3.1}$$

$$w_t = MP_L = y_t - k_t MP_K = A_t [f(k_t) - k_t f'(k_t)] \tag{3.2}$$

$$r_t = A_t f'(k_t) - 1 \tag{3.3}$$

这里，w_t 是真实工资率，r_t 是真实利率。经济意义要求 $w_t > 0$，即有 $f(k_t) > k_t f'(k_t)$。式（3.3）右边减去 1，是因为假设资本折旧为 100%，在当期就损耗完毕。

劳动收入份额 LS_t 可定义为经济中劳动要素收入占总收入（产出）的比重，即：

$$LS_t = \frac{w_t L_t}{A_t F(K_t, L_t)} = \frac{w_t}{A_t f(k_t)} = 1 - \frac{k_t f'(k_t)}{f(k_t)} \tag{3.4}$$

式（3.4）最右端表明，劳动收入份额实际上是 1 减去人均产出中资本报酬所占份额，这个式子反映出劳动收入份额受资本集约度的影响。对式（3.4）求关于 k_t 的导数，有：

$$\frac{\mathrm{d}LS_t}{\mathrm{d}k_t} = -\left\{ \frac{[f(k_t) - k_t f'(k_t)] f'(k_t)}{f(k_t)^2} + \frac{k_t f(k_t) f''(k_t)}{f(k_t)^2} \right\} \tag{3.5}$$

可以判断式（3.5）右边大括号内第一项大于 0，第二项小于 0，因此式（3.5）的确可以大于 0、小于 0 或等于 0，换言之，资本集约度对劳动收入份额的影响既可以是正的也可以是负的，甚至可以为 0（即没有影响）。的确，Cobb 和 Douglas（1928）认为要素价格变化不会影响劳动收入份额，使用规模不变的柯布-道格拉斯（C-D）生产函数，劳动收入份额始终是固定的，并不随资本集约度的改变而改变。但是，当人们发现劳动收入份额的确存在跨时差异和跨国差异之后，相关的研究就更多地使用了常数替代弹性（CES）生产函数而不是 C-D 生产函数（罗长远，2008）。若利用 CES 生产函数 $Y_t = A_t [\alpha K_t^\varepsilon + (1-\alpha) L_t^\varepsilon]^{1/\varepsilon}$，重复式（3.1）~式（3.4）的工作，有以下方面。

人均产出：

$$y_t = f(k_t) = A_t \left[\alpha k_t^\varepsilon + (1-\alpha) \right]^{1/\varepsilon} \qquad (3.6)$$

资本报酬：

$$k_t MP_K = \alpha k_t^\varepsilon A_t \left[\alpha k_t^\varepsilon + (1-\alpha) \right]^{-1+1/\varepsilon} \qquad (3.7)$$

真实利率：

$$r_t = k_t MP_K - 1 \qquad (3.8)$$

劳动报酬（真实工资率）：

$$w_t = y_t - k_t MP_K = (1-\alpha) A_t \left[\alpha k_t^\varepsilon + (1-\alpha) \right]^{-1+1/\varepsilon} \qquad (3.9)$$

劳动收入份额：

$$LS_t = \frac{1-\alpha}{(1-\alpha) + \alpha k_t^\varepsilon} \qquad (3.10)$$

分析式（3.10）颇有意义。当劳动和资本为互补关系（$\varepsilon < 0$）时，LS_t 随 k_t 增加而变大，即资本集约度提高会提升劳动收入份额；当劳动和资本为替代关系（$\varepsilon > 0$）时，LS_t 随 k_t 增加而变小，即资本集约度提高会降低劳动收入份额；当两者既非互补也非替代关系（$\varepsilon = 0$）时，生产函数收敛到 C-D 生产函数形式，劳动收入份额也收敛到 $1-\alpha$。结合式（3.5）的一般函数形式结果与此处对常数替代弹性生产函数的分析，可得到如下命题。

命题 1：资本集约度对劳动收入份额的影响取决于资本和劳动的关系。若两者存在互补关系，则资本集约度上升将提升劳动收入份额；若两者存在替代关系，则资本集约度上升将降低劳动收入份额；若两者既非互补也非替代关系，则劳动收入份额与资本集约度无关。

二　人口年龄结构与社保基金体制

假设在时期 t，青年个体数量为 L_t，青年个体具有劳动能力并能获得工资率 w_t。这些青年个体中只有比例为 $x \in (0,1)$ 的人可以在 $t+1$ 期继续存活，但那时他们将成为没有劳动能力的老人，无法再获得工资收入，只能依靠储蓄或社保基金生活。同时，时期 t 的青年人还将养育少儿，令养育

少儿的比率固定为 n，即第 t 期人口中将有 nL_t 个少儿被养育；假设少儿都可健康成长，到 $t+1$ 期成为青年，故经济体在 $t+1$ 期的青年劳动力数量 $L_{t+1}=nL_t$，当然他们也会养育少儿，故 $t+1$ 期的少儿数 $nL_{t+1}=n^2L_t$。

在上述假设下，时期 t 的老龄化率，即老年人口占总人口比重为 $\dfrac{xL_{t-1}}{xL_{t-1}+nL_{t-1}+n^2L_{t-1}}=\dfrac{x}{x+n+n^2}$，这意味着老龄化率实际上取决于老年人口存活率和养育少儿比率，老年人口存活率越高则老龄化率越高。

关于经济中的社保基金，文献中有两种不同的体制。一是完全基金式社保体制（fully funded system），二是现收现付式社保体制（pay-as-you-go system）。前者由个人年轻时投保，年老时其保费将连本金带利息完全返还给个人，这实际上等同于个人储蓄养老（王弟海，2011：373~375）；后者则是在每个时期用当期青年人缴纳的保费（征收的养老保险税）平均分配给当期的老人。对于现收现付式下的社保费筹集，不妨假设是向劳动力征收税率为 $\tau\in[0,1]$ 的社保税。显然，若 $\tau=0$ 则说明经济体中只有完全基金式社保体制。就我国而言，国务院 1997 年颁布《关于建立统一的企业职工基本养老保险制度的决定》，确立了社会统筹与个人账户相结合的养老保险体制，这实际上是完全基金式与现收现付式相结合的混合模式。随后在考察个体决策行为时，将以此混合模式为决策背景。

三 个体决策

在本章模型中，每个个体实际上存活了三个时期：幼年、青年和老年。但此处假设：少儿不需要也无法做出任何决策，只能被青年个体养育；消费和储蓄的经济决策是个体在青年时期做出的；老年时只接受自己在青年时决策的后果，无须再做出经济决策。因此，从个体决策行为考量的时期来看，模型本质上仍是一个在两期中权衡取舍的世代交叠模型。

为分析简便，假设青年人从育儿中得到的效用是固定的①，规范化为

---

① 一般来说，家庭的效用常常会随养育孩子的数量改变而改变。但本章假定每个青年人养育孩子数量固定为 n 个，因此其效用被视为固定的。育儿数量固定这一假设可能尤其适合于中国，因为计划生育政策在很大程度上限制了人们按照自己的愿望来选择生育孩子的数量。

0。青年人决策的目标是利用其可支配的收入最大化自己青年和老年时期的消费效用[1]，其目标函数为：

$$\mu_t^Y = \frac{(c_t^Y)^{1-\theta}}{1-\theta} + x \cdot \frac{1}{1+\rho} \cdot \frac{(c_{t+1}^O)^{1-\theta}}{1-\theta} \tag{3.11}$$

式（3.11）中采用不变相对风险厌恶的效用函数，这是常见于宏观经济教材的一种效用函数（Romer，2001）。ρ 为时间偏好，θ 为常风险规避系数；c 表示消费，上标 Y 和 O 分别表示青年（young）和老年（old）。注意，老年的效用项已经乘上了存活率 x，养育孩子的固定效用已省略。

假设每个青年人育儿的成本为 $z(n)$，$z'(n)>0$，此处视该成本为刚性支出，则青年个体可用于跨期配置的可支配收入为 $(1-\tau)w_t - z(n)$。前面曾提及 $\tau \in [0,1]$ 是社保税率，故青年可跨期配置的收入就是税后工资扣减掉刚性的育儿成本所剩下的部分。给定青年时期消费额 c_t^Y，则个体储蓄额为 $s_t = (1-\tau)w_t - z(n) - c_t^Y$。于是，个体在老年时期的消费额可写为：

$$c_{t+1}^O = \frac{1+r_{t+1}}{x} \cdot [(1-\tau)w_t - z(n) - c_t^Y] + \frac{n}{x}\tau w_{t+1} \tag{3.12}$$

上式右端第一项是个体青年时的储蓄到老年时获得的收益，由于老年存活率为 x，故储蓄的真实回报率为 $(1+r_{t+1})/x$；第二项是在现收现付式下得到的养老金，因为时期 $t+1$ 青年人数为 $L_{t+1} = nL_t$，而老人数量为 xL_t，从而每个老人获得的养老金为 $nL_t\tau w_{t+1}/(xL_t) = \frac{n}{x}\tau w_{t+1}$。将式（3.12）重新安排，可得到个体的预算约束：

$$c_{t+1}^O + \frac{1+r_{t+1}}{x}c_t^Y = \frac{1+r_{t+1}}{x}[(1-\tau)w_t - z(n)] + \frac{n}{x}\tau w_{t+1} \tag{3.13}$$

个体决策的求解可使用 Romer（2001）推荐的一种颇为直观的推导方法。[2] 如果某一期消费的边际效用更高，则个体就应向该期配置更多财富，故均衡的时候要求两期的边际消费效用是相同的，换言之，应有：

---

[1]　孩子成年之后将获得 w_t，同时也用 w_t 规划他们的生活，故这里隐含假设个体在决策时并不考虑救济孩子也不指望得到孩子的救济。

[2]　当然，也可构造拉格朗日函数来求解，不过文中的方法更为直观。

$$(c_t^Y)^{-\theta} \Delta c = \frac{x}{1+\rho} (c_{t+1}^O)^{-\theta} (1+r_{t+1}) \Delta c \qquad (3.14)$$

式（3.14）左边是青年时消费的边际效用，右边是老年时消费的边际效用，Δc 表示微量变动（因为这里的时期是离散的）。改写式（3.14），有：

$$\frac{c_{t+1}^O}{c_t^Y} = \left[\frac{x(1+r_{t+1})}{1+\rho} \right]^{1/\theta} \qquad (3.15)$$

式（3.15）刻画了个体最优决策行为，将其两边乘上 c_t^Y 并代入预算约束式（3.13），经过计算可得到：

$$c_t^Y = \frac{(1+r_{t+1}) \left[(1-\tau) w_t - z(n) \right] + n\tau w_{t+1}}{(1+r_{t+1}) + x^{1+1/\theta} \left[\frac{(1+r_{t+1})}{1+\rho} \right]^{1/\theta}} \qquad (3.16)$$

$$s_t = (1-\tau) w_t - z(n) - c_t^Y \qquad (3.17)$$

式（3.16）即配置给青年时期的消费额，储蓄额 s_t 由式（3.17）决定。运用链式法则求导易证明 $\partial s_t / \partial x = -\partial c_t^Y / \partial x > 0$；由于 $z'(n) > 0$，易证明 $\partial s_t / \partial n = -\partial z(n) / \partial n < 0$；又由于前面曾指出，$x$ 升高即老龄化加剧，n 下降即少儿抚养比下降，综上所述便有如下命题。

命题 2：若其他条件不变，老龄化加剧、少儿抚养比下降均可导致个体储蓄增加。

命题 2 很容易从经济直觉上加以解释：如果个人在老年更容易存活，则个人就会更多地为养老做打算；抚养孩子的数量下降，个人就有更多的余钱，或有更大的自由将收入用于消费和储蓄，而不是花在孩子身上。

特别地，当 $\tau = 0$ 时，命题 2 仍然成立，不过社保体制就从混合养老社保体制退化成完全基金式社保体制。更一般地，运用链式法则求导易证明 $\partial s_t / \partial \tau < 0$，其经济意义非常直观：现收现付式的社保税率越高，则人们为养老而进行的储蓄额就越低。或者说，与混合体制养老模式相比，完全基金式养老模式下人们会进行更多的储蓄。在我国，城镇地区实行的是混合体制养老模式，而农村地区在实行新农保之前主要靠农民自我储蓄养老（等同于完全基金式社保体制）。此处的分析意味着，保持其他条件不变，

农村居民会比城镇居民更多地进行储蓄以养老。[①]

四 资本积累

由于假设每一期资本将 100% 折旧，因此下一期的资本积累将来自本期的储蓄。第 $t+1$ 期人均资本存量将为：

$$k_{t+1} = \frac{s_t L_t}{n L_t} = \frac{s_t}{n} \tag{3.18}$$

式（3.18）表明，本期储蓄对下期的资本积累有正向影响，储蓄增加则资本集约度上升。结合式（3.18）和命题 2，可以得到如下命题。

命题 3：老龄化加剧将通过提高储蓄间接地提高资本集约度；少儿抚养比下降一方面通过提高储蓄间接提高资本集约度，另一方面通过未来劳动力供给减少直接促进资本集约度上升 ［表现为式（3.18）中分母 n 直接影响 k_{t+1}］。

本章理论模型介绍可到此结束。将命题 3 和命题 1 放在一起，可得出结论：少儿抚养比和老年抚养比变化，会影响储蓄进而影响资本集约度；资本集约度在资本-劳动互补的生产中将提升劳动收入份额，在资本-劳动替代的生产中将降低劳动收入份额，在资本-劳动既非互补也非替代的生产中不影响劳动收入份额。国内外一些经验文献肯定了资本-劳动的替代关系（Bentolila and Saint-Paul, 2003），这表明老龄化加剧将对应于劳动收入份额的下降；但在计算机模拟数据分析中，倘若资本-劳动存在互补关系，则老龄化加剧将对应于劳动收入份额上升的结果（Schmidt and Vosen, 2013）。上述结果与本章的理论分析是完全吻合的。关于人口年龄结构对功能性收入分配的影响路径可见图 3.1。

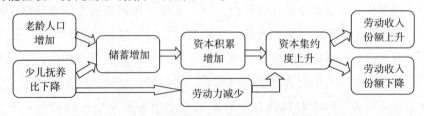

图 3.1 人口年龄结构对功能性收入分配的影响路径

---

① 不过，在实证分析层面，由于数据局限，尚无法对城镇和农村加以区分进行研究。

就中国而言，几乎与改革开放同一时期的计划生育政策，推动了中国生育率快速下降和人口结构转变。市场化改革在带来经济快速增长的同时，也使得劳动收入报酬相比于 GDP 增长滞缓。[①] 在我国目前的经济发展阶段，资本替代劳动的现象更为普遍，主要有以下方面原因。

首先，由于中国受原有"赶超型"发展战略的影响，经济发展主要靠投资带动。虽然中国劳动力资源丰富，但资本投入的扩张速度大于即时投入生产中的劳动的增长速度[②]，这种高速"赶超型"的经济增长主要是建立在资本扩张的基础上，这种扩张使得资本的强势地位显而易见（陈本凤、周敏，2011；杨俊等，2010）。

其次，中国的技术进步偏向更多体现在资本替代劳动上，这是一种劳动节约型技术进步，从而导致要素收入向资本倾斜（张莉等，2012；邓明，2014）。戴天仕和徐现祥（2010）考察了中国技术进步的方向，研究表明改革开放以来我国技术进步大体上是偏向资本的，并且技术进步偏向资本的速度越来越快。黄先海和徐圣（2009）也认为中国技术进步总体上具有显著的劳动节约型特点，也即资本增强型技术进步。无论发达国家还是发展中国家，劳动节约型技术进步几乎是全球化过程中的共同趋势。[③]在全球化进程中，地方政府的"引资竞赛"将人为地抬高资本的谈判地位，使得以资本来替代劳动更为容易，出现了"强资本，弱劳动"的态势（唐东波，2011；罗长远、张军，2009b）。

总之，考虑到中国现阶段的特殊性，产生资本替代劳动的现象也就不足为奇了（罗长远、张军，2009a）。按照本节的理论，劳动收入份额的下降应该可以由人口老龄化加剧和少儿抚养比下降给予部分解释。接下来，试图为上述观点寻找经验证据。

---

① 理论模型中，人口结构变化导致储蓄发生变化是一个关键的传导环节。就中国经济现实而言，储蓄率持续增加也是事实。

② 自 2003 年以后资本密集型部门每年以 20%以上的增长速度扩张，相对于劳动密集型部门的 10%~15%的增幅而言，发展较为迅速（王丹枫，2011）。

③ 在全球化的背景下，资本更具有谈判能力，相比资本，劳动的议价能力被削弱，因此资本替代劳动也更容易。

第三节 人口年龄结构影响劳动收入份额的模型设定

本章旨在研究人口年龄结构变化对劳动收入份额变动的影响，结合前述理论推导，本节设定如下双对数模型：

$$\ln(LS_{it}) = \beta_1 \ln(Ydep_{it}) + \beta_2 \ln(Odep_{it}) + \gamma Z_{it} + \mu_i + \varepsilon_{it} \tag{3.19}$$

为进一步研究老龄化系数对劳动收入份额的影响，构建计量模型为：

$$\ln(LS_{it}) = \beta_1 \ln(Ager_{it}) + \gamma Z_{it} + \mu_i + \varepsilon_{it} \tag{3.20}$$

其中，下标 i、t 分别表示地区和时期，μ_i 为不可观测省份固定效应，ε_{it} 为随机扰动项。LS 为劳动收入份额，计算指标为劳动者报酬在 GDP 中所占比重（%）。为度量人口年龄结构变化，分别采用少儿抚养比（$Ydep$）、老年抚养比（$Odep$）[1]、老龄化系数（$Ager$）3 个指标。$Ydep$、$Odep$、$Ager$ 是本章重点关注的核心解释变量。[2] 其中，$Ydep$ 为少儿抚养比（%），计算指标为 15 岁以下人口占 15～64 岁人口的比重；$Odep$ 为老年抚养比（%），计算指标为 65 岁及以上人口占 15～64 岁人口的比重；$Ager$ 为老龄化系数（%），计算指标为 65 岁及以上人口占总人口的比重。$Ydep$、$Odep$、$Ager$ 随时间变化共同反映了人口年龄结构的变化。经验研究过程中，LS、$Ydep$、$Odep$、$Ager$ 皆取自然对数。根据前面的理论分析，预期 $Ydep$ 的系数为正，而 $Odep$ 和 $Ager$ 的系数为负。

Z 为影响劳动收入份额差异及其变化的控制变量。控制变量主要考虑了已有研究文献中提及的重要因素，包括以下方面。（1）资本集约度，取

---

[1] 需要说明的是，在实证研究过程中，本章采用老年抚养比来度量老龄化状况。这一处理方法也得到国内同类研究的广泛运用（李文星等，2008；汪伟，2010）。

[2] 考虑到抚养人口内部结构的系统性差异，本章引入少儿抚养比和老年抚养比共同表征人口年龄结构变化。如果仅仅采用总抚养比，无疑会错失很多丰富信息。首先，正如理论所述，不同抚养人口对劳动收入份额影响路径是不同的；其次，就现实而言，两个总抚养水平大致相同的国家或地区，其抚养人口内部结构可能存在较大差异。例如，2005 年日本和伊朗的总抚养比大致相等，但是日本少儿抚养比为 20.9%，伊朗则高达 43.1%，绝对水平是日本的 2 倍多。与之相对应，日本的老年抚养比的绝对水平却是伊朗的 4 倍。大致相同的总抚养比，一个国家刚步入人口红利期，而另一个则是人口红利期已经结束且是世界上受老龄化问题困扰最严重的国家之一（刘士杰，2010）。

自然对数，反映资本深化。现有研究表明，如果资本深化带来劳动收入份额下降，则表明资本-劳动是互替的（Bentolila and Saint-Paul，2003）。在实证过程中，首先永续盘存法计算资本存量①，然后再计算资本集约度。（2）外商直接投资，以人均外商直接投资额表示。罗长远和张军（2009b）认为，地方政府为招商引资而展开激烈竞争，弱化劳动者谈判地位，资本的要价能力被人为抬高，因而大量外资的流入降低了劳动者收入份额。周明海等（2010）发现企业外资股权的上升使劳动收入份额发生下降。故而本章亦考虑此以控制其对劳动收入份额的影响。（3）产业结构，用第三产业增加值与第二产业增加值的比值表示。前文已经说明，产业结构是影响劳动收入份额的重要因素，因此本章对此变量加以控制。（4）基础设施，采用人均公路里程数来表示。良好的交通条件能提高劳动力流动性，有助于劳动者与现代经济活动中心更加紧密联系，使其得到额外的市场机会和收入增加（Gannon and Liu，1997）。当然，交通基础设施的发展也可能提高资本回报率（Calderón and Chong，2004）。因此，交通基础设施对于劳动收入份额的影响是正是负，关键取决于实证判断。（5）金融发展水平，以地区金融业增加值与 GDP 的比值衡量。既有研究表明，金融发展能够促进劳动收入份额的提升（罗明津、铁瑛，2021；熊家财等，2022），因此可以预期金融发展水平的系数显著为正。（6）财政支出，以地方一般财政支出占 GDP 比重表示。劳动收入份额的提升离不开政府的力量。一般情况下，经济运行稳定时，政府支出占 GDP 比重越高，那么社会福利和保障水平越高，尤其是当政府对劳动力市场进行干预或是对低技能劳动力进行补贴帮扶时，会改善收入分配格局（詹新宇、余倩，2022）。

　　本章使用的数据是中国 2000~2017 年省际面板数据。由于西藏数据缺失较多，本章研究对象包括除西藏、香港、澳门、台湾外中国 30 个省区市。除非特别指出，本章所使用的数据均来自《新中国六十年统计资料汇编》、《中国人口统计年鉴》、《中国人口和就业统计年鉴》、《中国统计年鉴》，以及各省区市统计年鉴。表 3.1 提供了各变量的描述性统计。另外，

---

① 关于资本存量计算，借鉴张军等（2004）的做法，采用通用的永续盘存法来度量，公式为 $K_t = (1-\delta) K_{t-1} + I_t/P_t$，其中，$K_t$ 表示第 t 年年末实际资本存量，K_{t-1} 表示上一年年末实际资本存量，I_t 表示第 t 年名义投资，P_t 为固定资产投资价格指数，δ 表示折旧率。

表 3.2 提供了各变量的相关系数矩阵。不难发现，解释变量之间的相关性相对较弱，故而避免了可能存在的多重共线性问题。

表 3.1　人口年龄结构与劳动收入份额等变量描述性统计

变量	观测值	均值	标准差	25%分位数	50%分位数	75%分位数
劳动收入份额	540	0.4758	0.0660	0.4321	0.4758	0.5177
少儿抚养比	540	0.2517	0.0756	0.1972	0.2520	0.3065
老年抚养比	540	0.1234	0.0274	0.1037	0.1204	0.1415
老龄化系数	540	0.0900	0.0204	0.0756	0.0876	0.1033
资本集约度	540	5.7648	4.9635	1.8628	4.3701	8.3566
产业结构	540	0.9615	0.4870	0.7188	0.8427	0.9934
基础设施	540	28.7262	20.4660	13.7115	24.4541	37.8274
外商直接投资	540	0.2274	0.3936	0.0316	0.0752	0.2528
金融发展水平	540	0.0503	0.0311	0.0303	0.0418	0.0621
财政支出	540	0.1994	0.0917	0.1339	0.1798	0.2358

表 3.2　人口年龄结构与劳动收入份额等变量相关系数矩阵

变量	ln（劳动收入份额）	ln（老龄化系数）	ln（少儿抚养比）	ln（老年抚养比）	ln（资本集约度）	产业结构	基础设施	外商直接投资	金融发展水平	财政支出
ln（劳动收入份额）	1.0000									
ln（老龄化系数）	-0.3668	1.0000								
ln（少儿抚养比）	0.5267	-0.5504	1.0000							
ln（老年抚养比）	-0.2675	0.9740	-0.3513	1.0000						
ln（资本集约度）	-0.3423	0.4914	-0.6619	0.3709	1.0000					
产业结构	0.1721	0.1782	-0.3219	0.1299	0.2862	1.0000				
基础设施	0.0602	-0.1839	0.1218	-0.1851	0.2939	-0.1464	1.0000			
外商直接投资	-0.2483	0.3847	-0.5777	0.2944	0.5032	0.5347	-0.2951	1.0000		
金融发展水平	-0.0502	0.2792	-0.4853	0.1998	0.5376	0.7045	-0.0541	0.6383	1.0000	
财政支出	0.2043	-0.2049	0.1309	-0.1922	0.2785	0.1474	0.7781	-0.0707	0.2476	1.0000

　　结合数据散点图可以发现，少儿抚养比与劳动收入份额呈正相关关系，而老年抚养比和老龄化系数与劳动收入份额呈负相关关系（见图3.2）。样本期少儿抚养比在下降，而老年抚养比和老龄化系数都在上升，从而共同导致劳动收入份额下降。直观而言，少儿抚养比、老年抚养比和老龄化系数与劳动收入份额的相关关系与理论预期相一致。从图3.2中还可以判断，资本集约度与劳动收入份额呈负相关关系，同样与预期相符。当然，散点图仅能提供粗略的判断，有待后文进行严谨的计量分析。

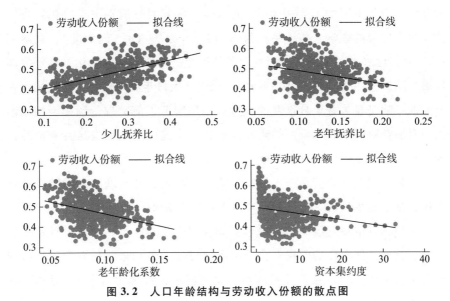

图3.2　人口年龄结构与劳动收入份额的散点图

第四节　老龄化影响劳动收入份额的经验分析

一　基本识别

　　本节分别采取不同的方法来估计人口年龄结构变化对劳动收入份额的影响。首先采用不加入任何控制变量的计量模型，即表3.3中第（1）～（3）列，依次为混合OLS（POLS）、固定效应（FE）、随机效应（RE）估计。三种估计方法一致得到，少儿抚养比的估计系数显著为正，老年抚养比的估计系数显著为负。进一步地，加入一系列控制变量以验证估计的稳健性，见表3.3第（4）～（6）列。结果表明，这些控制变量对劳动收入份额整体有解释作用，且其符号大都与预期相符，而本章所关注的少儿抚养比和老年抚养比的估计系数在各种估计中变化不大。总的来说，在6个估计模型中，少儿抚养比的估计系数都为正，且皆达到1%的显著性水平，估计系数在0.1421~0.2076；老年抚养比的估计系数都为负，且也都达到1%的显著性水平，估计系数在-0.1332~-0.0980。从数量关系看，以第（5）列为准，少儿抚养比每下降1%将引起劳动收入份额下降约0.1421%，老年抚养比每上升1%，劳动收入份额下降约0.1332%。可见，总抚养比下降是我国劳动收入份额下降的重要因素。① 进一步，本节回归识别了老龄化系数对劳动收入份额的影响，估计系数为-0.1431［以第（8）列为准］，且达到1%的显著性水平，表明在控制其他条件不变的情形下，老龄化系数每提高1%，劳动收入份额下降约0.1431%。总之，人口年龄结构对于功能性收入分配的影响是显著且十分重要的，这一结果印证了前文理论预期。相比国内现有的针对劳动收入份额的研究议题，本章提供了更加直接且确凿的经验证据（smoking-gun evidence）。

对各控制变量的劳动收入份额效应进行分析，并与既有文献结果进行对比，是很有意义的。经过对比可以发现以下方面。

第一，资本集约度的估计系数显著为负［以第（5）、（8）列为准］，说明在其他条件不变的前提下，资本深化将导致劳动报酬份额下降，这与前文中资本和劳动为互替关系的预设是兼容的，可视为对资本-劳动互替关系的支持性验证。

第二，外商直接投资的估计系数皆显著为负。这一结果与既有文献结论相同。上文分析指出，地方政府为招商引资而展开激烈竞争，弱化劳动者谈判地位，资本的要价能力被人为抬高，因而大量外资的流入降低了劳动者收入份额。实证部分结果与现有文献相互呼应。

第三，产业结构的估计系数皆显著为正，既有文献关于产业结构升级对劳动收入份额的影响结论并不统一，本节为此议题提供了新的经验证据。

第四，基础设施的估计系数皆显著为负，表明良好的交通条件对劳动

---

① 在生育政策的影响下，老年抚养比稳步上升而少儿抚养比不断下降，由于后者的下降幅度明显大于前者的上升幅度，故而总抚养比呈下降趋势。

表 3.3　人口年龄结构影响劳动收入份额的基本识别

变量	(1) POLS	(2) FE	(3) RE	(4) POLS	(5) FE	(6) RE	(7) POLS	(8) FE	(9) RE
ln(少儿抚养比)	0.1769*** (0.0309)	0.1769*** (0.0309)	0.1912*** (0.0252)	0.1421*** (0.0422)	0.1421*** (0.0422)	0.2076*** (0.0314)			
ln(老年抚养比)	-0.1138*** (0.0325)	-0.1138*** (0.0325)	-0.0980*** (0.0298)	-0.1332*** (0.0328)	-0.1332*** (0.0328)	-0.1142*** (0.0293)			
ln(老龄化系数)							-0.1431*** (0.0362)	-0.1431*** (0.0362)	-0.1476*** (0.0335)
ln(资本集约度)				-0.0314*** (0.0117)	-0.0314*** (0.0117)	-0.0119 (0.0107)	-0.0491*** (0.0099)	-0.0491*** (0.0099)	-0.0454*** (0.0096)
产业结构				0.1533*** (0.0189)	0.1533*** (0.0189)	0.1297*** (0.0173)	0.1543*** (0.0190)	0.1543*** (0.0190)	0.1355*** (0.0181)
基础设施				-0.0024*** (0.0007)	-0.0024*** (0.0007)	-0.0019*** (0.0006)	-0.0026*** (0.0007)	-0.0026*** (0.0007)	-0.0021*** (0.0006)
外商直接投资				-0.0583** (0.0229)	-0.0583** (0.0229)	-0.0463** (0.0215)	-0.0639*** (0.0229)	-0.0639*** (0.0229)	-0.0601*** (0.0222)
金融发展水平				1.5831*** (0.3889)	1.5831*** (0.3889)	0.7250*** (0.3355)	1.8540*** (0.3787)	1.8540*** (0.3787)	1.0183*** (0.3525)
财政支出				0.7275*** (0.1495)	0.7275*** (0.1495)	0.5717*** (0.1296)	0.7011*** (0.1498)	0.7011*** (0.1498)	0.6964*** (0.1359)
观测值	540	540	540	540	540	540	540	540	540
R^2	0.4830	0.1196		0.6388	0.3850		0.6337	0.3763	

注：圆括号内为标准误，***、** 分别表示1%、5%的显著性水平。

收入份额产生负向影响。一方面，良好的交通基础设施能够提高劳动力流动性，促进劳动力转移（Gannon and Liu，1997），从而降低当地劳动收入份额。另一方面，交通发展也可能提高资本回报率（Calderón and Chong，2004）。

第五，金融发展水平的估计系数皆显著为正，这与前文预期相符。

第六，财政支出的估计系数皆显著为正，意味着劳动收入份额的提升离不开政府的支持，政府"看得见的手"对收入分配调节具有重要作用。

二　稳健性检验

本节接下来主要检验人口年龄结构对劳动收入份额影响的稳健性。为了得到稳健性结果，本节主要考虑内生性问题、异常样本点对检验结果的影响，同时对资本集约度这一机制变量进行检验。

（一）内生性问题

本节所考虑内生性问题主要是指解释变量及各控制变量可能与残差项相关，即解释变量、控制变量与劳动收入份额可能受到相同或相关的冲击，从而导致内生性问题。对于这种内生性问题，本节将模型中的各解释变量和控制变量由当期替换为各自的滞后一期（邵敏、黄玖立，2010）。值得注意的是，由于人口年龄结构的变化主要源于计划生育政策的外在冲击，少儿抚养比、老年抚养比和老龄化系数皆以当期作为回归元，而各控制变量皆以滞后一期作为回归元。本节对表3.3第（5）列固定效应模型重新进行估计①，主要结果见表3.4第（2）列（IV-lag）。由于变量滞后一期与当期存在较高的相关性，所以表3.4的估计结果依然可信，且有效地避免了当期变量与残差项相关引致的内生性问题。由表3.4第（2）、（3）列结果可知，少儿抚养比、老年抚养比和老龄化系数都对劳动收入份额变动具有显著的解释力，而且这种影响与基本识别结果十分接近。

（二）异常样本点的影响

由于我国经济发展的区域特征鲜明，不同地区劳动收入份额存在较大差异。比如，2000年我国各省区市劳动收入份额波动区间为35%～64.33%，二者相距接近30个百分点，而到2009年二者相距虽有所缩减（反映了收敛迹

①　为便于比较，在表3.4第（1）列再现表3.3第（5）列固定效应模型的估计结果。

象），但也达到 27 个百分点。这表明样本数据可能存在异常点。为了检验上文估计结果是否受到这些异常点的影响，本节计算出 30 个省区市在 5% 和 95% 的分位数劳动收入份额，并将全部样本中低于 5% 分位数和高于 95% 分位数的样本点剔除。在此基础上，对剩余样本数据进行固定效应模型估计，结果见表 3.4 第（4）列。从中可知，少儿抚养比和老年抚养比的估计系数皆具有显著性，且系数大小与前述基本识别结果相近。因此整体上看，本章结论仍然是基本稳健的。表 3.4 第（5）列同样反映出老龄化系数大小与基准回归结果相近，且显著性水平未发生变化。

（三）对机制变量的检验

在本章的理论模型中，人口年龄结构是通过影响资本集约度（以人均资本存量表征）来影响劳动收入份额的，即资本集约度充当了机制变量。遵循 Baron 和 Kenny（1986）的研究思路，利用样本数据对机制变量进行检验，分三步进行。首先，检验人口年龄结构对资本集约度 $[\ln(K/L)]$ 的影响，由表 3.4 第（8）、（11）列结果可知，少儿抚养比下降、老年抚养比和老龄化系数上升皆显著地促进资本集约度提升，这一结果与命题 3 完全吻合。其次，检验资本集约度对劳动收入份额的影响，结果表明资本集约度提高会导致劳动收入份额下降［见第（9）、（12）列］，这与理论预期一致。最后，在控制资本集约度变量后，考察人口年龄结构对劳动收入份额的影响，结果发现少儿抚养比、老年抚养比和老龄化系数的估计系数绝对值与第（7）、（10）列相比均有明显下降，这与传导机制相吻合。[①] 因此，资本集约度是人口年龄结构影响劳动收入份额的机制变量得以验证（见图 3.3）。

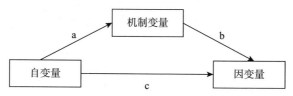

图 3.3 人口年龄结构影响劳动收入份额的逻辑路线

[①] 值得说明的是，表 3.4 第（7）、（10）列表明，不控制资本集约度时，人口年龄结构对劳动收入份额的影响方向在高显著性水平下与基准回归结果保持一致，符合机制检验逻辑链条中自变量对因变量的显著影响。

表 3.4　人口年龄结构影响劳动收入份额的稳健性检验

变量	基本识别			异常样本点			机制检验					
	(1)	(2)	(3)	(4)	(5)	(6)	(7)	(8)	(9)	(10)	(11)	(12)
	FE	IV-lag	IV-lag	FE	FE	RE	ln(LS)	ln(K/L)	ln(LS)	ln(LS)	ln(K/L)	ln(LS)
ln(少儿抚养比)	0.1421*** (0.0422)	0.1447*** (0.0461)		0.1930*** (0.0385)		0.2226*** (0.0267)	0.2071*** (0.0347)	-2.0701*** (0.1310)	0.1421*** (0.0422)			
ln(老年抚养比)	-0.1332*** (0.0328)	-0.1224*** (0.0352)		-0.1139*** (0.0301)		-0.0872*** (0.0254)	-0.1634*** (0.0310)	0.9595*** (0.1168)	-0.1332*** (0.0328)			
ln(老龄化系数)			-0.1260*** (0.0389)		-0.1102*** (0.0337)					-0.2067*** (0.0346)	1.2951*** (0.1515)	-0.1431*** (0.0362)
ln(资本集约度)	-0.0314*** (0.0117)	-0.0298** (0.0121)	-0.0459*** (0.0106)	0.0100 (0.0115)	-0.0191* (0.0098)	0.0205** (0.0096)			-0.0314*** (0.0117)			-0.0491*** (0.0099)
产业结构	0.1533*** (0.0189)	0.1432*** (0.0210)	0.1443*** (0.0211)	0.1192*** (0.0166)	0.1209*** (0.0170)	0.1008*** (0.0144)	0.1559*** (0.0190)	-0.0821 (0.0718)	0.1533*** (0.0189)	0.1612*** (0.0194)	-0.1410* (0.0849)	0.1543*** (0.0190)
基础设施	-0.0024*** (0.0007)	0.0000 (0.0007)	-0.0002 (0.0007)	-0.0021*** (0.0006)	-0.0024*** (0.0006)	-0.0016*** (0.0005)	-0.0030*** (0.0006)	0.0168*** (0.0024)	-0.0024*** (0.0007)	-0.0039*** (0.0006)	0.0277*** (0.0027)	-0.0026*** (0.0007)
外商直接投资	-0.0583** (0.0229)	-0.0361 (0.0280)	-0.0412 (0.0281)	-0.0702*** (0.0221)	-0.0736*** (0.0226)	-0.0628*** (0.0187)	-0.0669*** (0.0228)	0.2729*** (0.0860)	-0.0583** (0.0229)	-0.0889*** (0.0229)	0.5097*** (0.1001)	-0.0639*** (0.0229)
金融发展水平	1.5831*** (0.3889)	2.2115*** (0.4205)	2.4983*** (0.4091)	1.0561*** (0.3610)	1.4485*** (0.3579)	0.4368 (0.2872)	1.1927*** (0.3627)	12.4240*** (1.3683)	1.5831*** (0.3889)	1.3034*** (0.3701)	11.2228*** (1.6200)	1.8540*** (0.3787)
财政支出	0.7275*** (0.1495)	0.2549 (0.1602)	0.2244 (0.1605)	0.4238*** (0.1392)	0.4023*** (0.1419)	0.3279*** (0.1110)	0.6898*** (0.1497)	1.2003** (0.5648)	0.7275*** (0.1495)	0.5839*** (0.1513)	2.3882*** (0.6622)	0.7011*** (0.1498)
观测值	540	510	510	486	486	486	540	540	540	540	540	540

注：圆括号内为标准误，***、**、* 分别表示 1%、5%、10% 的显著性水平。第 (1) ~ (6) 列被解释变量为劳动收入份额。

总而言之，本章经验估计结果表明，人口年龄结构变化对于我国劳动收入份额变动有着显著影响，并且在控制了资本集约度、外商直接投资、产业结构、基础设施、金融发展水平和财政支出因素之后，研究结果仍然是显著的，表现出一定的稳健性。上述结果既支持了老龄化和少儿抚养比影响劳动收入份额变动的假说，也有助于深化本章对于中国人口结构转变经济后果的认识。事实上，中国人口结构转变也为评估生育率这一外生变化对国民收入分配的冲击提供了一个有趣的自然试验，本章研究恰恰为人们观察中国劳动收入份额变动和国民收入分配提供了一个新的视角。

第五节　本章小结

本章通过一个理论模型表明，人口年龄结构的变化可以影响劳动收入份额，其经济机制是：人口年龄结构变化将影响一个经济体的储蓄，进而影响生产的资本集约度；若劳动和资本存在替代关系，则资本集约度提高就会降低劳动收入份额。本章认为，这正是中国经济发展中所发生的故事。本章利用中国省际面板数据进行的经验研究，支持了上述看法，确认了少儿抚养比下降、老年抚养比上升以及老龄化系数增加对于劳动收入份额下降的显著效应，即便控制了其他潜在影响劳动收入份额的因素，这种效应也是显著且稳健的。

在既有的研究文献中，对于我国劳动收入份额持续下降现象的原因探寻主要集中在产业结构转变、技术进步、全球化和二元经济体制等方面，人口（年龄）结构变动的影响被研究者们所忽略。故本章的研究，为解释我国劳动收入份额下降现象提供了一个新的视角。这有助于加深本章对于劳动收入份额下降现象成因的理解，同时也有助于唤起人们对人口（年龄）结构变动的经济效应予以重视。

结合实证结果，还可发现2000~2017年少儿抚养比下降对劳动收入份额下降的影响效应超过老年抚养比上升带来的影响效应，尽管后者也是显著的影响因素。在可预期的未来几年，我国少儿抚养比下降空间已经非常有限，而老龄化的步伐正在加快，因此少儿抚养比对劳动收入份额的下压效应在将来可能会逐渐减弱，取而代之的将是人口老龄化的影响加深。

需要提及的是，与西方国家不同，我国人口老龄化问题具有"未富先老"、"未备先老"和"边富边老"的特点。这就给社会保障带来一系列问题，其中受影响最大的是养老保险。在目前劳动报酬不升反降、社会财富分配不均的情形下，采取有效措施以促进保障制度平稳运行，实现"老有所养"和代际相对公平，是应对老龄化问题的未雨绸缪之举。

在政策的制定和寻求上，应充分考虑到我国处于人口结构转变和劳动力供求结构变化的新阶段。随着人口老龄化和刘易斯转折点的来临，劳动力无限供给的特征不复存在，劳动力成本相应上涨。从发达国家经验来看，系统性的劳动力短缺，通常是改善劳资关系、社会政策向普通劳动者倾斜的转折点（蔡昉，2007）。然而，在我国初次分配领域，劳动者分配比例较低仍是一个能被普遍观察到的现象。换言之，刘易斯转折点的来临并不意味着功能性收入分配不公现象随之消失。因此，应加强劳动立法提高劳动者议价能力，建立工资正常增长机制。同时，创造一个更具弹性和竞争性的劳动力市场，也有利于改善收入分配格局。

第四章 老龄化、群体异质性 与收入差距

第一节 引言

经济体中的人口，是由异质的群体构成的。不同群体内部，常常有不同程度的收入差距。由此，当不同群体相对人口规模发生变化，整体经济的收入差距也会发生变化。若群体以年龄划分，则依上述道理可以推断：老龄化将改变整体经济的规模性收入分配情形。因为，不同年龄群体常常有不同的收入差距，而老龄化作为"年龄移民"，其过程改变了不同年龄群体的相对人口规模，从而改变整体经济的收入差距。倘若群体内部的收入差距随着人口年龄增加而扩大，则老龄化势必导致整体经济中收入差距状况进一步恶化。

此前第三章已证实，在我国经济转型过程中，居民收入差距不断扩大，而收入极化现象也相伴而生。一个明显趋势是，收入差距扩大正逐渐演变成收入两极分化，中间阶层逐渐向两端移动，极端情况即出现了"中产阶层消失"或者"中空"现象（洪兴建、李金昌，2007）。因而，本章以收入差距（泰尔指数和基尼系数）和收入极化作为规模性收入分配的刻画，考察老龄化对规模性收入分配的影响。

第二节　人口年龄结构与收入差距的数理模型

一　理论分析

本部分试图提供一个（统计性）框架，来理解经济中人口年龄结构如何影响收入差距状况。本节先考虑最简化的一种情况，然后扩展到稍复杂的情况。假设经济体中人口总数规范化为 1，全部人口归属到两个没有交集的群体，即老年群体和青年群体。老年群体人口总数为 $x \in [0, 1]$，从而 x 也是老年人占总人口的比重；而青年人的总数和比重都可记为 $1-x$。

假设每个群体内部存在以某个指标 s 衡量的收入差距。这里，s 可以是收入的方差、基尼系数或其他任何形式度量的收入差距；s 的形式对本节要展开的分析并不重要，重要的是它度量了收入差距。本节记老年群体内的收入差距为 $s_o>0$，记青年群体内的收入差距为 $s_y>0$，同时假设两个群体之间的收入差距相互独立①。于是，整体经济的收入差距可记为：

$$s = x \cdot s_o + (1-x)s_y = s_y + x(s_o - s_y) \tag{4.1}$$

从式（4.1）容易发现，老龄化（即 x 增加）对整体经济收入差距的影响取决于老年和青年两个群体各自的收入差距 s_o 和 s_y。具体而言，当 $s_o > s_y$（即老年群体收入差距更大）时，老龄化将扩大整体经济的收入差距；当 $s_o = s_y$ 时，老龄化对整体经济的收入差距没有影响；当 $s_o < s_y$ 时，老龄化将缩小整体经济的收入差距。在后面将详细说明，从理论和经验上都常常有 $s_o > s_y$，这意味着老龄化通常会扩大整体经济收入差距。

现在将上述分析拓展到稍微复杂一点的情况。仍假设经济体中总人口为 1，但存在多个年龄群体，为方便分析不妨假设"多"个群体的确是非常之多，以至于在年龄轴上分布足够密集。这样，这些群体就可看作近似连续。此处以 $a \in A$ 表示年龄，A 为从 0 岁到最高年龄之间的实数集合，则

① 两群体收入差距相互独立，意味着整体经济中的收入差距将是两群体收入差距的加权平均，即便以方差来度量收入差距也是如此。本章没有证据表明群体间的收入差距是非独立的，故可以暂将其作为一个合理的假设予以接受；但更重要的是，在实践中需要有群体相互独立这一原则，才可能将社会总体的收入差距在群体之间合理分解。

年龄密度函数 $\phi(a)$ 就等同于给定年龄的人口密度（频率），总人口为 1 要求 $\int_A \phi(a)\,da=1$。给定年龄的人口中收入差距可记为年龄的函数且其值域非负，即 $s=s(a)\geq 0$。于是整体经济的收入差距可记为：

$$s=\int_A s(a)\phi(a)\,da \tag{4.2}$$

这种连续情形下，人口年龄结构变化意味着年龄密度函数 $\phi(a)$ 发生变化，假设是从 $\phi(a)$ 变化到 $\varphi(a)$。老龄化被定义为：对于任意 $a^* \in A$，有 $\int_0^{a^*}\phi(a)\,da \geq \int_0^{a^*}\varphi(a)\,da$，即人口年龄结构的确变得更"老化"了，变化后低于任意年龄 a^* 的人口比重或相对人口规模下降了（更精确地说，这里 $\geq$ 符号意味着小于 a^* 的人群中，有些群体相对人口规模变小了，有些也可保持不变）。换言之，高于任意年龄 a^* 的人口比重或相对人口规模上升了。老龄化的这一定义条件有点类似于一阶随机占优条件，只不过这里并非考虑随机性问题。其他条件不变，仅人口年龄结构改变之后整体经济的收入差距将变化为：

$$\bar{s}=\int_A s(a)\varphi(a)\,da \tag{4.3}$$

式（4.3）减去式（4.2）有：

$$\Delta s=\bar{s}-s=\int_A s(a)\varphi(a)\,da-\int_A s(a)\phi(a)\,da \tag{4.4}$$

式（4.4）中 Δs 的取值即人口年龄结构变化对整体收入差距的影响。可以证明 $s(a)$ 与 Δs 的关系，令累积分布函数 $F(a)=\int_0^{a^*}\phi(a)\,da$，$G(a)=\int_0^{a^*}\varphi(a)\,da$，$a^* \in A$，则老龄化定义条件亦可写为 $F(a)\geq G(a)$。令 $H(a)=F(a)-G(a)$，显然 $H(a)\geq 0$，且根据经济意义，$H(a)$ 在年龄集合 A 的下界和上界均等于 0。由此，$\Delta s=\int_A s(a)\,dG(a)-\int_A s(a)\,dF(a)=-\int_A s(a)\,dH(a)$，利用分步积分有 $-\int_A s(a)\,dH(a)=-[s(a)H(a)]_{a\in A}+\int_A s'(a)H(a)\,da$。前文已提及 $H(a)$ 在年龄

集合 A 的下界和上界均等于 0，故前式右端第一项为 0，从而当且仅当 $s'(a)>0$ 时，上式右端第二项大于 0，有 $\Delta s>0$；当 $s'(a)<0$ 时，有 $\Delta s<0$；当 $s'(a)=0$ 时，有 $\Delta s=0$；当 $s'(a)$ 符号不能确定时，则 Δs 符号不能确定。这意味着，当不同年龄群体收入差距随年龄增加而扩大（缩小或不变）时，老龄化将对应地导致整体经济的收入差距扩大（缩小或不变）。当然，从纯粹数理分析上来说，$s'(a)$ 也完全可以在不同的 a 值（区间）上取值，有时为正有时为负，这意味着不同年龄群体的收入差距与年龄增长并非一种单调关系，此时老龄化对整体经济收入差距的影响将是不清楚的。

不过，接下来本节将从经济理论解释和经验证据两个方面说明，上述各种情况中在中国真正成立的应是 $s'(a)>0$，这意味着人口老龄化将扩大整体经济的收入差距。

二 提出假说

本节结合经济理论和中国的经验证据论证 $s'(a)>0$，以此作为前提条件，提出老龄化扩大整体经济收入差距的假说。$s'(a)>0$ 意味着 $s(a)$ 是一个单调递增函数，即不同年龄（组）内部的收入差距会随着年龄增加而变大。

从经济理论上而言，人力资本和物质资本的积累可以为 $s'(a)>0$ 提供较为合理的解释。刚踏入工作岗位的年轻人获得的薪酬，相对于工作多年的工人的薪酬，前者的分布更集中而后者的分布将更为分散，或者说后者的薪酬差距将更大。原因在于，职业早期人们的人力资本差距相对较小，而随着职业发展和经验积累，人们积累的人力资本数量和质量、所匹配工作的产出价值和职位报酬都会呈现越来越大的差距（至少在劳动者退出劳动力市场之前是如此）。另外，个人的物质资本的积累常常是伴随着年龄增长而增加的，物质资本越多则得到的非劳动收入将越高，这也导致个人的非劳动收入随年龄增长而增加。即便劳动者退出劳动力市场而失去劳动收入，收入的差异仍可能因非劳动收入的巨大差异而维持在很高的差异水平上。

但为了使 $s'(a)>0$ 这一前提条件令人信服，只有理论上的辩解是不够的，还得寻找经验上的证据。虽然这方面的研究并不多，但已有的经验证据的确很好地支持了 $s'(a)>0$ 这一观点，至少它在我国是成立的。曲兆鹏和赵忠（2008）基于国家统计局 1992~2003 年城市家庭调查数据分解出了收入和消费的年龄效应，发现居民的收入不平等和消费不平等均随年龄增大持续增长，两者趋势的差异仅在于消费不平等在 50 岁之后变得相对平稳，而收入不平等在 50 岁之后是继续增长的（虽然增长速度较 50 岁之前有所放慢）。下文将验证收入差距随着人口老龄化而增大的事实。来自理论的辩解和经验的证据，使得本章有理由认为 $s'(a)>0$ 在中国是成立的。结合前一节理论分析和中国处于老龄化进程的现实，本章提出一个待检验的假说。

假说：中国人口老龄化扩大了收入差距。

第三节 人口年龄结构影响收入差距的实证分析一

一 模型、变量与数据

根据前述理论框架，本节设定如下计量经济分析模型：

$$TI_{it} = \beta_1 \ln(Ydep_{it}) + \beta_2 \ln(Odep_{it}) + \gamma Z_{it} + \mu_i + \varepsilon_{it} \tag{4.5}$$

类似地，本节估计老龄化系数对收入差距的影响，模型为：

$$TI_{it} = \beta_1 \ln(Ager_{it}) + \gamma Z_{it} + \mu_i + \varepsilon_{it} \tag{4.6}$$

其中，下标 i、t 分别表示地区和时期，μ_i 为不可观测省份固定效应，ε_{it} 为随机扰动项。TI 是泰尔指数，用于表征收入差距，数据根据王少平和欧阳志刚（2008）的方法计算得到。与第三章相同，度量人口年龄结构采用 3 个指标，分别为少儿抚养比（$Ydep$）、老年抚养比（$Odep$）和老龄化系数（$Ager$）。在经验研究中，对 $Ydep$、$Odep$ 和 $Ager$ 都取自然对数。根据前面的理论分析，本章预期 $Ydep$ 的系数为负，而 $Odep$ 和 $Ager$ 的系数为正，即老龄化会扩大收入差距。

Z 为影响收入差距的控制变量。控制变量主要考虑了已有研究文献中提及的重要因素，包括以下方面。

经济发展水平，以对数人均 GDP 来表示。为控制经济发展对收入分配的库兹涅茨效应（Kuznets，1955），在模型中同时纳入人均 GDP 一次项和平方项。预期一次项系数的符号为正，平方项系数的符号为负，即收入分配与经济发展水平呈倒 U 形关系。

金融发展水平，关于金融发展与收入差距的关系，目前尚未得到一致结论（Greenwood and Jovanovic，1990；Galor and Zeira，1993；Maurer and Haber，2007）。本章采用 Goldsmith（1969）提出的金融相关比率来测度各地区的金融发展水平，用金融机构存贷款余额/GDP 得到，该值越大代表该地区金融发展水平越高。

全球化水平，分别采用外资依存度和贸易依存度表征，其中外资依存度以人均外商直接投资额表示，贸易依存度由各省区市进出口贸易总额与 GDP 比值得到。Xing 和 Zhang（2004）利用中国数据研究发现，FDI 流入加大了东道国的收入差距，故预期外资依存度的符号为正。然而，贸易是否恶化了中国的社会收入差距，至今尚未得到一致性结论。

城镇化水平，用城镇人口占总人口的比重来度量。城乡收入差异对中国收入差距的影响最大，而城镇化对城乡收入差异的积极与消极影响并存，积极与否取决于城镇化政策路径的选择。积极引导农村剩余劳动力转移到城镇就业能够有效增加农民收入，相反，政府财政支出偏向城镇将进一步扩大城乡收入差异（陆铭、陈钊，2004）。

人力资本水平，以平均受教育年限表征。农村人力资本水平的提升有助于释放剩余劳动生产力，提高个体劳动者的就业水平与收入多样性，对缩小城乡收入差距有积极作用，故其预期的符号应为负。

基于数据的可得性与一致性，本节以 2000~2019 年为研究期间，样本涵盖中国 31 个省区市 20 个年度的数据。数据来自《新中国六十年统计资料汇编》、《中国统计年鉴》以及各省区市统计年鉴。样本数据描述性统计见表 4.1。

表 4.1　人口年龄结构与泰尔指数等变量的描述性统计

变量	观测值	均值	标准差	最小值	最大值
泰尔指数	620	0.122	0.061	0.019	0.354

续表

变量	观测值	均值	标准差	最小值	最大值
少儿抚养比	620	25.322	7.663	9.600	48.680
老年抚养比	620	12.698	3.105	6.650	23.800
老龄化系数	620	0.092	0.023	0.045	0.164
对数人均 GDP	620	10.072	0.839	7.923	11.994
对数人均 GDP 平方	620	102.147	16.767	62.768	143.855
金融发展水平	620	2.870	1.116	1.400	7.901
外资依存度	620	26.106	46.943	0.397	385.018
贸易依存度	620	0.085	0.161	0.002	1.124
城镇化水平	620	0.507	0.159	0.193	0.896
人力资本水平	620	8.491	1.259	3.430	12.681

二 经验估计结果

本节分别采取不同方法来估计人口年龄结构对收入差距的影响。表4.2第（1）～（4）列是基本估计。从基本估计［固定效应（FE）估计和随机效应（RE）估计］来看，少儿抚养比、老年抚养比和老龄化系数的估计系数符号与预期相符。其中，少儿抚养比的估计系数为负，老年抚养比和老龄化系数的估计系数为正，表明老龄化的确扩大了中国的收入差距。

表4.2第（5）～（8）列汇报了稳健性估计结果。本节主要考虑内生性问题和异常样本点对检验结果的影响，处理方法如下。（1）为解决同期冲击引致的内生性问题，本节采用了将各解释变量滞后一期作为工具变量的做法，结果由第（5）、（6）列（IV-lag）显示。（2）为了检验本节估计结果是否受到异常点的影响，本节先计算出 31 个省区市在 5% 和 95% 分位数的劳动收入份额，再将全部样本中低于 5% 分位数和高于 95% 分位数的样本点剔除，在此基础上，对剩余样本数据进行固定效应模型估计，结果见第（7）、（8）列（outliers）。总的来说，稳健性检验结果一致表明，少儿抚养比下降、老年抚养比和老龄化系数上升都会扩大中国收入差距，且估计系数与基本识别结果较接近。因此整体上看，本节结论仍然是基本稳健的。

表 4.2　人口年龄结构影响收入差距的估计结果

变量	(1) FE	(2) FE	(3) RE	(4) RE	(5) IV-lag	(6) IV-lag	(7) outliers	(8) outliers
ln（少儿抚养比）	-0.0741*** (0.0097)		-0.0500*** (0.0091)		-0.0637*** (0.0122)		-0.0760*** (0.0097)	
ln（老年抚养比）	0.0227*** (0.0075)		0.0256*** (0.0075)		0.0382*** (0.0107)		0.0192** (0.0081)	
ln（老龄化系数）		0.0296*** (0.0088)		0.0278*** (0.0084)		0.0502*** (0.0123)		0.0259*** (0.0095)
ln（人均 GDP）	0.0875*** (0.0338)	0.1328*** (0.0349)	0.0509 (0.0347)	0.0930*** (0.0344)	0.0070 (0.0356)	0.0359 (0.0365)	0.1100*** (0.0353)	0.1576*** (0.0372)
ln（人均 GDP 平方）	-0.0063*** (0.0018)	-0.0081*** (0.0019)	-0.0031* (0.0018)	-0.0050*** (0.0018)	-0.0019 (0.0019)	-0.0029 (0.0020)	-0.0066*** (0.0019)	-0.0084*** (0.0020)
金融发展水平	-0.0135*** (0.0020)	-0.0166*** (0.0020)	-0.0101*** (0.0020)	-0.0114*** (0.0020)	-0.0120*** (0.0019)	-0.0144*** (0.0019)	-0.0071*** (0.0021)	-0.0107*** (0.0022)
外资依存度	0.0004*** (0.0001)	0.0004*** (0.0001)	0.0003*** (0.0001)	0.0003*** (0.0001)	0.0003*** (0.0001)	0.0002*** (0.0001)	0.0004*** (0.0001)	0.0004*** (0.0001)
贸易依存度	-0.0105 (0.0095)	-0.0102 (0.0099)	-0.0105 (0.0100)	-0.0113 (0.0103)	-0.0142 (0.0090)	-0.0141 (0.0093)	-0.0134 (0.0085)	-0.0121 (0.0090)
城镇化水平	0.0125 (0.0438)	-0.0800* (0.0439)	-0.1876*** (0.0322)	-0.2004*** (0.0321)	-0.1161** (0.0503)	-0.2006*** (0.0491)	-0.1249*** (0.0471)	-0.2160*** (0.0484)
人力资本水平	-0.0110** (0.0045)	0.0025 (0.0043)	-0.0165*** (0.0039)	-0.0084** (0.0035)	-0.0069 (0.0047)	0.0044 (0.0041)	-0.0146*** (0.0043)	-0.0015 (0.0041)
观测值	620	620	620	620	589	589	513	513

注：（1）被解释变量：泰尔指数。（2）圆括号内为标准误，***、**、* 分别表示 1%、5%、10% 的显著性水平。

关于控制变量，本节也有几点发现。（1）由人均 GDP 及其平方项的估计系数分析，发现中国存在明显的"倒 U 形"库兹涅茨曲线，且拐点出现在曲线的上行区间，表明随着经济发展水平的提高，我国收入差距呈扩大态势。（2）金融发展水平的估计系数都显著为负，表明中国的金融发展对缩小收入差距有积极作用。（3）外资依存度的估计系数皆显著为正，表明 FDI 的流入呈现"嫌贫爱富""锦上添花"的特征。（4）城镇化水平和人力资本水平对收入差距的影响基本上为负数，表明城镇化推进和劳动力受教育水平提高对于抑制居民收入差距扩大有积极作用。（5）贸易依存度对收入差距的影响不显著，这可能与进出口贸易对穷人、富人的影响程度相差不大有关。

第四节　人口年龄结构影响收入差距的实证分析二

一　模型、变量与数据

计量经济分析模型如下：

$$Gini_{it} = \beta_1 \ln(Ydep_{it}) + \beta_2 \ln(Odep_{it}) + \gamma Z_{it} + \mu_i + \varepsilon_{it} \tag{4.7}$$

类似地，本节估计老龄化系数对收入差距的影响，模型为：

$$Gini_{it} = \beta_1 \ln(Ager_{it}) + \gamma Z_{it} + \mu_i + \varepsilon_{it} \tag{4.8}$$

其中，下标 i、t 分别表示地区和时期，μ_i 为不可观测省份固定效应，ε_{it} 为随机扰动项。$Gini$ 是基尼系数，用于表征收入差距，数据根据杨俊等（2008）的方法计算得到。度量人口年龄结构采用的 3 个指标与处理方法与前文相同。根据前面的理论分析，预期 $Ydep$ 的系数为负，而 $Odep$ 和 $Ager$ 的系数为正，即老龄化会扩大收入差距。Z 为影响收入差距的控制变量，包括本章第三节中提及的人均 GDP 及其平方项、金融发展水平、全球化水平、城镇化水平代理变量。此外，考虑到富人有较多途径利用金融工具来减少因物价水平上升而带来的负面冲击，通货膨胀对穷人的伤害更大（Easterly and Fischer，2001）。本节将以 CPI 定基价格指数的变化率衡量的通货膨胀率也控制在内。

　　由于基尼系数存在统计口径的不一致，基于数据的可得性与一致性，本节以 1996~2011 年为研究期间[①]，估计人口年龄结构对以基尼系数表征的收入差距的影响。由于部分数据缺失，西藏未纳入研究范围，并且重庆并入四川，因此本节的样本涵盖中国 29 个省区市 16 个年度的数据。其中，CPI 资料来源于 CCER 数据库，其他数据均来自《新中国六十年统计资料汇编》、《中国统计年鉴》以及各省区市统计年鉴。样本数据描述性统计见表 4.3。

表 4.3　人口年龄结构与基尼系数等变量的描述性统计

变量	观测值	均值	标准差	最小值	最大值
基尼系数	464	0.377	0.061	0.186	0.526
少儿抚养比	464	29.06	9.098	9.640	52.70
老年抚养比	464	11.37	2.466	6.130	21.88
老龄化系数	464	8.146	1.948	4.055	16.37
对数人均 GDP	464	8.745	0.707	7.124	11.010
对数人均 GDP 平方	464	76.970	12.530	50.760	121.200
金融发展水平	464	2.400	0.876	1.265	7.302
外资依存度	464	0.030	0.029	0.001	0.168
贸易依存度	464	0.313	0.403	0.008	1.816
城镇化水平	464	0.355	0.168	0.139	0.883
通货膨胀率	464	1.073	0.222	0.011	1.592

二　经验估计结果

　　本节同样采取不同方法来估计人口年龄结构对收入差距（基尼系数）的影响。表 4.4 第（1）~（4）列是基本估计。从基本估计［固定效应（FE）估计和随机效应（RE）估计］来看，少儿抚养比、老年抚养比

_____

[①]　本节选择 1996~2011 年的时间窗口原因在于：2012 年之后有些省份的统计年鉴不公布按人均可支配收入分组后各组的家庭人口数比重，或者甚至不公布不同收入分组的情况，导致 2012 年之后各省份的基尼系数缺失比较严重。例如，《福建统计年鉴》在 2011 年公布了按人均可支配收入分组后各组的家庭人口数比重（https://tjj. fujian. gov. cn/tongjinianjian/dz2012/cn/html/0705. htm），在 2014 年则未公布该情况（https://tjj. fujian. gov. cn/tongjinianjian/dz2015/cn/html/0705. htm）。

表4.4　人口年龄结构影响收入差距的估计结果

变量	(1) FE	(2) FE	(3) RE	(4) RE	(5) IV-lag	(6) IV-lag	(7) SYS-GMM	(8) SYS-GMM	(9) outliers	(10) outliers
ln（少儿抚养比）	-0.052*** (-3.321)		-0.025 (-1.586)		-0.033** (-2.192)		-0.023* (-1.724)		-0.055*** (-3.571)	
ln（老年抚养比）	0.134*** (8.467)		0.112*** (7.072)		0.131*** (8.312)		0.080*** (7.592)		0.099*** (6.352)	
ln（老龄化系数）		0.161*** (12.473)		0.120*** (9.173)		0.146*** (11.067)		0.094*** (10.725)		0.128*** (9.407)
ln（人均GDP）	0.274*** (4.316)	0.203*** (3.457)	0.312*** (4.829)	0.287*** (4.726)	0.283*** (4.027)	0.241*** (3.724)	0.033* (1.779)	0.013** (2.464)	0.278*** (4.656)	0.222*** (3.788)
ln（人均GDP平方）	-0.015*** (-3.953)	-0.011*** (-3.075)	-0.016*** (-4.334)	-0.015*** (-4.253)	-0.015*** (-3.637)	-0.013*** (-3.339)	-0.000 (-0.360)	0.001*** (3.102)	-0.016*** (-4.500)	-0.012*** (-3.589)
金融发展水平	0.014*** (3.050)	0.015*** (3.280)	0.008* (1.719)	0.008* (1.807)	0.021*** (4.550)	0.022*** (4.761)	0.005* (1.856)	0.005 (1.852)	0.011** (2.263)	0.011** (2.266)
外资依存度	-0.597*** (-5.283)	-0.624*** (-5.941)	-0.841*** (-7.783)	-0.832*** (-8.280)	-0.759*** (-6.886)	-0.752*** (-7.292)	-1.030*** (-5.255)	-0.834*** (-7.763)	-0.530*** (-4.041)	-0.586*** (-4.786)
贸易依存度	0.024** (2.102)	0.028** (2.436)	0.006 (0.572)	0.007 (0.627)	0.013 (1.153)	0.015 (1.283)	-0.014** (-2.459)	-0.014*** (-3.040)	0.021* (1.910)	0.024** (2.184)
城镇化水平	-0.059* (-1.783)	-0.056* (-1.722)	-0.136*** (-4.281)	-0.139*** (-4.538)	-0.105*** (-2.907)	-0.109*** (-3.016)	-0.193*** (-7.959)	-0.197*** (-7.900)	-0.007 (-0.208)	0.001 (0.033)
通货膨胀率	-0.006 (-0.343)	-0.010 (-0.647)	0.045*** (3.176)	0.042*** (2.997)	-0.005 (-0.249)	-0.009 (-0.509)	-0.014 (-1.211)	-0.016 (-1.593)	-0.011 (-0.614)	-0.014 (-0.827)
$Gini_{t-1}$							0.332*** (13.785)	0.324*** (24.753)		
观测值	464	464	464	464	435	435	435	435	370	370
AR（1）检验							[0.000]	[0.000]		
AR（2）检验							[0.221]	[0.216]		
Hansen检验							25.697 [0.590]	26.958 [0.521]		

注：①被解释变量：基尼系数。②圆括号内为t值，方括号内为p值，***、**、*分别表示1%、5%、10%的显著性水平。

和老龄化系数的估计系数符号与预期相符。其中，少儿抚养比的估计系数为负，老年抚养比和老龄化系数的估计系数为正，表明老龄化的确扩大了中国的收入差距。从影响程度来看，老年抚养比的影响程度要大于少儿抚养比。这意味着，顶部老龄化比底部老龄化对规模性收入分配差距的影响更大。

表4.4第（5）～（10）列汇报了稳健性估计结果。本节主要考虑内生性问题和异常样本点对检验结果的影响，处理方法如下。（1）为解决同期冲击引致的内生性问题，本节将各解释变量滞后一期作为工具变量，结果由第（5）、（6）列（IV-lag）显示。（2）对于双向因果引致的内生性问题，本节采用动态面板模型，即在静态识别基础上加入 Gini 滞后一期项，并运用系统广义矩估计方法（SYS-GMM），结果由第（7）、（8）列显示。（3）为了检验本节估计结果是否受到异常点的影响，本节计算出29个省区市在10%和90%分位数的基尼系数，并将全部样本中低于10%分位数和高于90%分位数的样本点剔除，在此基础上，对剩余样本数据进行固定效应模型估计，结果见第（9）、（10）列（outliers）。总的来说，三种稳健性检验结果一致表明，少儿抚养比下降、老年抚养比和老龄化系数上升都会扩大中国收入差距，且估计系数与基本识别结果较接近。因此整体上看，本节结论仍然是基本稳健的。

第五节　人口年龄结构影响收入极化的实证分析

基于两极分化能够为理解当前中国社会现象和收入分配提供重要线索，作为一项拓展性研究，本节提供了关于中国老龄化与收入极化现象的经验证据。

一　数据与统计事实

本节使用了美国北卡罗来纳大学和中国疾病预防控制中心在我国多个省区市进行的中国健康与营养调查（CHNS）。实证样本采用了1991年、1993年、1997年、2000年、2004年、2006年、2009年和2011年调查数据。经过样本筛选，最终获得超过3万个观测值。基于此，实证考察人口年龄结构变化对家庭收入极化程度的影响。

　　基于上述样本，可以通过统计学考察居民家庭收入分布特征。图 4.1 展示了收入分布核密度，反映了 1991 年、2000 年、2011 年收入分布变化趋势，即随着时间移动，人均家庭收入整体向右侧平移，揭示收入不断上升的事实。人均家庭收入分布左侧和右侧的尾部在加厚，表明低收入和高收入的人口比重增加。偏度系数由 1991 年的 2.6 上升至 2000 年的 4.9，2011 年达到 7.0，表明越来越多人由中等收入涌向低收入。收入分布曲线逐渐由尖耸变为平坦，反映了收入两极化呈现不断扩张态势。表 4.5 进一步提供收入分布变化的人口比重基本特征。借鉴罗楚亮（2010）分组方法，将收入水平落入中位数 0.75~1.25 倍的人群视为中等收入阶层。可知在 1991~2011 年，中等收入群体比重持续下降，由 27.0% 降到 21.0%，降幅达 6.0 个百分点，而高收入群体比重上升 2.8 个百分点，低收入群体比重则上升了 3.2 个百分点。无疑，我国居民家庭收入呈明显的两极分化迹象，中等收入人群涌向两端。但更多的中等收入人群是向低收入聚集（向下流动速度大于向上流动速度）。

　　结合第二章收入极化测算结果，可以看出我国居民家庭收入结构的"哑铃"形态正逐渐形成，这是一个需要警惕的社会现象。

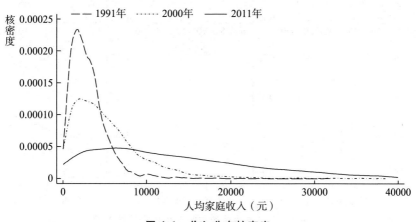

图 4.1　收入分布核密度

表4.5   收入分布区间的人口比重

单位：%

年份	中位数0.75倍以下	中位数0.75~1.25倍	中位数1.25倍及以上
1991	35.7	27.0	37.3
2000	37.7	23.0	39.3
2011	38.9	21.0	40.1

二　模型设定与实证结果

（一）计量模型

在正式进入实证分析之前，通过绘制人口年龄结构与收入极化指数（Wolfson指数和DER指数）散点图（见图4.2）可直观地发现，少儿抚养比与Wolfson指数和DER指数存在负相关关系，老年抚养比和老龄化系数

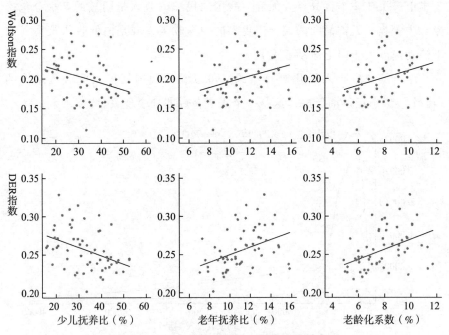

图4.2   人口年龄结构与收入极化指数散点图

注：结合CHNS历次（1991年、1993年、1997年、2000年、2004年、2006年、2009年、2011年）调查数据，对应图中的年份滞后一年，故采用1990年、1992年、1996年、1999年、2003年、2005年、2008年、2010年的相应指标数据绘图。

均与两种极化指数有正相关关系。这些结果初步表明,少儿抚养比下降和老年抚养比上升都是导致收入极化的重要诱因。接下来本节采用计量分析予以验证。

作为一个探索性实证研究,回归模型设定如下:

$$y_{it} = \beta_1 \ln(Ydep_{it}) + \beta_2 \ln(Odep_{it}) + \gamma Z_{it} + \mu_i + \varepsilon_{it} \tag{4.9}$$

$$y_{it} = \beta_1 \ln(Ager_{it}) + \gamma Z_{it} + \mu_i + \varepsilon_{it} \tag{4.10}$$

式中,i 表示省区市、t 表示年份。被解释变量 y 表示收入极化指数,采用各省区市历年的 Wolfson 指数和 DER 指数。核心解释变量是人口年龄结构变量 $Ydep$、$Odep$、$Ager$,分别表示少儿抚养比、老年抚养比、老龄化系数,与前文一致。Z 表示一系列可能影响收入极化的控制变量,包括人力资本水平、贸易依存度、经济发展水平等。需要说明,上述几个变量指标中,极化指数利用 CHNS 数据库在省区市层面上直接生成,其余变量(包括人口年龄结构变量)则是利用省区市层面的数据。

(二)人口年龄结构影响收入极化的经验证据

我们分别采取面板数据固定效应和随机效应方法来估计人口年龄结构对收入极化的影响。表 4.6 第(1)、(2)、(5)、(6)列是基本估计,从中发现,老年抚养比的估计系数均显著为正,说明老年抚养比上升会显著加剧收入两极分化。此外,少儿抚养比的估计系数不显著,意味着当今中国收入极化扩大的人口因素,主要来自顶部老龄化而不是底部老龄化的推动。

由表 4.6 第(3)、(4)、(7)、(8)列结果可知,老龄化系数的估计系数均显著为正,表明在控制其他条件不变情形下,人口结构老龄化会加剧收入两极分化。这一结果是对前文人口年龄结构与收入差距的相互呼应。如果把当前规模性收入分配领域的问题暂时划分为收入差距和收入极化两种类型,那么人口年龄结构变化对收入差距和收入极化的影响几乎是一致的。

总而言之,无论是对收入差距,还是对收入极化现象,人口年龄结构变动都产生显著的影响。不仅如此,在规模性收入分配领域,顶部老龄化的影响逐渐显现且取代底部老龄化成为影响主力,这一点有别于人口年龄结构对功能性收入分配的影响。这一差别，可能与我国全社会收入分配差距与极化现象严重密切相关。

表 4.6　人口年龄结构影响收入极化的估计结果

变量	(1)	(2)	(3)	(4)	(5)	(6)	(7)	(8)
	Wolfson 指数				DER 指数			
	FE	RE	FE	RE	FE	RE	FE	RE
ln（少儿抚养比）	0.039 (0.937)	0.022 (0.610)			−0.007 (−0.233)	−0.001 (−0.049)		
ln（老年抚养比）	0.092 ** (2.055)	0.080 *** (2.837)			0.056 * (1.823)	0.061 *** (3.573)		
ln（老龄化系数）			0.077 * (1.796)	0.076 *** (2.691)			0.064 ** (2.202)	0.062 *** (3.605)
控制变量	控制	控制	控制	控制	控制	控制	控制	控制
观测值	72	72	72	72	72	72	72	72
Within-R^2	0.420	0.356	0.408	0.346	0.515	0.464	0.521	0.469

注：圆括号内为 t 值，*** 、** 、* 分别表示 1%、5%、10%的显著性水平。

第六节　本章小结

本章重点考察人口年龄结构与规模性收入分配，其基本逻辑是，如果不同年龄人群内部的收入状况并不一样，则人口年龄结构的变化就会影响整体经济体中居民的收入分配状况。特别是关于人力资本积累的理论和基于微观数据的经验研究发现，不同年龄群体的收入差距随着年龄的增加而扩大，这就意味着老龄化将会扩大整体经济的收入差距。从直观上看，这是因为收入差距大的老年群体的相对人口规模变大了。本章通过建立人口年龄分布变化与收入差距变动的数理模型，从逻辑上证实了上述直观结果的确成立。并且，无论利用省级面板数据，还是大规模微观调查数据，结果均证实了我国人口老龄化的确扩大了规模性收入分配差距。

本章的研究结果对于反思中国规模性收入分配问题及其政策应对具有重要的启示。过去，研究者们长期关注导致收入差距扩大的各种经济体制和分配政策等原因，一直忽视了人口年龄结构变化的影响。本章研究则意味着，如果相关问题的研究者不考虑我国正处于老龄化进程中这一人口变迁的现实，则很可能会夸大经济体制和分配政策对收入差距的影响。更重要的是，不同的原因归属对应着不同的政策治理之道。经济体制和分配政策造成的收入差距扩大，其政策应对的关键在于深化体制改革和收入分配政策调整；而人口年龄结构变迁造成的规模性收入分配不均，其政策应对的关键往往在于人口政策、社会保障和代际转移支付政策的调整。这是对收入分配问题采取政策应对时应注意的问题。

第五章 年龄移民、代际效应与劳动收入动态演进

第一节 引言

我国经济发展过程中劳动收入水平及其差距的变化，一直是颇受学者们关注的研究议题。既有文献从诸多视角讨论了影响劳动收入变动与差距的种种因素，主要包括户籍制度（蔡昉，2004）、全球化（万广华，2006；包群、邵敏，2008）、城市化（陆铭、陈钊，2004）、就业歧视（王美艳，2005；李实、马欣欣，2006）、市场潜能（王小勇，2006；刘修岩等，2007）、技术进步（徐舒，2010）；也有一些学者尝试对劳动收入差距进行分解研究，分别测算各因素的实际解释力（张建红等，2006；陈斌开等，2009）。本书注意到，从人口年龄分布与动态特征视角讨论收入变动及差距的研究目前仍较少见。但是，从这一视角开展研究又将是颇有意义的工作，因为年龄-工资曲线（age-wage curve）表明个体的年龄会影响其收入水平，不同年龄群体的内部收入差距也常常不同，这意味着中国的人口老龄化将实质性地影响居民收入水平及其差距。正是在这样的背景下，本章试图从代际效应和年龄效应测度居民劳动收入变动及差距，以便深化本章对于走向老龄化社会过程中的某些重要问题的理解。比如，人口年龄分布如何影响收入水平，老龄化趋势的人口年龄结构变动如何影响收入差距的变动，居民收入是否存在代际差异，居民的收入状况是否因人口结构转变而变得更好，等等。

国内研究中，有几篇代表性文献值得借鉴。曲兆鹏和赵忠（2008）以

农村家庭为样本，研究了老龄化对家庭收入和消费不平等的影响；周绍杰等（2009）以城市家庭为样本，研究了家庭收入、消费及储蓄率的年龄分布特征。两文虽各有侧重，但都以家庭为分析单位，比如年龄结构是以户主年龄衡量，而收入则以家庭的收入衡量。就年龄与收入这一议题而言，以个人为分析单位应该是比以家庭为分析单位更为合适的，因为个人是家庭结构的微观细胞；另外，任何的经济波动首先冲击的是个人，其次才是家庭，故有必要对居民个人收入模式进行系统研究。本章将对微观个体的调查数据展开研究，这既是对已有的基于家庭数据的研究的有益补充，同时也让研究者获得了一些基于家庭数据难以发现的线索，比如收入的代际差异和代际公平问题。

本章使用的数据集来自美国北卡罗来纳大学和中国疾病预防控制中心的 CHNS 数据库，实际上是包括多期的混合面板数据集。就本章所要研究的问题和数据而言，Deaton（1985，1997）发展的世代分析（cohort analysis）是一种非常合适的方法，它使得研究者可以甄别不同世代之间的系统性差异，从而更精确地刻画居民劳动收入变动模式。

第二节　中国居民劳动收入与人口年龄分布的
阶段性数据特征

一　数据

本章使用中国健康与营养调查（CHNS）数据。之所以选用 CHNS 数据而不是国内其他微观数据，主要基于以下三点考虑。一是数据要满足研究问题的要求。本章试图探析居民劳动收入变动及其来源的代际效应和年龄效应，研究这一议题最好是有长时间跨度的跟踪调查数据，但这样的数据是很难获得的，CHNS 数据虽不是跟踪调查，但执行了多期，时间跨度达 20 多年，是最接近理想状态的数据。① 二是该数据较为权威，调查样本

---

① 为过滤世代之间的系统性差异，即代际效应（主要源于同一出生组对相同经历或社会变迁的反应），需要有多年的滚动数据，CHNS 微观数据恰好契合本章世代方法所需。

通过多阶段（multistage）、随机集群（random cluster）方法抽取[①]，对于研究整个中国而言具有比较好的代表性，因而也成为这一研究领域最重要的一套数据。三是该数据是动态更新的，每隔 2~4 年便进行一轮新的调查，补充新的数据，这对于学者们开展跟踪研究具有重要意义，运用此数据的研究文献也不断涌现。

考虑到 20 世纪 90 年代前后我国经济形态和收入制度等方面的差异性，为便于研究，本章摒弃 1989 年调查数据，故而研究的数据跨度为 1991~2009 年。同时，本章按照如下准则筛选数据：（1）只保留调查时处于工作状态的劳动者；（2）将劳动者的年龄限制在 18~64 岁；（3）将劳动者平均月工资作为劳动收入，并将其换算为 2009 年不变价，劳动收入不包括奖金和津贴。按照这一筛选过程，最后获得了 18001 个有效观测值。

二　劳动收入与年龄分布简要描述

（一）劳动收入变动

图 5.1 绘制出 1991 年、2000 年及 2009 年中国居民劳动收入累积分布函数曲线。从中发现，2009 年累积分布函数曲线几乎在整个区间都处于 2000 年劳动收入累积分布函数曲线的下方（除了在极低的收入水平外）。这表明在任意给定的劳动收入水平下，2009 年就业人群随机占优于 2000 年就业人群。换言之，在任意给定的劳动收入水平 w_0 下，2009 年收入高于 w_0 的人口比重都大于 2000 年收入高于 w_0 的人口比重，即经济学的一阶随机占优现象。对比 2000 年与 1991 年劳动收入累积分布函数曲线也发现类似情况。就此而言，伴随中国居民劳动收入差距的扩大，劳动者福利状况也是有所改善的。

（二）人口年龄分布特征

从 CHNS 数据可以发现，我国劳动人口结构在老龄化。具体而言，1991 年，劳动人口平均年龄为 35 岁，中位数为 34 岁；到 2000 年，劳动

[①] 首先，将 9 个省份中的县按照收入的低、中、高分组，然后按照不同的权重从中随机抽取（weighted sampling）4 个县，同时选取该省省会和一个收入较低的城市（但是有两个省份选取了大城市）。每个县的村、乡镇或者城市市区及郊区的街道（neighborhood）、居委会都是从该县或市随机抽取（邢春冰，2006）。

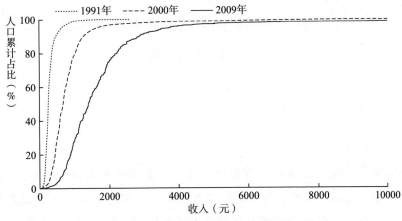

图 5.1　劳动收入累积分布函数曲线

人口平均年龄上升至 37 岁，中位数升至 37 岁；至 2009 年，劳动人口平均年龄增至 42 岁，中位数增至 41 岁。显然，对于我国这样一个"未富先老"的发展中大国，如何应对老龄化是一个值得前瞻思考的时代话题。

　　最后，将所有观测值的劳动收入和年龄分布一并考虑并绘制出总体的年龄-收入曲线。从图 5.2 中发现我国居民个人劳动收入呈现鲜明的倒 U 形曲线特征，这一结果契合生命周期假说的预期。当然，图 5.2 的简单做法是无差异对待所有个体，未对个体之间客观存在的系统性差异（比如代际差异）加以甄别，无疑会错失不少信息并使估计结果产生偏误。为此，本章将运用较为前沿的世代分析方法以准确测度中国居民劳动收入变动及来源的代际效应与年龄效应。

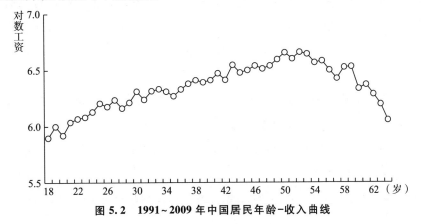

图 5.2　1991~2009 年中国居民年龄-收入曲线

第三节　中国居民劳动收入变动的代际
效应和年龄效应

一　世代分析方法

本章旨在从微观层面定量测度居民劳动收入变动及来源的代际效应和年龄效应，同时结合微观调查数据的特点，采用新近发展的世代分析方法。由于在实际研究中，每一轮的调查往往会有新的个体进入（或退出）样本，对某一特定个体的终生观测是不可能的。[①] 故而多数的微观调查采取了样本轮换的做法，这就构成了重复截面数据（repeated cross section data）。事实上，尽管对某一特定个体进行长期观测难以实现，但对"同一类人"的平均行为的长期观测却是可行的。因此，针对重复截面数据，Deaton（1985）建议采用追踪观测同一世代（cohort）并估计其均值的方法，该方法被称为世代分析方法。在实际研究中，该方法通过世代构造伪面板（pseudo-panels）进行参数估计。

首先要对世代进行划分。一般地，世代是按照观测样本所具有的固定特征加以定义。在有关收入的文献研究中，通常是根据个体的出生年代来划分世代（即同出生组）。比如，可以长期观测到 1960 年出生居民的平均经济行为。对于大样本而言，连续不断的调查将会产生每个世代的随机样本，而世代平均特性恰恰契合面板数据所要求的基本特征，因而可以通过世代构造伪面板数据（pseudo panel data）。Deaton（1985）认为这些伪面板既不会遭遇困扰真实面板的样本损失问题，又可以在较长时期获得相应数据。

就实际运用而言，基于世代的伪面板与真实面板数据相比较具有两种优势：减少样本损失和降低测量误差（Deaton，1985）。同时，伪面板可综合分析与"商业周期"（the business cycle）有关的变动以及与"生命周

---

① 倘若对某特定个体进行长期追踪观测，无疑会对被访问者产生很大的心理压力，从而影响调查数据质量。

期"（life cycle）有关的变动，因此是沟通宏观与微观研究的桥梁（Browning et al.，1985）。周绍杰等（2009）认为，尽管伪面板提供特定世代在特定年龄阶段的经济行为，但是如果要估计个体经济行为的生命周期特征，仍需要对世代之间的系统性差异进行调整。世代之间的系统性差异被定义为代际效应，这一效应主要源于同世代对相同经历或社会变迁形成的共同反应（比如转折性事件可能对年青一代有更深刻的影响）。在对重复截面数据进行分析时，若对这一代际效应未施加控制，将其混同于所估计的年龄曲线上，会导致估计结果出现偏差。因此，世代分析的一个重要目的就是在估计微观个体经济行为的年龄曲线时控制代际效应的影响。就方法而言，世代分析可以将所考察变量（如收入）的变化分解为三项，分别为：代际效应（cohort effect）、年龄效应（age effect）、时期效应（year effect）（Deaton and Paxson，1995；Deaton，1997）。其中，代际效应反映了出生在同一年（或某一个时代）的人们在成长过程中经历相同社会环境，导致属于不同代际的人们之间的系统差异；年龄效应则与生命周期和发展变化有关，这种变化主要基于"内在的"发展或成熟的变化，或者基于与年龄相关的生命周期过程（如婚姻、为人父母）；时期效应则指历史背景的一致影响，即时期或历史状况一致地影响了所有的世代（Glenn，1977）。

二　Deaton（1997）的分解框架

Deaton（1997）认为，与微观个体密切相关的经济变量大都具有明显的生命周期特征，表现出鲜明的"驼峰"形态（hump-shaped），即在一定年龄水平上达到峰值，随后开始下降。同时他强调，即使某一世代的年龄曲线形状不变，但随着经济发展，该年龄曲线的位置也会跟着发生移动。因此在分解收入变动的各效应的过程中，有三点需要注意：首先，需给出某一特定的年龄曲线；其次，不同世代的年龄曲线处于不同位置；最后，假定年龄效应、代际效应和时期效应不存在交互影响，故而年龄曲线形状不受它们所处位置的影响。参考 Deaton（1997）以及周绍杰等（2009）的表述，本节将对收入变动三种效应的分解方法加以介绍。

首先将模型设定如下：

$$\ln y_{ct} = \beta + \alpha_a + \gamma_c + \psi_t + u_{ct} \tag{5.1}$$

其中 $\ln y_{ct}$ 为被解释变量，本章为月收入对数，β 为常数项，下标 a、c、t 分别表示年龄、世代和调查年份，α_a、γ_c、ψ_t 分别表示年龄效应、代际效应和时期效应，其中年龄效应和代际效应影响被解释变量的增长，时期效应则捕捉到周期性波动或者商业周期效应。

由于世代、年龄和年份三者之间呈现完全的共线性关系（$age = year\text{-}cohort$），因此估计上述模型将面临识别问题（identification problem）。为此，Deaton（1997）提出识别问题的约束条件，假定时期效应的均值为零并与时间趋势正交，可表示为

$$\sum_{t=1}^{T} \psi_t \times d_t = 0, \ \sum_{t=1}^{T} \psi_t \times t \times d_t = 0 \tag{5.2}$$

d_t 为虚拟变量，当年份为 t 时 d_t 为 1，否则为 0。计算得到 ψ_1、ψ_2 的解，分别为：

$$\psi_1 = \sum_{t=3}^{T} (t-2) \times d_t \times \psi_t, \ \psi_2 = \sum_{t=3}^{T} (1-t) \times d_t \times \psi_t \tag{5.3}$$

把 ψ_1、ψ_2 代入方程（5.2），可重新获得时期效应的系数 ψ_t，$t = 3, \cdots, T$，进而得到转换之后的年份虚拟变量（从第三年开始）：

$$d_t^* = d_t - [(t-1) d_2 - (t-2) d_1] \tag{5.4}$$

d_t^* 为转换后的年份虚拟变量，其系数即第 t 年的时期效应。

三 世代构造

通常情况下，我们根据微观个体的出生年代来划分"世代"。在总样本数 N（每年）不太大的情况下，世代数过多使得世代的平均规模过小，从而导致世代样本均值无法对世代总体均值进行精确估计。反之，世代数越少，则每个世代内部个体数就越多，将使得世代内可能存在较大的波动性，导致每个世代的年龄曲线波动过大。因而，Deaton（1997）建议在构造伪面板时需要在世代个数和每个世代内个体数之间进行权衡。构造世代的原则是：让每个世代内部的个体尽可能同质，使得测量误差尽可能小。

同时，不同世代之间应尽可能异质，使得伪面板的变化尽可能大，以得到更加精确的估计。本章采用通常的做法，选择 5 年作为世代间距计算每个世代的年龄曲线（Deaton，1997；周绍杰等，2009）。本章研究样本的最早出生年份是 1927 年，最晚出生年份为 1991 年（由于 1991 年只有 2 个样本数据，将其排除），为保持世代划分对称性，此处将 1927～1929 年归于同一世代；将 1985～1990 年归于同一世代，其余年份都是以 5 年作为世代间距。表 5.1 为"世代-年份"构成的伪面板数据在每个单元内的观测值。

表 5.1 中国居民"世代-年份"观测值

单位：个

世代	1991 年	1993 年	1997 年	2000 年	2004 年	2006 年	2009 年	总计
1927～1929 年	33	9	0	0	0	0	0	42
1930～1934 年	99	68	12	0	0	0	0	179
1935～1939 年	155	115	39	29	0	0	0	338
1940～1944 年	199	159	137	96	25	13	0	629
1945～1949 年	341	288	256	217	103	71	55	1331
1950～1954 年	473	410	393	370	222	225	178	2271
1955～1959 年	548	466	418	431	287	304	299	2753
1960～1964 年	518	450	448	471	321	373	423	3004
1965～1969 年	486	377	386	386	283	332	406	2656
1970～1974 年	329	357	437	382	266	272	373	2416
1975～1979 年	0	48	306	409	229	231	255	1478
1980～1984 年	0	0	0	149	137	154	201	641
1985～1990 年	0	0	0	0	23	59	181	263
总计	3181	2747	2832	2940	1896	2034	2371	18001

在对劳动收入进行分解时，需要考虑样本年龄分布特征。本章中的样本年龄分布在 18～64 岁。在 1991～2009 年的调查年份中，最年老的个体出生于 1927 年，在 1991 年为 64 岁；最年轻的个体出生于 1991 年，在 2009 年为 18 岁（由于 1991 年只有 2 个样本数据，将其删除）。故而共有 13 个世代（出生于 1927～1990 年），47 个年龄组（18～64 岁）。在利用式（5.2）、式（5.3）、式（5.4）分解出三种效应过程中，一共有 12 个世代虚拟变量、46 个年龄虚拟变量以及 6 个年份虚拟变量。

第四节 中国居民劳动收入分解结果和讨论

一 劳动收入变动分解

(一) 全样本分解结果

图 5.3 是各世代劳动收入的年龄曲线，年轻组的年龄-收入曲线位于左侧，年老组的年龄-收入曲线位于右侧，从中得出两点发现。第一，不同世代的年龄-收入曲线呈不同的表现形态。其中，最年老的两个世代（出生年份为 1927~1929 年和 1930~1934 年）的劳动收入在低水平波动，1935~1949 年世代呈现"驼峰"形态，1950 年及之后的年轻世代的劳动收入随年龄上升总体在增加。这一发现与曲兆鹏和赵忠（2008）、周绍杰等（2009）的研究结论有所不同，他们认为各世代收入随着年龄上升不断增长。这一研究结论的差异可能与样本选取有关：曲兆鹏和赵忠（2008）采用中国家庭收入调查（CHIP）中的农村家庭纯收入数据；周绍杰等（2009）利用中国城镇住户调查数据（CUHS），样本来自北京、辽宁、浙江、四川、广东和陕西，更多地代表了中国较为富裕的省份，而且分析的是城镇家庭可支配收入。显然，城镇或农村的家庭收入除了劳动收入外，还包括财产性收入和转移性收入等，与本章单独研究劳动收入有较大不同，故而所得结论有所差异。这表明，微观个人与微观家庭在收入模式的变动上是有显著差异的，同时也说明了本章研究的必要性。值得注意的是，三个阶段世代年龄-收入曲线的叠加构成整个生命周期的收入曲线，亦可发现形成鲜明的"驼峰"形态，这一结果也强化了前文的认识。第二，在给定年龄水平上，年轻组的年龄-收入曲线几乎都位于年老组上方，而且年轻组与年老组的收入差距在不同年龄上基本保持较大的差距。譬如从数据来看，那些出生于 1970~1974 年在 35 岁平均获得的劳动收入是那些出生于 1960~1964 年在 35 岁平均获得劳动收入的 2.58 倍，其余世代之间的比较与此类似，表明中国快速的经济增长使年青一代的生活变得更好。

图 5.4、图 5.5、图 5.6 分别绘制了中国居民收入的年龄效应、代际效

应和时期效应。从图 5.4 来看，年龄效应总体呈增长态势，年龄效应曲线
几乎呈线性特征。这一点与其他国家或地区迥异。譬如，基于美国（Atta-
nasio et al.，1999）和中国台湾（Deaton and Paxson，2000）的研究发现年
龄效应曲线呈现倒 U 形特征。就结果而言，中国居民收入的年龄效应增长
率大约为 7.96%。

图 5.5 展示了代际效应曲线，该曲线以 1927 年为起点。从结果看，代
际效应曲线呈线性特征，代际效应的增长率大约为 2.34%，这一发现与周
绍杰等（2009）的结论相似。代际效应结果表明，随着我国劳动力的自由
流动，经济增长赋予年青一代更多的收入来源。

最后，时期效应曲线呈现波动特征（见图 5.6），即在 20 世纪 90 年代
中前期处于低谷，而在 2000 年达到峰值，随后有所下降。这一变化特征可
能与 20 世纪 90 年代中国所面临国内外环境变化（如国有企业"减员增
效"以及 1997 年亚洲金融危机等）密切相关，而进入 21 世纪，市场化改
革、宏观调控政策以及国际环境的诸多利好因素对劳动收入增长产生积极
影响。此外，时期效应估计值明显小于年龄效应和代际效应。

从以上分析得知，劳动收入代际差异明显，而且新一代明显比老一代
更具优势。因此，在我国目前养老体制尚未完善的条件下，政府应该通过
再分配方式，将部分经济资源从年青一代转移给当前老一代，使整个社会
福利得以增进。

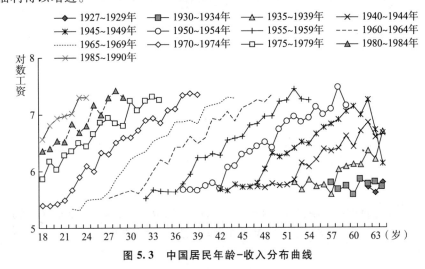

图 5.3 中国居民年龄-收入分布曲线

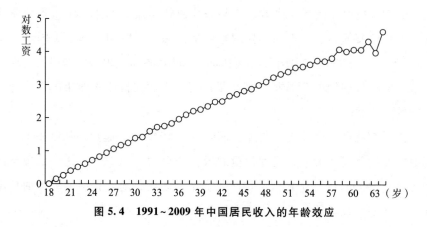

图 5.4　1991~2009 年中国居民收入的年龄效应

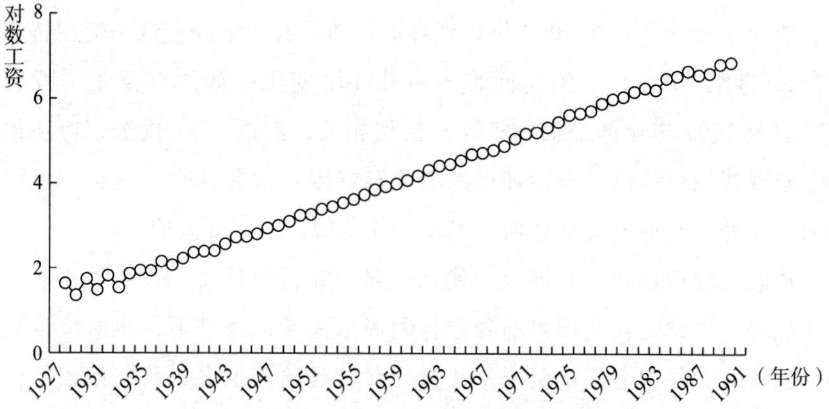

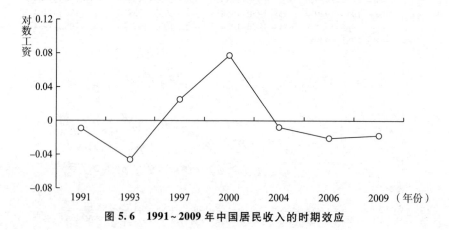

图 5.5　1927~1991 年中国居民收入的代际效应

图 5.6　1991~2009 年中国居民收入的时期效应

（二）分城乡分解结果

众所周知，中国城乡之间经济发展程度差别较大，存在明显的商品和劳动力市场分割，城乡居民的收入模式也存在系统的差异，因此很有必要进一步将样本划分为城镇居民和农村居民进行分析。图5.7和图5.8分别为城镇居民和农村居民各世代年龄-收入曲线，从中发现二者变动特征大体相似，即最年老组的劳动收入都在低水平位置波动，中年组呈现"驼峰"形态，年轻组随年龄上升而增加。但细致研究可发现，城乡居民出现

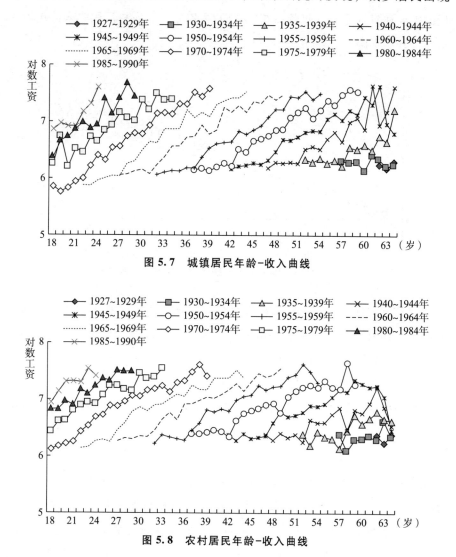

图5.7　城镇居民年龄-收入曲线

图5.8　农村居民年龄-收入曲线

"驼峰"形态的年龄阈值是不同的：城镇居民中出生于 1945 年前才开始出现"驼峰"，而农村居民中出生于 1955 年以前就开始出现"驼峰"，二者大概相差十年。换言之，农村居民劳动收入比城镇居民更早地步入下行区间。

进一步分析三种效应（见图 5.9~图 5.11）可知，城乡居民收入的年龄效应曲线都呈增长趋势。30 岁以前，城镇居民收入的年龄效应小于农村居民收入的年龄效应，而当年龄超过 30 岁，城镇居民收入的年龄效应大于农村居民收入的年龄效应，而且二者的差距随着年龄增长呈扩大的趋势。同时需要注意的是，在年龄高端位置即 62 岁之后，农村居民收入的年龄效应曲线开始下降。

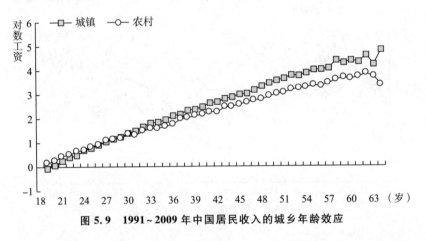

图 5.9　1991~2009 年中国居民收入的城乡年龄效应

就代际效应而言，城镇居民与农村居民收入的代际效应曲线都呈现线性特征，而且两条曲线随着年份推移几乎呈平行关系，前者位于后者的上方。这一结果表明，无论是城镇居民还是农村居民，收入都存在明显的代际差异，后一代大多比前一代拥有更高的劳动收入。就同代而言，城镇居民都比农村居民获得更高的收入。而就时期效应而言，城镇居民和农村居民的劳动收入都在 2000 年达到峰值，表明经济周期在 2000 年对城乡都是利好的。

关于城乡地区劳动收入变动分解的差异性，可能与城镇劳动力和农村劳动力所从事职业及所面临制度环境息息相关。譬如在 2009 年，从职业种类来看，城镇劳动力从事"高级专业技术、一般专业技术、办公室一般工作人员、管理者"的比重在 53% 左右，而此项在农村劳动力中仅为 25%，农村劳动力集中于技术工人和非技术工人，占 43%。从职业类型来看，

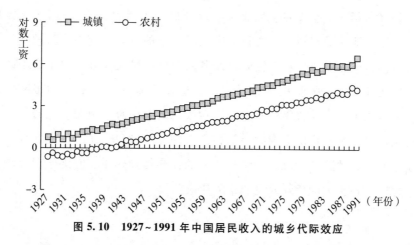

图 5.10　1927～1991 年中国居民收入的城乡代际效应

60% 的城镇劳动力为"他人或单位工作的长期工（包括各级企事业，大、中小集体企业，集体农场，私人企业）"，而在农村地区这一比例仅为 36%，劳动力多集中于非正规就业。从工作单位属性看，城镇中绝大多数劳动力在公共部门工作，其中在国有部门工作的劳动力占 60% 以上；而在农村地区，国有部门工作的劳动力仅占 30% 左右，多数劳动力从事于非国有部门。由于劳动力市场的制度特征，城镇居民和农村居民的收入决定机制存在差异，劳动者收入模式特征的差异就由年龄效应曲线和代际效应曲线形象地反映出来。

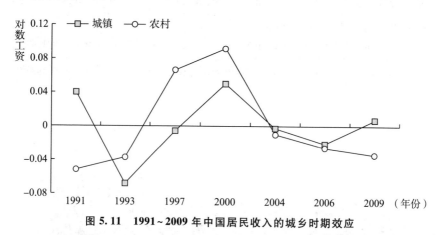

图 5.11　1991～2009 年中国居民收入的城乡时期效应

　　值得注意的是，从收入模式比较来看，城乡差异不仅仅反映于此。近些年来，随着各项制度改革的不断推进，关乎城镇居民的社会保障体系日臻完善（包括养老金保障、失业保险以及最低生活费救济），因而城镇居民可以更多地享受到经济发展和市场化所带来的好处；而在农村地区，由于商品化程度和专业化水平较低，大多数农村居民往往被束缚于有限的耕地，即便部分农村居民从事非农劳动，也仅能获取较低的劳动报酬。因此，城乡居民收入模式年龄效应和代际效应的差距难见改观。倘若进一步考虑到城乡之间非货币形态的差别，二者的差距就更大了。因此，促进城乡统筹发展，消除二元分割，建立统一的社会保障体系，有助于消除城乡居民之间日益扩大的代际效应和年龄效应差异。

二　劳动收入差距分解

本节进一步地研究劳动收入差距与人口年龄分布的数量关系。参考以往文献的做法（Deaton and Paxson，1995；Ohtake and Saito，1998；曲兆鹏、赵忠，2008），利用收入对数方差度量劳动收入差距。从图 5.12 可以发现，几乎每个世代内，劳动收入差距都呈现随年龄增长而扩大的趋势。而且，从收入差距的整体分布亦可发现存在着随年龄增长而扩大的趋势。这充分表明，中国居民劳动收入存在着比较明显的组内差距。这一发现与曲兆鹏和赵忠（2008）基于中国农村数据的研究结论类似。为准确地估计中国居民收入差距状况，此处根据 Ohtake 和 Saito（1998）所采用的方法对劳动收入对数方差进行分解。

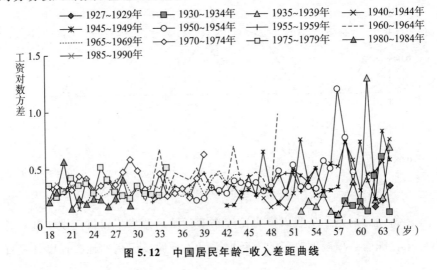

图 5.12　中国居民年龄-收入差距曲线

Ohtake 和 Saito（1998）拓展了 Deaton 和 Paxson（1995）的方法，将收入对数方差分解为代际效应和年龄效应。具体来说，就是估计如下方程：

$$Var(\ln y_{jk}) = \sum_{m=J_0}^{J} \alpha_m cohort_m + \sum_{n=K_0}^{K} \beta_n age_n + e_{jk} \qquad (5.5)$$

其中，$Var（\ln y_{jk}）$ 表示一个可以被分为 J 个世代和 K 个年龄组的总体人群的收入对数方差；$cohort_m$ 表示世代虚拟变量，当 $m=j$ 时取值为 1，否则为 0；age_n 表示年龄虚拟变量，当 $n=k$ 时取值为 1，否则为 0；α_m、β_n 分别表示要估计的系数，即收入差距的代际效应和年龄效应。

首先是年龄效应。结果如图 5.13 所示，从中发现，随着年龄增长，劳动收入差距的年龄效应曲线总体呈上升趋势，而且上升速度在加快。这说明同一世代内存在劳动收入差距随着年龄增长而扩大的趋势，而且在老龄位置出现最大的收入差距。值得说明的是，本节结论与曲兆鹏和赵忠（2008）的研究结论有所不同。曲兆鹏和赵忠（2008）研究发现中国农村家庭收入差距随着年龄增长而扩大，但在 50 岁之后年龄效应开始趋于平缓。本节的发现与此不同，可能与样本选取和年龄区间不同有关。这也表明，本节的研究一定程度上丰富了以往有关劳动收入差距年龄效应的认识。此外，基于年龄效应的研究发现，可以很自然地得出相应的政策启示：既然进入老龄阶段的收入差距较大，那么个体如何根据终生资源进行配置，以平滑一生的收入和消费，对于应对中国当前社会保障体系尚未完

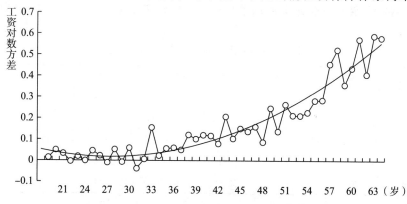

图 5.13　1991~2009 年劳动收入差距的年龄效应

注：18 岁组别作为参照组不参与对比。

善的制度环境，具有非常重要的现实意义。

其次是代际效应。由表 5.2 可知，从 20 世纪 30 年代中期出生的人开始，代际效应皆为正，且都达到 1% 的显著性水平。这表明出生于 1935 年以前的人，他们的劳动收入差距不大，之后随着出生年代的推移，代际效应总体呈增长趋势。这里，与收入差距代际效应随出生年代越晚而变得越高不同，收入差距代际效应显示出稳定增长而后高位波动的情形：从 1935~1939 年世代的 0.195 上升至 1960~1964 年世代的 0.611，从 20 世纪 60 年代以后，代际效应基本上保持着高位波动。这一现象的原因可能在于：1960 年之前出生的人已经退休或者往往处于职业生涯的晚期，由于中国养老金制度改革相对滞后，这群人中的大多数未能分享到经济增长所带来的福利，差异较小；而与此相反，出生于 20 世纪 60 年代之后的人，正值职业生涯的黄金时期或职业早期，且面临相对较好的国内外经济环境，所以能更多地享受到经济增长所带来的好处，但同时世代内的收入差距也更大（曲兆鹏、赵忠，2008）。

收入差距的分解结果对于反思我国当前收入分配问题及其政策应对具有重要的启示。既有文献过多地关注造成收入差距的各种经济体制和分配政策等原因，而忽视了人口年龄效应和代际效应的影响。本节研究意味着，如果不考虑劳动收入差距的人口年龄效应和代际效应，则很可能会夸大经济体制和分配政策对收入差距的影响。更重要的是，人口年龄效应和代际效应造成的收入差距扩大，其政策含义对于当前我国人口政策、社会保障和代际转移支付政策的调整具有重要的现实意义。

表 5.2 中国居民劳动收入差距的代际效应

世代	1930~1934 年	1935~1939 年	1940~1944 年	1945~1949 年	1950~1954 年	1955~1959 年
系数	0.01	0.195***	0.349***	0.430***	0.475***	0.511***
t 值	0.68	10.32	18.668	23.115	25.415	27.291

世代	1960~1964 年	1965~1969 年	1970~1974 年	1975~1979 年	1980~1984 年	1985~1990 年
系数	0.611***	0.572***	0.621***	0.612***	0.543***	0.592***
t 值	32.554	30.376	32.904	32.230	28.227	29.788

注：*** 表示 1% 的显著性水平。

第五节　本章小结

随着经济社会的全面转型，中国的收入分配问题日益凸显，最近二十多年公认的事实是：国民收入的要素报酬分配不均日趋严重，贫富差距出现代际传递，以及整个社会收入差距在持续扩大等。中国收入分配的诸多问题令人担忧。虽然收入分配问题源于民生与经济层面，事实上却与人口问题紧密联系。人口年龄结构变化是影响收入分配状态改变的关键性因素（Lam，1997）。为直观地理解这一含义，可从一个简单的比喻开始：人口结构转变通常开始于年轻人口占较大比重，而结束于人口老龄化，因而可将人口结构转变过程看作一个"年龄移民"的过程，即年轻人群移民到年老人群中。由于财富收入在不同的特定年龄群体有所差异，故而"年龄移民"进程意味着社会收入分配在人口结构转变的不同阶段是有显著差异的（Chu and Jiang，1997）。基于这一理论和现实背景，本章采用新近发展的世代分析方法，从微观层面实证解读了中国居民劳动收入模式的基本事实：其一，中国居民劳动收入变动的年龄效应曲线和代际效应曲线皆呈递增趋势，且前者增长率高于后者；其二，收入差距的年龄效应曲线呈非线性增长，代际效应曲线呈现先递增而后高位波动的情形；其三，不同出生年代的年龄-收入曲线呈现不同变化形态，年轻组呈递增趋势，中年组呈"驼峰"形态，老年组则在低水平波动；其四，城乡居民的年龄-收入曲线明显不同，相比而言，城镇居民表现更佳。

上述前两点发现意味着，年龄越大则劳动收入将越高，年龄越大则劳动收入差距也越大。后两点发现意味着，不同时代、不同地区（城镇或农村）的人们，收入存在差距。这不仅证实了既有文献中广泛确认的同代人之间的收入差距，也确认了很少被文献提及的不同代人之间（代际）的收入差距。需重点提及的是，本章世代是依据出生年代划分的，因而代际效应反映的是代际差异。本章发现，收入水平是随着世代的年龄增加而持续提高的，即年青一代总是比年老一代拥有更高的收入水平。收入差距则是在20世纪60年代之前出生表现为持续扩大，在1960年之后出生则表现为在较高水平上波动。简言之，年青一代总比他们父辈具有更大的收入差距。显然，造成收入水平和收入差距代际差异的原因是一个值得继续深入研究的议题。本章初步推测认为，收入水平的代际差异与劳动者个体的人力资本质量和水平的提升以及经济体制从计划向市场转轨有关，而收入差距的代际差异则与不同出生年代劳动者处于不同的职业生涯阶段以及中国转轨时期相对滞后的养老保险体制改革等体制性因素有关。简言之，劳动者自身质量、收入分配政策的调整以及当代经济发展的分配机制，可能是理解收入及其差距的关键。

那么，本章研究发现带来哪些启示呢？又存在哪些现实意义？至少以下三点含义是值得关注的。

第一，深化对收入差距扩大的成因的理解。既然本章发现表明，劳动收入随年龄增加而增加，劳动收入差距随年龄增加而加速增加，那么很容易推断，老龄化的进程（这一过程中老年人口比重将持续增加）将会使得劳动收入水平提高，同时也使得劳动收入差距进一步加大。换言之，中国存在的收入差距很可能也有老龄化因素的推动作用。

第二，深化对养老保险和促进代际收入公平的理解。本章研究确认了代际收入差距的存在，年青一代过着比年老一代更富裕的生活。在我国社会保障体系尚未完善的情况下，若着眼于实现共享式的经济发展，则通过再分配方式将当前年青一代的部分资源适当转移至老年人口，将有助于促进代际公平和增进社会福利。

第三，即便排除年龄（人口老龄化）因素的影响，城乡收入差距仍然存在并且是整体收入差距的重要成因，统筹城乡发展应该是有利于缩小城乡收入差距和整体收入差距的重要途径。

从人口年龄分布角度对收入水平和收入差距加以分析有着与既有研究存在鲜明区别的政策含义，因为这涉及人口政策、社会保障和代际转移支付政策的调整，也是关乎未来中国应对人口老龄化问题的未雨绸缪之举。

第六章　世界人口老龄化与收入分配的变动考察

第一节　世界老龄化进程与收入分配格局

全球人口正以前所未有的速度老龄化，根据《世界人口展望 2022》，全球老年人口占比在 2022 年达 10%，预计到 2050 年升至 16%，意味着到 21 世纪中期世界 1/6 的人口为老年人。

按照世界银行公布的数据，自 2008 年日本步入重度老龄化社会起，多个国家逐渐迈入高度老龄化社会行列。2020 年老龄化国家总数超过非老龄化国家总数，2021 年重度老龄化国家数量高达 17 个，世界老龄化形势严峻。根据 WDI 2021 年关于世界各国老年人口所占比重的最新数据，日本及欧洲部分国家已步入重度老龄化社会，美国、加拿大、俄罗斯和澳大利亚等国家进入中度老龄化社会，中国、哈萨克斯坦、墨西哥与南美洲大部分国家老龄化程度尚轻，东南亚及非洲大部分国家尚未进入老龄化社会。

根据 PWT 2019 年关于世界各国劳动收入份额的最新数据，法国、德国、加拿大等国家劳动收入份额较高，中亚、西亚等地区劳动收入份额较低。根据 WID 2019 年关于世界各国基尼系数的最新数据，墨西哥、印度、南非与南美等地区收入差距较大，欧洲地区收入差距相对较小。综合来看，墨西哥、印度、沙特阿拉伯等国家收入分配不均现象较为严重，欧洲大部分国家收入分配相对均衡。

图 6.1 为世界各国与不同国际组织或论坛的收入分配与老龄化的变动情况。就功能性收入分配而言，除 2008 年金融危机大爆发后各国的劳动收

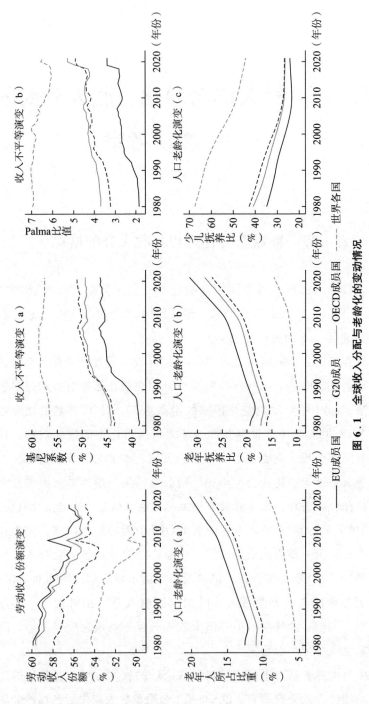

图 6.1　全球收入分配与老龄化的变动情况

注：见word
资料来源：PWT、WID、WDI。

入份额出现反向上升波动外，自 20 世纪 90 年代后期起世界总体劳动收入
份额普遍呈下降趋势。就规模性收入分配而言，世界整体收入差距较大，
但未见明显的加剧情况，OECD、EU、G20 成员的收入差距较小，但愈演
愈烈。就老龄化进程而言，自 20 世纪 80 年代中后期起，世界范围内的平
均老年人占比与老年抚养比明显攀升，少儿抚养比持续走低，人口老龄化
现象不断加剧。其中，EU 成员国的老龄化程度最为严重，OECD 成员国与
G20 成员次之。

第二节　世界老龄化影响劳动收入份额的实证检验

一　模型设定、变量说明与数据来源

（一）模型设定

本节基于以下双向固定效应模型，分别检验人口老龄化的三个代理变
量对功能性与规模性收入差距的影响。

$$\ln LS_{it} = \alpha + \beta \ln Ager + \gamma Z_{it} + \mu_i + \nu_t + \varepsilon_{it} \tag{6.1}$$

$$\ln LS_{it} = \alpha_1 + \beta_1 \ln Odep_{it} + \beta_2 \ln Ydep_{it} + \gamma Z_{it} + \mu_i + \nu_t + \varepsilon_{it} \tag{6.2}$$

其中，下标 i、t 分别表示国家与年份。LS 为劳动收入份额，即劳动者
报酬在 GDP 中所占比重，是功能性收入分配的代理变量。$Ager$ 为老龄化系
数，以老年人口占总人口的比重测量。$Odep$ 为老年抚养比，用 65 岁及以
上老年人口占 15~64 岁劳动年龄人口的比重表示。$Ydep$ 为少儿抚养比，用
0~14 岁少儿人口占 15~64 岁劳动年龄人口的比重测度。Z 为可能影响劳
动收入份额的控制变量。μ_i 为国家固定效应，ν_t 为年份固定效应，ε_{it} 为服
从正态分布的随机扰动项。

此外，通过模型（6.1）、模型（6.2）检验人口老龄化对劳动收入份
额的影响时，对核心变量进行取自然对数处理，以减弱样本数据的异方
差性。

（二）变量说明

在检验人口老龄化影响劳动收入份额的计量模型中，参考既有文献，
选取以下控制变量。（1）经济发展水平，用国家人均 GDP 的对数值衡量。

Bongers（2021）基于1980~2017年的全球跨国面板数据，证明以劳动收入份额衡量的功能性收入分配是经济发展水平的函数。（2）二产占比、三产占比，分别用第二、第三产业增加值与GDP的比值代表，以控制产业结构变动对劳动收入份额的影响（董丽霞、赵文哲，2017）。（3）政府消费，用以美国为基准的各国政府消费价格水平衡量。政府消费支出作为社会保障和政府福利的代理变量，与工人议价能力和劳动收入份额内在相关（Bazillier and Najman，2017；Stockhammer，2017）。（4）资本规模，以资产形成总额与GDP的比值衡量，物质资本规模是要素收入分配的重要影响因素（Chortareas and Noikokyris，2021）。（5）投资效率，用实际内部收益率衡量。内部收益率通常被用来评估投资效率（Mieila，2017），其影响下的财务约束减少和投资决策偏向会改变劳动收入占比（Zhao et al.，2022）。（6）外商直接投资，用外商直接投资净流入与GDP的比值表示。外商直接投资能够影响本国企业的资本存量构成和单位资本生产率，从而影响工人工资与国民劳动收入占比（Leblebicioğlu and Weinberger，2021）。（7）贸易依存度，用贸易总额与GDP的比值衡量。贸易开放性可以通过进出口价格竞争和工人的议价能力影响劳动收入份额（Kamal et al.，2019）。进一步地，考虑到劳动力增长、人口与就业规模对工人议价能力与劳动收入份额的影响，将劳动增长率、以百万计的人口与就业规模的对数值一同控制在内。

此外，考虑到收入差距加大往往伴随劳动收入份额降低（Manyika et al.，2019），在本章第三节使用模型（6.3）、模型（6.4）检验人口老龄化对收入差距的影响时，采用以上同一套控制变量。

（三）数据来源

本章使用的变量数据来源有三处。其一，劳动收入份额及一些国内经济与人口统计方面的控制变量数据来自宾夕法尼亚大学世界数据库PWT（Version 10.01）提供的1950~2019年183个国家和地区的经济发展数据。其二，收入差距指标源自世界财富与收入数据库（WID），包括各国基尼系数，以顶部10%与底部40%收入人口的总收入比值衡量的帕尔玛（Palma）比值，底层50%、中间40%、顶层10%收入群体所占的收入份额。WID提供1913~2021年281个国家和地区的财富与收入分布长期演变的数据。其三，衡量人口老龄化的老龄化系数、老年抚养比、少儿抚养比，以及余下所有控制变量的数据皆来自世界银行的世界发展指标（WDI），WDI提供1960~2021年266个国家和地区的经济发展数据。考虑到中国、印度两个大型新兴经济体和前东欧国家进入世界经济后，全球劳动力市场于20世纪90年代中后期发生重大转型这一典型事实（Dao et al.，2017），本章以2000~2019年为样本期间。将PWT、WID、WDI三个数据库进行匹配后，得到的大样本跨国面板数据包括功能性收入分配检验章节的129个国家和地区、规模性收入分配检验章节的126个国家和地区。以功能性收入分配检验章节的样本数据为例，表6.1描述主要变量的统计信息。

表6.1　世界老龄化、收入分配及收入差距等变量的统计信息

变量	定义及单位	观测值	均值	标准差	25%分位数	50%分位数	75%分位数
劳动收入份额	%	2440	50.54	11.61	43.96	51.85	58.66
基尼系数	%	3246	56.44	9.64	48.28	57.53	64.07
帕尔玛比值		3246	6.36	4.27	3.13	5.25	8.05
老龄化系数	老年人口占总人口的比重，%	2440	9.08	5.85	3.75	6.95	14.33
老年抚养比	老年人口占劳动年龄人口的比重，%	2440	13.84	8.57	6.36	10.26	21.20
少儿抚养比	少儿人口占劳动年龄人口的比重，%	2440	44.65	22.89	25.38	37.89	59.30
经济发展水平	人均GDP的自然对数	2440	8.79	1.41	7.77	8.73	9.95
二产占比	第二产业增加值/GDP	2440	0.27	0.11	0.21	0.25	0.31
三产占比	第三产业增加值/GDP	2440	0.55	0.12	0.48	0.55	0.62
政府消费	政府消费价格水平（美国2017年=1）	2440	0.54	0.37	0.29	0.43	0.65
资本规模	资产形成总额/GDP	2440	0.24	0.07	0.20	0.23	0.28

续表

变量	定义及单位	观测值	均值	标准差	25%分位数	50%分位数	75%分位数
投资效率	实际内部收益率	2440	0.11	0.07	0.06	0.10	0.14
外商直接投资	外商直接投资净流入/GDP	2440	5.98	19.5	1.37	2.92	5.64
贸易依存度	贸易总额/GDP	2440	0.90	0.58	0.55	0.79	1.06
劳动增长率	当年劳动增长率	2440	0.02	0.02	0	0.02	0.03
人口规模	百万人口数的自然对数	2440	2.38	1.59	1.43	2.28	3.42
就业规模	百万就业数的自然对数	2440	1.47	1.61	0.52	1.42	2.47

注：根据 WID 和 WDI 的最新数据，本表中统计信息保留更多的观测值，以更全面地描述全球收入差距概况。但需要说明的是，在下文实证回归时，为与包含控制变量的 PWT 数据库匹配，损失了一小部分观测值。

二　实证检验结果与讨论

（一）模型设定与基准回归

表 6.2 第（1）、（2）列汇报个体固定效应模型的估计结果，表明老龄化系数和老年抚养比均显著地负向影响劳动收入份额，少儿抚养比虽正向影响劳动收入份额，但估计系数并不显著。表 6.2 第（3）、（4）列进一步控制年份固定效应，基于双向固定效应模型进行计量检验。结果显示，老龄化系数和老年抚养比的估计系数仍在 5% 的显著性水平下保持为负，且系数绝对值相对明显上升。以双向固定效应模型的估计结果为基准，国家老龄化系数与老年抚养比每增大 1%，其劳动收入份额将分别显著降低 0.1523%、0.1517%。这说明从全球范围来看，在人口老龄化带来的劳动收入份额挤占效应中，以寿命延长驱动的顶部老龄化占绝大部分原因，而少儿抚养比下降驱动的底层老龄化解释力不足。与徐强和赵欣（2022）关于老龄化对劳动收入份额呈抑制效应，杨扬等（2018）关于老龄化在劳动收入份额降低占据主导地位的经验相符。

此外，基于本节双向固定效应模型的估计结果，结合既有文献分析各个控制变量对劳动收入份额的影响，同样具有经济意义和启示作用。具体而言，（1）第二产业增加值/GDP 的上涨会带来劳动收入份额的下降，符合 Maarek 和 Orgiazzi（2020）基于跨国经验证据的发现，即制造业发展与劳动收入份额降低之间存在强关联性。（2）政府消费价格水平的上升能带来国内劳动收入份额的上涨，说明政府消费支出作为社会保障和政府福利的代理变量，正向影响着工人议价能力和劳动收入份额（Stockhammer，2017）。（3）资本形成总额/GDP 对劳动收入份额存在显著负向影响，说明资本扩张会挤出劳动收入份额，可能资本积累正是拉大地区间收入差距的原因之一（Purba et al.，2019）。（4）实际内部收益率增大意味着投资效率提高，这种资本回报率的提高会侵蚀劳动收入在 GDP 中的占比（Bergholt et al.，2022）。（5）外商直接投资利好于国内劳动收入份额增长，符合 Decreuse 和 Maarek（2015）关于外资企业成立后期产生的"工资竞争效应"正向影响劳动收入占比的观点。（6）贸易依存度增加会挤出国内劳动收入份额，与 Dünhaupt（2017）和 Stockhammer（2017）的跨国经验证据相符。（7）在与人口因素相关的三个变量中，只有劳动增长率与劳动收入份额显著正相关，从侧面说明一国劳动力数量在功能性收入分配中的重要影响（董丽霞、赵文哲，2017）。

表 6.2　世界老龄化影响功能性收入分配的基准回归

变量	（1）	（2）	（3）	（4）
ln（老龄化系数）	-0.1158 ** (0.0541)		-0.1523 ** (0.0722)	
ln（老年抚养比）		-0.1042 ** (0.0489)		-0.1517 ** (0.0672)
ln（少儿抚养比）		0.0570 (0.0609)		0.0201 (0.0597)
经济发展水平	0.0130 (0.0377)	0.0181 (0.0404)	0.0150 (0.0403)	0.0123 (0.0415)
二产占比	-0.8367 *** (0.1887)	-0.8422 *** (0.1910)	-0.8008 *** (0.1942)	-0.8086 *** (0.1954)
三产占比	-0.1664 (0.1440)	-0.1619 (0.1445)	-0.1440 (0.1451)	-0.1466 (0.1447)
政府消费	0.0238 (0.0216)	0.0261 (0.0213)	0.0562 ** (0.0243)	0.0582 ** (0.0242)
资本规模	-0.2106 ** (0.0821)	-0.2157 ** (0.0829)	-0.2045 ** (0.0850)	-0.2054 ** (0.0848)
投资效率	-1.5294 *** (0.2148)	-1.5271 *** (0.2138)	-1.5363 *** (0.2222)	-1.5343 *** (0.2212)
外商直接投资	0.0146 ** (0.0001)	0.0154 ** (0.0001)	0.0199 *** (0.0001)	0.0192 ** (0.0001)

续表

变量	（1）	（2）	（3）	（4）
贸易依存度	-0.0645***	-0.0618***	-0.0601***	-0.0578**
	(0.0218)	(0.0220)	(0.0226)	(0.0225)
人口规模	-0.1485	-0.1613	-0.1821	-0.1940
	(0.1000)	(0.1008)	(0.1152)	(0.1183)
就业规模	0.0856	0.1017	0.0955	0.0868
	(0.0816)	(0.0900)	(0.0826)	(0.0913)
劳动增长率	0.2608*	0.2658*	0.2843*	0.2834*
	(0.1504)	(0.1497)	(0.1511)	(0.1509)
国家固定效应	控制	控制	控制	控制
年份固定效应	不控制	不控制	控制	控制
观测值	2440	2440	2440	2440
R^2	0.9439	0.9440	0.9454	0.9456

注：括号内为国家层面的聚类稳健标准误，*、**、*** 分别表示 10%、5%、1% 的显著性水平。

（二）稳健性分析

参考既有文献，本节采用工具变量估计法（IV）、系统 GMM 估计法处理潜在的内生性问题，使用 Winsorize 缩尾处理法剔除异常样本点影响，进行稳健性检验。

首先，采用现有文献的通常做法，将人口老龄化代理变量的滞后一期项视为工具变量，处理核心解释变量的联立内生性问题（蓝嘉俊等，2014），以同时满足外部工具变量与核心解释变量之间的相关性，以及与当期项无关的外生性要求。表 6.3 第（1）、（2）列的估计结果显示，老龄化系数与老年抚养比的估计系数依然显著为负，其绝对值虽较基准回归微弱减小，但老年抚养比仍能较大程度地解释人口老龄化的劳动收入份额挤占效应，证实基准回归结论的稳健性。

其次，进一步利用 Arellano 和 Bover（1995）提出的系统 GMM 估计法，同样以解释变量的滞后一期项作为工具变量进行检验。表 6.3 第（3）、（4）列的估计结果显示，人口老龄化始终负向影响劳动收入份额，与前文双向固定效应模型的基准回归所得结论保持一致，进一步证实该核心结论的稳定性和可靠性。此外，使用系统 GMM 估计法所需通过的两个检验皆已通过（童健等，2016）。其一，二阶序列相关检验的结果表明，

AR（1）与 AR（2）的伴随概率分别处于 5% 以下与 10% 以上，说明模型存在一阶序列相关，但不存在二阶序列相关，系统 GMM 估计法于此适用。其二，基于稳健标准误，Hansen 过度识别约束检验的伴随概率大于 10%，表明该模型通过总体矩条件，工具变量的选取是有效的。

最后，为剔除异常样本点的极端值对回归结果可能造成的干扰，使用 Winsorize 缩尾处理法对人口老龄化代理变量的 1% 特异值进行平滑后重新回归。表 6.3 第（5）、（6）列的估计结果显示，人口老龄化对劳动收入份额的负向影响虽略被弱化，但核心结论仍保持不变。

表 6.3　世界老龄化影响功能性收入分配的稳健性检验

变量	（1）	（2）	（3）	（4）	（5）	（6）
	IV		系统 GMM		Winsorize	
ln（老龄化系数）	−0.1357* (0.0706)		−0.1891** (0.0933)		−0.1422* (0.0738)	
ln（老年抚养比）		−0.1343** (0.0657)		−0.1542* (0.0884)		−0.1417** (0.0697)
ln（少儿抚养比）		0.0287 (0.0657)		0.1266* (0.0769)		0.0220 (0.0600)
ln（劳动收入份额）的滞后一期项			1.0416*** (0.0276)	1.0460*** (0.0291)		
控制变量	控制	控制	控制	控制	控制	控制
国家和年份固定效应	控制	控制	控制	控制	控制	控制
观测值	2440	2440	2402	2402	2440	2440
R^2	0.3769	0.3789			0.9452	0.9454
AR（1）检验			0.0001	0.0001		
AR（2）检验			0.2583	0.2595		
Hansen 检验			0.9398	0.9604		

注：括号内为国家层面的聚类稳健标准误，*、**、*** 分别表示 10%、5%、1% 的显著性水平。控制变量选取与基准回归保持一致，估计结果略去。

（三）异质性分析

那么，对于具有不同经济或人口特征的国家，人口老龄化是否对劳动收入份额存在差异化影响呢？本节首先就经济发展与老龄化程度进行分组检验，然后基于不同国际组织与论坛进行异质性分析，以全面评估不同类型国家人口老龄化影响劳动收入份额的效果差异。表 6.4 显示不同类型国家核心变量的均值差异。

表 6.4 不同类型国家劳动收入份额与人口老龄化的均值差异

国家类型	观测值	均值（%）			
		劳动收入份额	老龄化系数	老年抚养比	少儿抚养比
高收入国家	916	53.28	14.15	21.14	26.63
低收入国家	1524	48.88	6.03	9.45	55.48
均值差异（百分点）		−4.40***	−8.12***	−11.69***	28.85***
老年型国家	1215	54.66	14.11	21	27.16
年轻型国家	1225	46.44	4.08	6.74	62
均值差异（百分点）		−8.22***	−10.02***	−14.26***	34.84***
OECD 成员国	643	56.25	15.53	23.41	26.86
非 OECD 国家	1797	48.49	6.77	10.42	51.02
均值差异（百分点）		−7.76***	−8.77***	−12.99***	24.16***
EU 成员国	538	56.65	16.81	25.20	24.18
非 EU 国家	1902	48.81	6.89	10.63	50.44
均值差异（百分点）		−7.84***	−9.92***	−14.57***	26.26***
G20 成员	503	54.65	15.10	22.75	27.09
非 G20 国家	1937	49.47	7.510	11.53	49.21
均值差异（百分点）		−5.19***	−7.59***	−11.23***	22.12***

注：本表采用分组的双边均值检验，*** 表示 1% 的显著性水平。

1. 高收入国家与低收入国家

考虑到收入水平能更全面地反映国家经济发展阶段，本节基于世界银行的划分标准，将全样本分为两类，第一类为高收入国家，即世界银行定义为高等收入水平的国家；另一类为低收入国家，包括世界银行定义为中高等收入、中低等收入和低等收入水平的国家。

由表 6.4 可见，高收入国家的劳动收入份额仅比低收入国家高 4.40 个百分点，老龄化系数却高 8.12 个百分点，说明两类收入水平国家的老龄化进程差异大于劳动收入份额差异。表 6.5 的估计结果显示，老龄化系数与老年抚养比仅能显著负向影响高收入国家的劳动收入份额。联系分组均值检验结果，说明这种差异性影响更有可能根源于国家老龄化进程的不同，即老龄化程度对劳动收入份额的影响可能存在一定阈值。在低收入国家，较低程度的人口老龄化仍保有"免费份额",即其增加暂且无须以牺牲劳动收入份额为代价。然而,高收入国家的老年抚养比和老龄化系数过高,其持续性的增长便引起了劳动收入份额的下降。

表 6.5 不同收入类型国家老龄化影响功能性收入分配的差异

变量	(1)	(2)	(3)	(4)
	高收入国家		低收入国家	
ln(老龄化系数)	-0.1786***		-0.1057	
	(0.0659)		(0.0878)	
ln(老年抚养比)		-0.1450**		-0.0966
		(0.0598)		(0.0845)
ln(少儿抚养比)		-0.0054		0.0524
		(0.0565)		(0.0954)
控制变量	控制	控制	控制	控制
国家和年份固定效应	控制	控制	控制	控制
观测值	916	916	1524	1524
R^2	0.9782	0.9780	0.9309	0.9310

注:括号内为国家层面的聚类稳健标准误,**、*** 分别表示 5%、1% 的显著性水平。控制变量选取与基准回归保持一致,估计结果略去。

2. 老年型国家与年轻型国家

根据联合国常用的老龄化社会划分标准,65 岁及以上老年人口所占比重超过 7% 的国家和地区被视作进入老龄化社会。据此,本节将老年人口占比在 7% 及以上与 7% 以下的国家分别界定为老年型国家与年轻型国家。

由表 6.4 可见,老年型国家的老龄化程度相当高,老龄化系数与老年抚养比均为年轻型国家的 3 倍以上。意外的是,两组国家的劳动收入份额也存在明显差距(老年型国家>年轻型国家),其均值差异甚至将近为高低收入水平国家的 2 倍。表 6.6 的回归结果表明,仅在老年型国家,人口老龄化对劳动收入份额存在显著负向影响,该影响效应甚至明显大于表 6.2 的基准估计。此外,在该国家组别中老龄化系数与老年抚养比之间的估计系数差距拉大,可能是由于一部分劳动收入份额挤占效应被底部老龄化承担(尽管少儿抚养比估计系数仍不显著)。这说明,在已步入老龄化社会的国家中,劳动市场的疲软态势存在已久,人口老龄化以顶部加重为主、底部加重为辅的态势显现出其长期影响力,持续降低劳动收入份额(Irmen,2021)。

表 6.6　不同年龄结构老龄化影响功能性收入分配的差异

变量	（1）	（2）	（3）	（4）
	老年型国家		年轻型国家	
ln（老龄化系数）	−0.3224** (0.1363)		−0.0046 (0.0915)	
ln（老年抚养比）		−0.2812** (0.1145)		−0.0003 (0.0900)
ln（少儿抚养比）		0.0552 (0.0726)		0.0159 (0.1066)
控制变量	控制	控制	控制	控制
国家和年份固定效应	控制	控制	控制	控制
观测值	1215	1215	1225	1225
R^2	0.9158	0.9159	0.9526	0.9526

注：括号内为国家层面的聚类稳健标准误，** 表示 5%的显著性水平。控制变量选取与基准回归保持一致，估计结果略去。

3. 国际组织与论坛

进一步地，基于具有国际影响地位与全球经济代表性的常见国际组织与论坛，对是否隶属于经合组织（OECD）、欧盟（EU）、二十国集团（G20）展开异质性检验。

表 6.7 第二、三行的结果显示，无论是否属于 OECD 成员国，人口老龄化均对劳动收入份额产生显著的负向影响。相对而言，OECD 成员国的人口老龄化挤占劳动收入份额的效应与全样本几近相等，顶部老龄化的负向影响却明显减弱。这可能与 OECD 成员国近年来低生育率有关，即使少儿抚养比下降产生的劳动收入份额减少效果不显著，老年抚养比上升对于劳动收入份额降低的诠释力也无可避免地被稀释弱化。

然而，EU 成员国展现出不同的影响效应。表 6.7 中间两行的结果显示，老龄化系数与老年抚养比的增大仅能显著降低非 EU 国家的劳动收入份额。而在 EU 成员国，少儿抚养比一反常态地对劳动收入份额产生抑制作用，意味着生育率走低导致的底部老龄化反而可能提高 EU 成员国的劳动收入份额。一个可能的解释是，基于生育"数量-质量"替代理论，少儿抚养比最低的 EU 成员国更注重子代教育质量，通过教育水平的提升显著增加劳动收入份额（Guo et al.，2018；Çelik，2022）。此外，未来的潜在教育支出与强烈的预防性储蓄动机可能激励工人增加工作时间，进而引起劳动收入与其所占份额的增长（İmrohoroğlu and Zhao，2018）。

G20 成员的异质性表现又有所不同。表 6.7 最后两行的结果显示，仅在 G20 成员[①]样本中，老龄化系数和老年抚养比增大对劳动收入份额减少有显著促进作用，少儿抚养比正向影响劳动收入份额。此外观察 G20 成员样本的回归系数，老龄化系数产生的负面效应虽较全样本有较大增强，但老年抚养比的负面影响仅有小幅提升，这是由于少儿抚养比的降低分担了一部分劳动收入份额减少。这表明至少在 2008 年及以后的 G20 成员中，寿命延长和生育率下降驱动的人口老龄化均能降低劳动收入份额，具体地，寿命延长（老年抚养比）所产生的负面效应略大于生育率下降（少儿抚养比），而老龄化系数受这两个驱动因素的综合影响，对劳动收入份额的挤占效应被明显放大。

表 6.7　不同国际组织与论坛老龄化影响功能性收入分配的差异

国际组织与论坛	解释变量			观测值	R^2 ①/②
	①ln（老龄化系数）	②ln（老年抚养比）	②ln（少儿抚养比）		
OECD 成员国	−0.1537** (0.0698)	−0.1151* (0.0624)	0.0423 (0.0805)	740	0.9734/0.9732
非 OECD 国家	−0.1444* (0.0826)	−0.1433* (0.0779)	0.0358 (0.0778)	1176	0.9398/0.9400
EU 成员国	−0.0219 (0.1023)	−0.0334 (0.0836)	−0.1336* (0.0717)	676	0.9336/0.9366
非 EU 国家	−0.1493* (0.0815)	−0.1455* (0.0742)	0.0427 (0.0795)	1243	0.9430/0.9432
G20 成员	−0.2232*** (0.0802)	−0.1628** (0.0683)	0.1122** (0.0543)	459	0.9846/0.9848
非 G20 国家	−0.1192 (0.0839)	−0.1253 (0.0782)	−0.0010 (0.0841)	1459	0.9463/0.9465

注：（1）①、②代表包含该解释变量的不同计量模型所汇报的估计系数与 R^2；（2）表中皆为控制国家与年份固定效应、已包含控制变量的双向固定效应模型回归，控制变量选取与基准回归保持一致，估计结果略去；（3）括号内为国家层面的聚类稳健标准误，*、**、*** 分别表示 10%、5%、1%的显著性水平。

———————————

① 2008 年金融危机爆发后，二十国集团才受到国际重视，被认为是以主要发达经济体与新兴经济体为首、加强国际经济合作的主要论坛。因此，本节将 2008 年及以后的 G20 成员分为一组（G20 成员），非 G20 成员及 2008 年以前的所有国家为另一组（非 G20 国家）。

第三节　世界老龄化影响收入差距的实证检验

一　模型设定与变量说明

本节模型设定如下：

$$Disparity_{it} = \alpha + \beta Ager_{it} + \gamma Z_{it} + \mu_i + \nu_t + \varepsilon_{it} \tag{6.3}$$

$$Disparity_{it} = \alpha + \beta_1 Odep_{it} + \beta_2 Ydep_{it} + \gamma Z_{it} + \mu_i + \nu_t + \varepsilon_{it} \tag{6.4}$$

其中，下标 i、t 分别表示国家与年份。$Disparity$ 为收入差距指标，以基尼系数或帕尔玛比值衡量，是规模性收入分配的代理变量。通过模型（6.3）、模型（6.4）考察人口老龄化与收入差距的关系时，由于帕尔玛比值取值偏小（大多处于 10 以内），核心变量便统一取水平值。控制变量选取与上一节相同，不再赘述。

二　实证检验结果与讨论

（一）基准估计结果

基于双向固定效应模型，表 6.8 显示无论是以基尼系数还是以帕尔玛比值衡量收入差距，老龄化系数与老年抚养比均能显著扩大各国收入差距。具体地，老龄化系数与老年抚养比取值每增加 1 个单位，基尼系数分别显著提高 0.5244 个单位、0.2770 个单位，帕尔玛比值分别显著增大 0.1927 个单位、0.0949 个单位，老年抚养比的影响效应基本维持在老龄化系数的一半左右。以全样本均值诠释其所代表的经济学意义，即每百人中多增加 1 个老年人，或者每百个劳动人口多抚养 1 个老年人，国内实际收入分配与完全平等状态之间的差距将分别拉大 0.93%、0.49%，国内 10% 的最高收入群体与 40% 的最低收入群体之间分享的收入比例差异将分别增大 3.03%、1.49%。[①]

---

① 老龄化系数每增大 1 个单位，意味着老年人口占总人口的比重 +1，即每百人中多增加 1 个老年人，那么平均而言，基尼系数将提高 0.5244/56.44（全样本均值）= 0.93%，帕尔玛比值（顶部 10% 与底部 40% 收入人口的总收入比值）将增大 0.1927/6.36（全样本均值）= 3.03%。老年抚养比的估计系数所代表的经济学意义同理计算。

表 6.8　世界老龄化影响规模性收入分配的基准回归

变量	（1）	（2）	（3）	（4）
	基尼系数		帕尔玛比值	
老龄化系数	0.5244 *** （0.1857）		0.1927 * （0.1078）	
老年抚养比		0.2770 *** （0.1047）		0.0949 * （0.0569）
少儿抚养比		0.0056 （0.0418）		0.0119 （0.0218）
控制变量	控制	控制	控制	控制
国家和年份固定效应	控制	控制	控制	控制
观测值	3246	3246	3246	3246
R^2	0.9440	0.9439	0.9069	0.9069

注：括号内为国家层面的聚类稳健标准误，＊、＊＊＊分别表示 10%、1% 的显著性水平。控制变量选取与表 6.2 基准回归保持一致，估计结果略去。

从收入分布角度来看，表 6.9 表明人口老龄化显著降低底层 50%、中间 40% 收入群体所占收入份额，而提高顶层 10% 收入群体所占收入份额。可以看出，单位老龄化系数增量使得底层 50%、中间 40%、顶层 10% 收入群体所占收入份额分别减少 0.2674 个单位、减少 0.2714 个单位、增加 0.5389 个单位，老年抚养比仍然具有老龄化系数一半左右的影响效应。这说明，人口老龄化会挤占中低收入群体所占收入份额，扩充高收入群体所占收入份额，从而扩大收入差距。与 Hwang 等（2021）认为老年人口占比增加会使家庭间收入分配更加分散、Li 等（2021）认为包括老龄化在内的人口结构变化更偏向于挤压低收入人群的收入份额等研究结论相互佐证。

表 6.9　世界老龄化对各国收入分布的影响

变量	（1）	（2）	（3）	（4）	（5）	（6）
	底层 50% 收入群体 所占收入份额		中间 40% 收入群体 所占收入份额		顶层 10% 收入群体 所占收入份额	
老龄化系数	-0.2674 ** （0.1037）		-0.2714 ** （0.1140）		0.5389 *** （0.1893）	
老年抚养比		-0.1447 ** （0.0598）		-0.1335 ** （0.0626）		0.2783 *** （0.1032）
少儿抚养比		-0.0012 （0.0217）		-0.0104 （0.0285）		0.0116 （0.0452）

续表

变量	（1）	（2）	（3）	（4）	（5）	（6）
	底层50%收入群体 所占收入份额		中间40%收入群体 所占收入份额		顶层10%收入群体 所占收入份额	
控制变量	控制	控制	控制	控制	控制	控制
国家和年份固定效应	控制	控制	控制	控制	控制	控制
观测值	3246	3246	3246	3246	3246	3246
R^2	0.9415	0.9415	0.9188	0.9187	0.9400	0.9399

注：括号内为国家层面的聚类稳健标准误，** 、*** 分别表示5%、1%的显著性水平。控制变量选取与表6.2基准回归保持一致，估计结果略去。

（二）稳健性检验

以基尼系数代表的收入差距指标为例，同样使用工具变量估计法（IV）、系统GMM估计法、Winsorize缩尾处理法进行稳健性检验。表6.10的估计结果表明，老龄化系数与老年抚养比的估计系数依然显著为正，其数值虽较基准回归发生略微变化，但老龄化系数的收入差距扩大效应基本为老年抚养比的2倍，说明人口老龄化扩大全球收入差距的核心结论具有稳健性和可靠性。

表6.10　世界老龄化影响规模性收入分配的稳健性检验

变量	（1）	（2）	（3）	（4）	（5）	（6）
	IV		系统 GMM		Winsorize	
老龄化系数	0.4936*** （0.1879）		0.4699* （0.2413）		0.5955*** （0.1968）	
老年抚养比		0.2640** （0.1062）		0.3189** （0.1446）		0.3362*** （0.1176）
少儿抚养比		0.0049 （0.0442）		-0.0464 （0.0456）		0.0016 （0.0415）
基尼系数的滞后一期项			0.9441*** （0.0169）	0.9351*** （0.0217）		
控制变量	控制	控制	控制	控制	控制	控制
国家和年份固定效应	控制	控制	控制	控制	控制	控制
观测值	3246	3246	3116	3116	3246	3246
R^2	0.0703	0.0690			0.9447	0.9446
AR（1）检验			0.0000	0.0000		

续表

变量	（1）	（2）	（3）	（4）	（5）	（6）
	IV		系统 GMM		Winsorize	
AR（2）检验			0.3995	0.4000		
Hansen 检验			0.1712	0.1681		

注：括号内为国家层面的聚类稳健标准误，＊、＊＊、＊＊＊ 分别表示 10%、5%、1% 的显著性水平。控制变量选取与表 6.2 基准回归保持一致，估计结果略去。

　　此外，更换收入差距指标资料来源进行额外的稳健性检验。参考蓝嘉俊等（2014），使用 World Income Inequality Database（WIID 数据库）的基尼系数与帕尔玛比值测算各国收入差距后进行回归。WIID 数据库是由联合国大学世界发展经济研究机构（UNU-WIDER）测算整理的发达国家、发展中国家和转型国家的内部收入差距数据，最新版本包含 1950~2020 年 200 个经济体的收入差距数据。表 6.11 的回归结果显示，即使由于数据测算口径与连续年份的变化，估计系数存在较大变化，但人口老龄化依然对收入差距具有显著正向影响，老年抚养比的影响效应保持在老龄化系数的一半左右，核心结论仍然稳健可靠。

表 6.11　更换收入差距指标资料来源的回归结果

变量	（1）	（2）	（3）	（4）
	基尼系数（WIID）		帕尔玛比值（WIID）	
老龄化系数	1.1660＊＊＊ （0.3056）		0.1102＊＊ （0.0472）	
老年抚养比		0.6645＊＊＊ （0.1725）		0.0642＊＊ （0.0253）
少儿抚养比		0.1146＊＊ （0.0564）		0.0143 （0.0123）
控制变量	控制	控制	控制	控制
国家和年份固定效应	控制	控制	控制	控制
观测值	1886	1886	1774	1774
R^2	0.8687	0.8719	0.7300	0.7316

注：括号内为国家层面的聚类稳健标准误，＊＊、＊＊＊ 分别表示 5%、1% 的显著性水平。控制变量选取与表 6.2 基准回归保持一致，估计结果略去。

（三）异质性分析

　　以基尼系数代表的收入差距指标为例，同样以收入水平、老龄化程度、是否为国际组织与论坛进行分组检验与异质性分析。表 6.12 显示，与前文劳动收入份额所呈现结果类似的是，老龄化系数与老年抚养比只显著扩大高收入国家、老年型国家的收入差距，符合 Manyika 等（2019）关于外部因素影响下劳动收入份额萎缩与收入差距加大往往同时发生的观点。

国际组织与论坛的异质性检验与劳动收入份额章节结果略有差异。首先，老龄化系数与老年抚养比只显著扩大非 OECD 国家的收入差距，与非 EU 国家的分样本检验结果类似。该结果从表 6.13 的核心变量均值中初见端倪，即 OECD 与 EU 成员国的基尼系数与老龄化代理变量均值相近，非 OECD 与非 EU 国家的收入差距与老龄化程度相当，从而两类分样本具有相似的回归结果。其次，EU 成员国的生育率下降会缓解国民劳动收入份额下降趋势，却会扩大国内收入差距。结合前述老龄化对收入分布各部分的影响效应，可以认为 EU 成员国生育率降低虽然有助于其国民劳动收入份额提高，但这种增长效应仅限于高收入群体，而中低收入群体的收入份额则不增反减，所以最终表现为：在 EU 成员国内，生育率不足导致的底层人口老龄化虽然能增加劳动收入份额，却也使得收入差距扩大。最后，按 G20 区分的样本回归结果不甚显著。结合劳动收入份额的异质性检验与 OECD 的分样本结果，说明 OECD 与 G20 成员中人口老龄化产生的收入分配影响主要集中在功能性方面，对规模性收入分配的影响尚不明显。

表 6.12　世界老龄化影响收入差距的异质性分析

国家类型	解释变量			观测值	$R^2$①/②
	①老龄化系数	②老年抚养比	②少儿抚养比		
高收入国家	0.4003 * (0.2109)	0.1899 * (0.1122)	0.0173 (0.0643)	1200	0.9598/0.9596
低收入国家	0.4038 (0.3385)	0.2895 (0.2160)	-0.0221 (0.0490)	2046	0.8874/0.8876
老年型国家	0.6594 *** (0.1600)	0.3684 *** (0.0944)	-0.0744 (0.0703)	1502	0.9474/0.9475
年轻型国家	0.3369 (0.6676)	0.1851 (0.3973)	-0.0183 (0.0528)	1744	0.8662/0.8662
OECD 成员国	0.1957 (0.1485)	0.0574 (0.0789)	-0.2163 (0.1320)	834	0.9577/0.9590

续表

国家类型	解释变量			观测值	R^{2}①/②
	①老龄化系数	②老年抚养比	②少儿抚养比		
非 OECD 国家	0.6758** (0.2652)	0.4221** (0.1686)	-0.0342 (0.0465)	2410	0.9106/0.9106
EU 成员国	0.2991 (0.2612)	0.1607 (0.1499)	-0.2128** (0.0993)	676	0.8546/0.8588
非 EU 国家	0.4855** (0.2134)	0.2641** (0.1191)	-0.0162 (0.0479)	2532	0.9157/0.9155
G20 成员	-0.1118 (0.2850)	-0.0204 (0.1376)	-0.1570 (0.1294)	461	0.9810/0.9812
非 G20 国家	0.3579 (0.2629)	0.1702 (0.1596)	0.0338 (0.0394)	2785	0.9483/0.9484

注：（1）①、②代表包含该解释变量的不同计量模型所汇报的估计系数与 R^2；（2）表中皆为控制国家与年份固定效应、已包含控制变量的双向固定效应模型回归，控制变量选取与表 6.2 基准回归保持一致，估计结果略去；（3）括号内为国家层面的聚类稳健标准误，*、**、*** 分别表示 10%、5%、1%的显著性水平。

表 6.13　按国际组织与论坛分的基尼系数与人口老龄化均值

单位：%

国际组织与论坛	基尼系数	老龄化系数	老年抚养比	少儿抚养比
OECD 成员国	47.12	15.09	22.73	27.65
非 OECD 国家	59.66	6.38	10.00	54.75
EU 成员国	45.07	16.21	24.28	25.09
非 EU 国家	59.64	6.48	10.16	54.18
G20 成员	50.42	15.23	22.98	27.03
非 G20 国家	57.43	7.52	11.66	51.22
全样本	56.44	8.62	13.27	47.78

第四节　本章小结

过去 50 年，整个世界的人口形态一直朝着老龄化演进，"银发浪潮"影响了世界各国的经济生活。本章简要分析世界老龄化发展特征，进而利用 2000~2019 年全球 126 个以上国家和地区的大样本面板数据，检验人口老龄化对劳动收入份额与收入差距的影响，得出如下研究结论。

第一，在全球范围内，人口老龄化程度增大显著导致劳动收入份额降低与收入差距扩大，经稳健性检验后结论仍然成立。具体而言，以寿命延长驱动的顶部老龄化贡献了绝大部分的劳动收入份额挤压效应，老年抚养比对于收入差距的正向影响效应基本维持在老龄化系数的一半左右。

第二，人口老龄化会通过挤占中低收入群体所占收入份额，扩充高收入群体所占收入份额，加大国内收入差距。

第三，根据不同收入水平与老龄化程度划分，老龄化系数与老年抚养比只在高收入与老年型国家中存在显著的劳动收入份额降低效应与收入差距扩大作用。

第四，根据是否位处不同国际组织与论坛划分，人口老龄化整体上对非国际组织与论坛的收入分配影响更为明显。此外，OECD 成员国的少儿抚养比降低会稀释老年抚养比的劳动收入份额挤压效应，EU 成员国的少儿抚养比降低能提高国民劳动收入份额同时扩大国内收入差距。

性别比失衡与收入分配

第七章　性别比失衡、婚姻匹配
与劳动力市场

第一节　引言

多数文献认为，我国出生性别比长期偏高是由独生子女政策背景下男孩偏好的观念以及性别鉴定技术下的选择性堕胎等因素的综合影响所导致的（Murphy，2003；Li and Zheng，2009；Ebenstein，2010，2011；Bulte et al.，2011；Li et al.，2011；Chen et al.，2013；Edlund and Lee，2013；Loh and Remick，2015；穆光宗等，2007；陈卫、翟振武，2007）。

目前多数文献集中于分析我国性别比失衡的原因，而对于性别比失衡引起的经济社会后果的讨论相对较少。既有文献主要从"竞争性储蓄"（Wei and Zhang，2011b）、犯罪率（Edlund et al.，2013）、婚姻匹配模式和家庭议价能力（Du et al.，2015；Porter，2016；王临风等，2018）、创业（Wei and Zhang，2011a；Chang and Zhang，2015）等角度进行分析。由于性别比的变化通常很小（一般出生性别比稳定在 1.05～1.07），观察到的性别比与经济社会变量的关系可能由于遗漏变量和反向因果的原因而不准确（Angrist，2002），利用性别比的变化研究其对婚姻匹配和劳动力市场的影响通常是较困难的。因此，既有文献通常使用战争、种族移民和屠杀等对性别比造成的外生冲击来考察性别比变化的经济社会影响后果（Angrist，2002；Abramitzky et al.，2011；Francis，2011；Bethmann and Kvasnicka，2013；Mattina，2017）。

本章首次评估性别比失衡对出生人口的婚姻匹配与劳动力市场表现的

影响。本章研究特色主要体现在以下三个方面。第一，相比于已有的国际文献（Angrist，2002；Chiappori et al.，2002；Amuedo-Dorantes and Gross-bard-Shechtman，2007；Abramitzky et al.，2011；Rapoport et al.，2011；Mattina，2017），本章是在一个最大的发展中国家持续城市化的背景下研究性别比失衡对婚姻匹配与劳动力市场表现的影响，实证研究不仅区分性别差异，更重要的是，还分别考虑城乡和教育的区别。同时发现，性别比失衡对农村和城市人群产生截然不同的影响，而且这种差异可以通过城乡经济差异和传统文化习俗等中国特有的因素来解释。这些研究结果都是对已有文献的补充与扩展。第二，相比于类似研究主题的考察中国的文献（Du et al.，2015；Porter，2016；王临风等，2018），本章的不同之处在于将所选样本限定为出生于1978~1992年的人口，评估性别比失衡对该时期出生人口的婚姻匹配与劳动力市场表现的影响。已有文献所选取样本年龄区间太大，无法满足性别比外生冲击的前提，并且这些文献中关注性别比失衡对劳动力市场表现（如小时工资、是否创业）的影响的讨论较少。第三，性别比失衡会给整体经济社会发展带来不利影响，但也会在局部范围激发男性企业家精神，本章提供了相应的经验证据（Wei and Zhang，2011a；Chang and Zhang，2015）。

第二节　性别比失衡影响婚姻匹配与劳动力
市场表现的文献综述

研究性别比失衡对婚姻匹配与劳动力市场表现的影响的文献主要包括理论与经验研究两部分，本节将分别对相关文献展开评述。

性别比失衡对婚姻市场具有直接的影响。适婚男性人口与女性人口数量上的失衡直接影响一方找到配偶的概率，此外数量短缺的一方因为有更多其他的选择，将会更少地依赖他们的伴侣，相反数量过剩的一方将会更依赖他们的伴侣，那么数量短缺的一方在婚姻市场上将拥有更多的优势。

Becker（1981）关于婚姻与家庭形成的模型为分析性别比变化的后果提供了一个基本框架。Becker认为性别比是决定男女婚姻前景以及婚姻收益分布的关键变量，并且婚姻市场条件是决定家庭资源配置及家庭成员议价能力的一个重要因素。该模型表明性别比变化会影响结婚率以及家庭收入，具体而言，性别比提高会提高男性对妻子的需求，这会提高女性的结婚率以及女性的收入，增加男性转移给女性的"剩余"。这种收入效应会使女性选择更多的闲暇，最终使女性劳动供给下降；相反，性别比提高会增加男性劳动供给，使男性变得更加有"效率"。

在 Becker（1981）的基础上，Grossbard-Shechtman（1984）对婚姻理论以及劳动力市场做了更全面的联系。他认为，可以将妻职视为能够提供一种具有市场替代性（market substitutes）的"家庭生产"（home-production）的工作，性别比提高会增加对妻职这种"家庭生产"的需求，这会增加"家庭生产"的"影子工资"，因此会降低女性在家庭之外的劳动参与率。另外，"家庭生产"的工资变化也同样会影响未婚女性的劳动供给。因为在高性别比环境下劳动的未婚女性，在面临增加的婚姻需求时会更早地选择结婚，这会使她们降低劳动供给，在劳动技能上投入更少。Chiappori 等（2002）则提供了一个分析婚姻市场条件和离婚法案对家庭劳动供给影响的理论框架，将婚姻市场的性别比和离婚法案视为两个"分配因子"（distribution factors），并假设其能够影响家庭成员的议价能力，但是不会影响偏好或者预算集。这一家庭决策模型表明，当性别比变化使婚姻市场条件更有利于女性时，女性在家庭内部的议价能力会提高，并且由于女性可以分配更多资源所带来的收入效应，女性的劳动参与率会下降。

以上理论分析的共同之处在于，性别比提高会增加男性对妻子的需求，并且通过增加"剩余"、增加对"家庭生产"的需求或提高女性议价能力所带来的收入效应而使女性的结婚率上升和劳动参与率下降。

接下来对经验研究部分进行评述。关于性别比失衡对婚姻匹配影响的经验研究大都表明，性别比提高会提高女性结婚的可能性，并使女性更有可能向上匹配，而对于男性则相反。Angrist（2002）利用移民流入数量作为一个自然实验，研究性别比对移民后代（子辈和孙辈）的影响。由于第二代移民通常是同族结婚的，并且移民群体一般是男性偏多的，移民流入会影响第二代移民的婚姻市场。利用 1910～1940 年美国人口普查数据，以 20～35 岁男性数量与 18～33 岁女性数量的比值作为性别比指标，Angrist（2002）的实证结果表明移民性别比提高会显著提高女性结婚的可能性，并且对于女性劳动参与率也有显著负向影响。然而移民性别比提高也会提高男性结婚的可能性，这可能是由于更高的性别比使得男性获得更高的收入。与 Angrist（2002）研究的不同之处在于，本章根据中国城市化进程的背景考虑性别比失衡对农村和城市的影响差别，所得结论是对其结论的扩展和补充。此外本章分男性与女性样本考察所得结果与 Angrist（2002）的研究不尽相同，这不仅提供了一个关于中国的经验证据，也丰富了这支文献。

Abramitzky 等（2011）利用第一次世界大战对法国男性数量的外生负向冲击，分析男性数量短缺对婚姻市场正向同类匹配（assortative matching）的影响。他们利用双重差分模型研究的结果发现，战争死亡率越高的地区，战后男女性别比越低，该地区的男性越不可能与处于较低社会阶层的女性结婚，并且男性比女性更有可能结婚，此外非婚生子女数量增加，离婚率下降，年龄差缩小。这些发现说明男性由于变得短缺而提高了他们在婚姻市场上的相对地位。1994 年的内战和大屠杀使卢旺达的男性人口急剧下降，男女性别比显著下降。Mattina（2017）利用 2005 年卢旺达人口与健康调查数据，采用双重差分方法研究了由于种族灭绝导致的人口结构变化是如何影响家庭暴力以及其他衡量婚姻匹配质量的变量。结果发现那些在屠杀之后性别比下降更厉害的省份中结婚的女性更容易成为异性伴侣暴力的受害者，并且这些女性更有可能与受教育程度比其低的男性结婚，在家庭决策方面也更不具备发言权。

关于性别比失衡对劳动力市场表现的影响的经验研究大都表明，性别比提高会提高女性议价能力，降低女性劳动参与率与工作时间，而对于男性则相反。Chiappori 等（2002）利用 1988 年美国家庭收入动态追踪调查数据（PSID）研究发现，当地性别比水平与男性工作时间显著正相关，与女性工作时间显著负相关，具体而言，性别比每提高 1 个百分点，会使男性每年工作时间提高 45 小时，而使女性每年工作时间降低 17.9 小时。Amuedo-Dorantes 和 Grossbard-Shechtman（2007）利用 1965~2005 年美国人口普查数据（CPS），采用出生队列性别比数据以排除劳动移民的影响，在控制其他可能影响劳动参与率的因素以及时间效应下，发现出生于婴儿潮（baby-boom）时期的女性，当 20 年后她们进入婚姻市场时面临较低的性别比，她们的劳动参与率显著高于那些出生于人口低潮期（baby-bust）的女性。1995~2005 年 30~34 岁已婚女性出生于人口低潮期（面临较高的性别比），其劳动参与率下降了 3.5 个百分点。Rapoport 等（2011）拓展了 Chiappori 等（2002）的集体家庭决策模型，即将家庭内的工作（非市场劳动时间）也视为劳动供给，采用 1998~1999 年法国居民时间用途调查数据（French Time Use Survey），发现性别比提高对女性工作时间有负向影响，而对男性工作时间有正向影响。然而这些文献均没有考察性别比失衡对小时工资和创业的影响，本章关于教育与城乡差异的考察丰富了该领域的研究结论。

目前也有一些文献在中国情境下考察性别比失衡对婚姻匹配和劳动参与的影响。郭志刚和邓国胜（1995）通过构建婚姻市场理论模型表明性别比失衡会造成婚姻挤压的社会问题，并且生育率的迅速下降会使这一压力骤增。李树茁等（2006）利用我国 2000 年人口普查数据，研究表明男孩偏好导致的性别比失衡会使未来婚姻市场挤压程度显著提高。本章通过微观调查数据考察性别比失衡对微观个体在婚姻市场上的影响，所采用的分析视角与郭志刚和邓国胜（1995）以及李树茁等（2006）不同。Du 等（2015）利用 2006 年中国综合社会调查（CGSS）数据，考察中国婚姻市场上性别比失衡对婚姻匹配模式的影响，结果发现性别比失衡会使女性更有可能向上匹配（采用父母财富差距、个人收入差距等来衡量），并且性别比失衡也提高了女性在婚后家庭内部的议价能力（包括做家务的频率、对孩子教育和购买贵重物品的话语权）。Porter（2016）利用中国健康与营养调查（CHNS）数据考察性别比对婚姻决定以及家庭内部资源配置的影响，结果发现性别比提高会提高女性婚后议价能力，她们的儿子会更健康，而男性会推迟结婚并且消费更少的烟草和酒。王临风等（2018）利用 2005 年人口抽样调查数据研究发现性别比失衡显著提高了男性劳动参与的概率，也显著降低了女性劳动参与的概率，并且这是由于性别比失衡对男性产生婚姻挤压以及使女性获得更大的家庭议价能力所导致。由于所选取的样本人口的出生年份均涵盖非常大的范围[①]，这些文献无法评估性别比

---

① 譬如 Du 等（2015）选取出生于 1936~1988 年的人口，Porter（2016）选取出生于 1932~ 1981 年的人口，王临风等（2018）选取出生于 1960~1987 年的人口。

失衡对 1978~1992 年出生人口的婚姻匹配与劳动力市场表现的影响。此外，这些文献也没有考察性别比失衡对小时工资和是否创业的影响。

第三节　性别比失衡影响婚姻匹配与劳动力市场表现的实证设计

图 7.1 刻画了我国 1950~2015 年出生性别比的变化趋势，从中可以看出，我国出生性别比在 20 世纪 70 年代以前处于自然均衡水平，而伴随着 70 年代末独生子女政策的实施，出生性别比开始攀升，并且在 2004 年达到峰值（1.212），此后有所下降。出生于 1978~1992 年的人口在 2013 年正步入其劳动力市场参与和婚姻形成的黄金时期，本章将考察性别比失衡对这一时期出生人口婚姻匹配与劳动力市场表现的影响。

图 7.1　中国出生性别比变化趋势

资料来源：联合国人口计划署、国家卫计委，1950~2015 年。

一　计量模型设定

根据上一节关于性别比失衡影响婚姻匹配与劳动力市场表现的文献评述，本节将所考察的被解释变量划分为两类：婚姻匹配变量指标和劳动力市场表现变量指标。其中，婚姻匹配变量指标包括是否已婚、夫妇年龄差异、夫妇家庭背景差异；劳动力市场变量指标包括劳动参与、小时工资、年总工时、年总收入和是否创业。

估计方程如下式：

$$Y_{icb} = \alpha_0 + \alpha_1 SR_{cb} + \beta X_{icb} + \mu_c + \gamma_b + \varepsilon_{icb}$$ （7.1）

式（7.1）中，下标 i、c、b 分别表示受访个体、所在地级市和出生年份；Y_{icb} 是被解释变量，包含上述婚姻匹配与劳动力市场表现变量指标；SR_{cb} 是 c 地级市 b 年出生的人口所对应的婚姻市场的性别比指标，是本章的核心解释变量；X_{icb} 是一系列关于个体特征的控制变量，包括性别、年龄、户口、受教育程度、民族、是否为党员、健康程度、家庭人均年收入和家庭规模；μ_c 是地级市固定效应；γ_b 是出生年份固定效应；ε_{icb} 是随机扰动项。采用聚类稳健标准误，标准误聚类到地级市层面。

在估计方程中，地级市固定效应可以控制不可观测的不随时间变化且与解释变量相关的地级市层面的影响因素，如传统文化、性别偏好强度等；出生年份固定效应可以控制不随地级市变化的不同年份出生人群在婚姻家庭和工作上的态度差异；估计方程中的年龄变量是与其出生年份一一对应的，在截面数据中这相当于控制了时间趋势，可以剥离样本期内文化观念变迁对婚姻匹配与劳动力市场表现的影响。

二　数据、变量与描述性统计

这里采用 2013 年中国家庭收入调查（CHIP）和第五次全国人口普查数据，考察性别比失衡对这一时期出生的男性和女性在婚姻匹配与劳动力市场表现上的影响。第五次全国人口普查登记以 2000 年 11 月 1 日 0 时（北京时间）为标准时间，登记对象是具有中国国籍并在中国境内（大陆）常住的人口。本章使用的是 2000 年第五次全国人口普查长表数据的 0.95% 样本，大约 118 万人。2000 年第五次全国人口普查数据的大样本性质使本章能够构造各地级市各年龄区间有代表性的性别比指标。2013 年中国家庭收入调查（CHIP）的样本来自国家统计局 2013 年城乡一体化常规住户调查大样本库，覆盖 31 个省区市的 16 万户居民。中国家庭收入调查（CHIP）项目组按照东部、中部、西部地区分层，根据系统抽样方法抽取得到 CHIP 样本。2013 年中国家庭收入调查（CHIP）样本覆盖了从 15 个省份 126 城市 234 个县区抽选出的 18948 个住户样本和 64777 个个体样本，其中包括 7175 户城镇住户样本、11013 户农村住户样本和 760 户外来务工住户样本。

在样本选取上，本章仅选取了 2013 年 CHIP 数据的城镇住户和农村住户样本，并且根据独生子女政策实施时间和所选取样本应处于婚姻形成和劳动力市场参与的黄金时期的需求，本章将样本限定为出生于 1978~1992 年的人口。此外，本章将城镇住户样本和农村住户样本合并以扩大样本量，并以是否为非农户口作为区分。

首先，本章的核心解释变量（性别比指标）是根据 2000 年第五次全国人口普查微观数据推算得到的各地级市相应出生年份人口所对应的性别比。对于出生于 1978~1992 年的人口，由于本市婚姻较为常见，此处将婚姻市场的边界设定为地级市，这也使计算的性别比指标相对于采用省份作为婚姻市场边界计算的性别比指标更具有变异性。地级市层面的性别比未将城市和农村人口所面临的性别比进行区分，这使得考察婚姻梯度匹配成为可能，因为农村女性可能会嫁到城市而使城市男性面临的性别比失衡有所减轻，城市男性受到影响较小，反之农村男性则受到较大影响。由于婚姻一般发生在当地人口之间，本章在计算性别比指标时剔除了流动人口。在考察婚姻匹配与劳动力市场表现时本章也仅使用非流动人口样本，并且 1978~1992 年出生的人口在 2000 年时大多处于婚前年龄阶段，因此采用 2000 年第五次全国人口普查数据推算性别比能够较好地度量 1978~1992 年出生人口在婚姻市场上所面临的性别比水平。考虑到同一出生年份的男女之间互动的机会最多，并且年龄相邻人群也可能会在婚姻市场上相互竞争，此处根据"男与女同岁，相邻 2 岁的人口在婚姻市场上相互竞争"计算性别比指标。例如，c 地级市 b 年出生的人口所对应的婚姻市场的性别比为：

$$SR_{cb} = (M_{c,b-2} + M_{c,b-1} + M_{c,b} + M_{c,b+1} + M_{c,b+2}) / (F_{c,b-2} + F_{c,b-1} + F_{c,b} + F_{c,b+1} + F_{c,b+2}) \quad (7.2)$$

式（7.2）中，SR_{cb} 是 c 地级市 b 年出生的人口所对应的婚姻市场的性别比指标，$M_{c,b}$ 表示 c 地级市 b 年出生的男性人口数量，$F_{c,b}$ 表示 c 地级市 b 年出生的女性人口数量。由于此性别比指标是根据"男与女同岁"的假设计算，因此 c 地级市 b 年出生的男性和女性所对应的性别比指标相同。此外，根据"男与女同岁，相邻 3 岁的人口在婚姻市场上相互竞争"和"男比女大 1 岁，相邻 2 岁的人口在婚姻市场上相互竞争"分别计算性别比的稳健性指标。由于所计算的性别比指标有极端值，本节对性别比变量在 1% 的水平下进行 Winsorize 缩尾处理，并且保留原始性别比指标作为稳健性检验。

其次，被解释变量以及其他控制变量均来自 2013 年中国家庭收入调查（CHIP）数据。（1）是否已婚，婚姻状况为初婚、再婚、同居、离异、丧偶的取值为 1，婚姻状况为未婚的取值为 0；（2）夫妇年龄差异，即丈夫年龄−妻子年龄，并且将有一方年龄低于法定结婚年龄的夫妇样本剔除；（3）夫妇家庭背景差异，即丈夫家庭背景−妻子家庭背景，家庭背景采用父母的最高受教育年限衡量（雷晓燕等，2015）；（4）劳动参与，将就业情况为就业、失业/待业、在产假/哺乳假/长病假的视为有劳动参与（取值为 1），将家务劳动者、其他不工作/不上学的成员视为没有劳动参与（取值为 0），并且剔除离退休/退休人员和在校学生样本；（5）小时工资，采用年工作收入与年工作小时数的比值计算，取自然对数；（6）是否创业，将就业身份是雇主或自营劳动者视为创业。对于控制变量，均剔除缺失值和异常值样本。

本章性别比指标是利用 2000 年第五次全国人口普查数据根据地级市和出生年份两个维度进行计算的，因此根据地级市和出生年份两个维度将性别比指标匹配到 2013 年中国家庭收入调查（CHIP）数据中，共包含对 127 个地级市出生于 1978~1992 年的人口的匹配。表 7.1 给出了变量描述性统计，各变量存在较大变异性，满足经验分析之需。

表 7.1　性别比、婚姻匹配、劳动力市场表现等变量的统计信息

变量	定义及单位	观测值	均值	标准差	最小值	最大值
是否已婚	已婚为 1，否则为 0	12810	0.654	0.476	0	1
夫妇年龄差异	丈夫年龄-妻子年龄，岁	5090	1.502	2.844	−15	25
夫妇家庭背景差异	丈夫父母的最高受教育年限-妻子父母的最高受教育年限，年	2392	0.087	3.596	−16	16
劳动参与	劳动参与为 1，否则为 0	11909	0.902	0.297	0	1
小时工资	小时工资，元	9446	17.253	112.533	0.138	10000
年总工时	年工作小时数，时	9529	2191	731	2.500	8640
年总收入	年工作收入，元	9462	31226	24288	110	800000

续表

变量	定义及单位	观测值	均值	标准差	最小值	最大值
是否创业	创业为1，否则为0	9534	0.101	0.301	0	1
性别比	男女同岁邻2岁竞争	12090	1.111	0.163	0.724	1.615
性别比1	男女同岁邻2岁竞争，原始值	12090	1.113	0.180	0.500	3.130
性别比2	男女同岁邻3岁竞争	12090	1.107	0.137	0.774	1.531
性别比3	男比女大1岁邻2岁竞争	11981	1.103	0.178	0.712	1.602
性别	男性为1，女性为0	12819	0.523	0.499	0	1
年龄	年龄，岁	12819	27.484	4.269	21	35
户口	非农户口为1，农业户口为0	12755	0.310	0.462	0	1
受教育程度	受教育年限，年	12711	10.956	3.342	0	22
民族	汉族为1，否则为0	12812	0.929	0.257	0	1
是否为党员	党员为1，否则为0	12720	0.076	0.266	0	1
健康程度	离散值，取值越小越健康	12797	1.717	0.693	1	5
家庭人均年收入	家庭人均年收入，元	12759	17064	16352	117	336957
家庭规模	家庭总人口数，人	12819	4.328	1.379	1	13
出生年份	出生年份	12928	1985.506	4.270	1978	1992

第四节　性别比失衡影响婚姻匹配与劳动力市场表现的实证检验

我国传统上新郎家庭在婚礼和彩礼上花费更多（Brown et al.，2011），并且传统文化习俗偏向于由新郎家庭为新婚夫妇提供一套新房子，或者支付更大部分的买房费用。此外，性别比失衡也使有儿子的父母为了提高儿子在未来婚姻市场上的吸引力而进行"竞争性储蓄"（Wei and Zhang，2011b）。这些因素表明性别比失衡对男性和女性的影响是截然不同的，因此本节分别对男性和女性样本进行估计。

我国的婚姻匹配通常表现出梯度匹配特征，例如农村女性可能会嫁给城市男性，低教育女性可能会嫁给高教育[①]男性，性别比失衡可能对农村

[①]　低受教育程度和高受教育程度分别简称为"低教育"和"高教育"。

男性和低教育男性的婚姻挤压最厉害。因此本节将根据户口和教育水平分样本进行估计。虽然性别比失衡对男性造成婚姻挤压在理论与经验研究上已经有共识，但是关于性别比失衡与劳动力市场表现之间的关系的研究则相对较少，因此本节将重点分析性别比失衡对劳动力市场表现的影响。

一　性别比失衡对婚姻匹配的影响

首先，本节考察性别比失衡对男性和女性是否结婚的影响。表7.2给出了性别比失衡对男性是否结婚的影响的估计结果。使用全体男性样本时，性别比变量的估计系数为正，但不显著。虽然这与传统婚姻市场理论所预期的结果不同（Becker，1981），然而 Angrist（2002）利用美国移民数据的研究也表明性别比提高会提高男性结婚的可能性。这说明面对性别比失衡产生的不容易结婚的预期，男性可能会更努力工作并变得更有"效率"（Becker，1981），以提高结婚的可能性。分样本考察发现对于非农户口的男性，性别比失衡提高了他们结婚的可能性，这说明我国存在婚姻梯度匹配，即非农户口的男性不仅能够与非农户口的女性结婚，也能够与农业户口的女性结婚，此时非农户口的男性在婚姻市场上的可选范围比农业户口的男性大。

表 7.2　性别比失衡影响婚姻匹配的男性样本回归结果

变量	（1） 全体男性	（2） 农业户口	（3） 非农户口	（4） 低教育	（5） 高教育
性别比	0.061 （0.041）	−0.007 （0.044）	0.127 * （0.067）	0.059 （0.046）	0.043 （0.049）
观测值	6098	4232	1866	3029	3069
Adj. R^2	0.451	0.445	0.497	0.386	0.512

注：括号内为估计系数的聚类稳健标准误，标准误聚类到地级市层面；控制变量包括年龄、户口、受教育程度、民族、是否为党员、健康程度、家庭人均年收入、家庭规模，为节约篇幅未报告控制变量和常数项的系数估计结果；回归方程均控制了地级市固定效应和出生年份固定效应；*** 、 ** 、 * 分别表示1%、5%、10%的显著性水平。下同。

表7.3给出了性别比失衡对女性是否结婚的影响的估计结果。使用全体女性样本时，性别比变量的估计系数显著为正，这表明性别比失衡会显著提高女性结婚的可能性，与既有文献的研究结果一致（Becker，1981；

Angrist，2002）。分样本考察发现，性别比失衡对农业户口和低教育①女性结婚可能性的正向影响更显著，这说明性别比失衡主要提高了弱势女性的结婚前景。

表 7.3　性别比失衡影响婚姻匹配的女性样本回归结果

变量	(1)	(2)	(3)	(4)	(5)
	全体女性	农业户口	非农户口	低教育	高教育
性别比	0.094 ** (0.037)	0.082 * (0.043)	0.025 (0.059)	0.105 ** (0.046)	0.040 (0.059)
观测值	5595	3737	1858	2686	2909
Adj. R^2	0.415	0.417	0.435	0.283	0.455

其次，考察性别比失衡对夫妇年龄差异的影响。由于夫妇年龄差异变量一对夫妇所对应的值是一样的，因而此处采用全样本进行估计。表 7.4 的估计结果表明，全样本下性别比失衡会显著提高夫妇年龄差异。这一结果与 Abramitzky 等（2011）利用第一次世界大战对法国男性数量的外生负向冲击来分析男性数量短缺对其婚姻市场的影响所发现的研究结果一致。Abramitzky 等（2011）发现当男性数量短缺而使其在婚姻市场上的相对地位提高时，夫妇年龄差异会缩小，而本节所得结论是由于男性数量过剩而使男性在婚姻市场上的相对地位下降，此时夫妇年龄差异会变大。分样本考察发现，性别比失衡使非农户口的夫妇年龄差异提高得更多。

表 7.4　性别比失衡影响夫妇年龄差异的全样本回归结果

变量	(1)	(2)	(3)	(4)	(5)
	全样本	农业户口	非农户口	低教育	高教育
性别比	0.634 ** (0.304)	0.361 (0.397)	1.358 ** (0.544)	0.564 (0.439)	0.744 (0.460)
观测值	4659	3369	1290	2632	2027
Adj. R^2	0.094	0.110	0.091	0.110	0.083

---

①　将受教育年限大于等于 10 年的个体归为高教育组，将受教育年限小于 10 年的个体归为低教育组。

最后，考察性别比失衡对夫妇家庭背景差异的影响。表 7.5 的估计结果表明，性别比失衡对夫妇家庭背景差异有正向影响，并且对非农户口和高教育夫妇的正向影响更大，然而这些估计系数均不显著。从估计系数上看，性别比失衡可能会扩大夫妇家庭背景差异，即使得女性更有可能向上匹配，这与既有文献相同（Du et al., 2015；Mattina, 2017）。

表 7.5　性别比失衡影响夫妇家庭背景差异的全样本回归结果

变量	（1）	（2）	（3）	（4）	（5）
	全样本	农业户口	非农户口	低教育	高教育
性别比	0.500	0.121	0.855	-0.239	1.233
	(0.556)	(0.969)	(0.752)	(0.897)	(0.862)
观测值	2196	1122	1074	1064	1132
Adj. R^2	-0.042	-0.047	-0.066	-0.066	-0.065

二　性别比失衡对劳动力市场表现的影响

（一）性别比与劳动参与

传统理论认为性别比提高会增加男性的劳动供给，也会使男性变得更加有"效率"（Becker, 1981），并且性别比提高通过男性增加"剩余"、增加对"家庭生产"的需求或提高女性议价能力所带来的收入效应而使女性劳动参与率下降（Grossbard-Shechtman, 1984；Chiappori et al., 2002）。然而针对 1978~1992 年出生人口的估计结果并没有符合理论预期。表 7.6 给出了性别比失衡对男性劳动参与的影响的估计结果，虽然全体男性样本下性别比变量的系数为正，但不显著。即使根据户口、受教育程度和婚姻状况进行分样本考察，性别比变量的系数也均不显著。对于男性样本，劳动参与变量的均值为 0.95，也就是说 1978~1992 年出生的男性人口中仅有5%的男性没有劳动参与。该现象可能是由于男性劳动参与率本身已经很高，很难再有显著提高的空间，这导致性别比失衡对男性劳动参与的影响并没有与理论预期一致。

表 7.6　性别比失衡影响劳动参与的男性样本回归结果

变量	(1) 全体男性	(2) 农业户口	(3) 非农户口	(4) 低教育	(5) 高教育	(6) 未婚	(7) 已婚
性别比	0.003 (0.020)	-0.004 (0.024)	0.011 (0.035)	-0.040 (0.027)	0.042 (0.028)	0.023 (0.054)	-0.030 (0.019)
观测值	5697	3994	1703	2989	2708	2154	3542
Adj. R^2	0.041	0.048	0.040	0.056	0.034	0.054	0.031

　　表 7.7 给出了性别比失衡对女性劳动参与的影响的估计结果。对于女性样本，性别比变量的系数为负，但也不显著。根据户口、受教育程度和婚姻状况进行分样本考察时性别比变量的系数也均不显著。同样地，性别比失衡对女性劳动参与的估计结果也没有符合既有文献的发现（Chiappori et al.，2002；Amuedo-Dorantes and Grossbard-Shechtman，2007）。这可能是由于女性越来越认同性别平等的观念，此时传统理论根据性别比失衡导致家庭议价能力变化进而影响女性劳动参与决策的推断对这些女性并不适用。

表 7.7　性别比失衡影响劳动参与的女性样本回归结果

变量	(1) 全体女性	(2) 农业户口	(3) 非农户口	(4) 低教育	(5) 高教育	(6) 未婚	(7) 已婚
性别比	-0.015 (0.034)	0.006 (0.046)	-0.008 (0.049)	0.004 (0.055)	0.003 (0.048)	-0.028 (0.071)	0.026 (0.042)
观测值	5207	3510	1697	2657	2550	1186	4021
Adj. R^2	0.084	0.086	0.083	0.068	0.066	0.078	0.087

（二）性别比与小时工资

　　Becker（1981）认为性别比提高会增加男性对妻子的需求，这会增加男性的劳动供给，也会使男性变得更加有"效率"。前文发现性别比失衡对男性劳动参与的概率并没有显著影响，这说明男性参与劳动对女性来说已经没有区分性，即女性更看重的是男性的能力或"效率"（Fisman et al.，2006）。一个衡量能力或"效率"的变量是小时工资，性别比失衡给男性造成不容易结婚的预期，这会激励男性变得更加有"效率"并以此提高结婚的可能性。表 7.8 给出了性别比失衡对男性小时工资的影响的估计结果，全体男性样本下性别比变量的估计系数为 0.154，在 5% 的水平下显著，这表明性别比失衡显著提高了男性的小时工资，符合预期。分样本研究发现，对于农业户口、低教育和未婚男性，性别比失衡对其小时工资的正向影响更显著。这一结果也容易理解，由于农业户口、低教育和未婚男性受到性别比失衡的影响较大，结婚前景不好，因此他们为了能够结婚更有动力提高自己的"效率"。以上结果也有助于理解前文性别比失衡对男性结婚概率没有显著负向影响的发现，这是因为面临性别比失衡对结婚前景的负向影响，男性已通过提高"效率"做出反应。

表 7.8　性别比失衡影响小时工资的男性样本回归结果

变量	（1）	（2）	（3）	（4）	（5）	（6）	（7）
	全体男性	农业户口	非农户口	低教育	高教育	未婚	已婚
性别比	0.154**	0.170**	0.173	0.194*	0.112	0.244*	0.116
	（0.075）	（0.082）	（0.141）	（0.104）	（0.100）	（0.138）	（0.091）
观测值	5075	3514	1561	2584	2491	1827	3247
Adj. R^2	0.168	0.108	0.305	0.115	0.218	0.186	0.150

相应地，表 7.9 给出了性别比失衡对女性小时工资的影响的估计结果。与男性样本不同，性别比失衡仅对低教育女性小时工资有显著影响，这也说明性别比失衡主要影响的是男性在婚姻市场上的竞争，但是这种竞争并没有通过女性家庭议价能力提高所带来的收入效应而降低女性小时工资。

表 7.9　性别比失衡影响小时工资的女性样本回归结果

变量	（1）	（2）	（3）	（4）	（5）	（6）	（7）
	全体女性	农业户口	非农户口	低教育	高教育	未婚	已婚
性别比	0.046	0.050	0.017	0.207*	0.010	0.139	0.046
	（0.066）	（0.096）	（0.116）	（0.115）	（0.093）	（0.238）	（0.088）
观测值	3689	2248	1441	1570	2119	980	2709
Adj. R^2	0.194	0.111	0.302	0.094	0.270	0.245	0.195

由于小时工资是由年工作收入与年工作小时数的比值计算得到，因此本节进一步考察性别比失衡对年工作小时数和年工作收入的影响。表 7.10 给出了实证结果，性别比变量对男性年工作小时数的影响为负，但不显

著，根据户口、受教育程度和婚姻状况分样本考察得到的性别比变量的估计系数之间没有差异；性别比变量对女性年工作小时数的影响基本为负，但不显著，所得结果与男性样本的估计结果相似。本节关于性别比失衡对年工作小时数影响的估计结果与既有文献的发现有所不同（Chiappori et al.，2002；Rapoport et al.，2011）。此外，性别比变量对男性年工作收入的影响为正，但均不显著。性别比变量对女性年工作收入的影响的估计结果与男性样本相似。以上发现表明相比于年工作小时数和年工作收入，小时工资更能够衡量男性的能力或"效率"。

表 7.10 性别比失衡影响年工作小时数与年工作收入的分样本回归结果

变量	（1）全体男性	（2）农业户口	（3）非农户口	（4）低教育	（5）高教育	（6）未婚	（7）已婚
A 组：被解释变量为年工作小时数，男性样本							
性别比	-0.057 (0.057)	-0.069 (0.078)	-0.075 (0.059)	-0.061 (0.096)	-0.077 (0.053)	-0.078 (0.111)	-0.048 (0.067)
观测值	5107	3533	1574	2601	2506	1838	3268
B 组：被解释变量为年工作小时数，女性样本							
性别比	-0.020 (0.055)	-0.033 (0.088)	0.021 (0.080)	-0.123 (0.107)	0.015 (0.059)	-0.015 (0.158)	-0.047 (0.066)
观测值	3728	2276	1452	1593	2135	991	2737
C 组：被解释变量为年工作收入，男性样本							
性别比	0.091 (0.073)	0.094 (0.094)	0.095 (0.146)	0.119 (0.122)	0.033 (0.098)	0.154 (0.138)	0.067 (0.101)
观测值	5078	3515	1563	2585	2493	1828	3249
D 组：被解释变量为年工作收入，女性样本							
性别比	0.043 (0.081)	0.032 (0.124)	0.070 (0.113)	0.129 (0.157)	0.025 (0.096)	0.165 (0.203)	0.015 (0.105)
观测值	3700	2255	1445	1575	2125	985	2715

（三）性别比与是否创业

性别比失衡造成的婚姻挤压可能会激发男性的创新精神，使他们更愿意冒险并从事企业家活动（Chang and Zhang，2015）。因此除了前文提及的小时工资，创业也是体现男性的能力或"效率"的一种方式。根据2013年中国家庭收入调查的问卷，本节将就业身份是雇主或自营劳动者视为创业。由于创业活动具有连续性和依赖性，因此本节在分样本考察性别比失衡对是否创业影响时没有区分已婚和未婚样本。

表 7.11 中，A 组给出了性别比失衡对男性是否创业影响的估计结果。全体男性样本下性别比变量的估计系数显著为正，这说明性别比失衡的确显著提高了男性成为创业者的概率，这一结果与 Chang 和 Zhang（2015）的结论一致。根据户口和受教育程度的分样本考察发现，性别比失衡对农业户口和低教育男性创业的影响显著为正，但对非农户口和高教育男性创业的影响的估计系数为负，且不显著。这说明性别比失衡使农业户口和低教育男性更愿意冒险并进行创业活动，这是由于性别比失衡使农业户口和低教育男性在婚姻市场处于弱势地位，这一结果与前文关于小时工资的结果是一致的。B 组给出了性别比失衡对女性是否创业影响的估计结果。使用全体女性样本时，性别比变量的估计系数并不显著。分样本考察时，多数性别比变量的估计系数仍然不显著，仅农业户口女性的估计系数显著为正。这说明性别比失衡对男性企业家精神的影响较大，但对女性的影响较小。

表 7.11　性别比失衡影响创业的分样本回归结果

A 组：男性样本	（1）	（2）	（3）	（4）	（5）
变量	全体男性	农业户口	非农户口	低教育	高教育
性别比	0.062 **	0.121 ***	−0.037	0.134 ***	−0.007
	(0.029)	(0.038)	(0.067)	(0.038)	(0.045)
观测值	5108	3533	1575	2601	2507
Adj. R^2	0.062	0.060	0.113	0.049	0.064
B 组：女性样本	（1）	（2）	（3）	（4）	（5）
变量	全体女性	农业户口	非农户口	低教育	高教育
性别比	0.049	0.090 **	−0.004	0.083	0.005
	(0.038)	(0.042)	(0.075)	(0.058)	(0.049)
观测值	3733	2280	1453	1594	2139
Adj. R^2	0.071	0.076	0.094	0.081	0.043

三　稳健性检验

本节重点分析性别比失衡对劳动力市场表现的影响，并且前文结果表明性别比失衡仅对男性小时工资和是否创业有显著影响，因此采用不同的性别比指标来检验以上结果是否稳健。用于稳健性检验的性别比指标有以下 3 个：（1）根据"男与女同岁，相邻 2 岁的人口在婚姻市场上相互竞争"计算得到的性别比指标的原始值（性别比 1）；（2）根据"男与女同岁，相邻 3 岁的人口在婚姻市场上相互竞争"计算得到的性别比指标，并在 1% 的水平下进行 Winsorize 缩尾处理（性别比 2）；（3）根据"男比女大 1 岁，相邻 2 岁的人口在婚姻市场上相互竞争"计算得到的性别比指标，并在 1% 的水平下进行 Winsorize 缩尾处理（性别比 3）。

表 7.12 给出了性别比失衡对男性小时工资影响的稳健性检验结果。使用性别比 1 稳健性指标的估计结果与基准结果一致，而使用后两个性别比稳健性指标（性别比 2 和性别比 3）的估计结果与基准结果基本一致，不同点在于对于低教育男性样本的性别比指标的估计系数变为不显著，但系数大小与基准结果是较为一致的。表 7.13 给出了性别比失衡对男性是否创业的影响的稳健性检验结果。使用三个性别比稳健性指标所得到的系数估计结果与基准结果几乎一致，不同点在于使用性别比 1 稳健性指标对全体男性样本进行估计时，性别比变量的估计系数变为不显著，但系数大小与基准结果是较为一致的。以上分析表明本章所得结论是稳健可靠的。

表 7.12　性别比失衡影响小时工资的男性样本稳健性检验

变量	（1）全体男性	（2）农业户口	（3）非农户口	（4）低教育	（5）高教育	（6）未婚	（7）已婚
A 组：以性别比 1 作为性别比的稳健性指标							
性别比 1	0.152 ** (0.063)	0.167 *** (0.063)	0.166 (0.128)	0.179 ** (0.089)	0.122 (0.084)	0.264 ** (0.133)	0.113 (0.076)
观测值	5075	3514	1561	2584	2491	1827	3247
Adj. R^2	0.168	0.109	0.305	0.115	0.218	0.187	0.150
B 组：以性别比 2 作为性别比的稳健性指标							
性别比 2	0.203 ** (0.096)	0.226 * (0.114)	0.193 (0.159)	0.215 (0.147)	0.176 (0.118)	0.374 ** (0.182)	0.169 (0.125)
观测值	5075	3514	1561	2584	2491	1827	3247
Adj. R^2	0.168	0.108	0.305	0.115	0.218	0.187	0.150

续表

变量	(1)	(2)	(3)	(4)	(5)	(6)	(7)
	全体男性	农业户口	非农户口	低教育	高教育	未婚	已婚
C 组：以性别比 3 作为性别比的稳健性指标							
性别比 3	0.155* (0.080)	0.209** (0.088)	0.101 (0.161)	0.170 (0.113)	0.135 (0.109)	0.276* (0.144)	0.096 (0.109)
观测值	5075	3514	1561	2584	2491	1827	3247
Adj. R^2	0.168	0.109	0.304	0.115	0.218	0.187	0.150

表 7.13　性别比失衡影响是否创业的男性样本稳健性检验

变量	(1)	(2)	(3)	(4)	(5)
	全体男性	农业户口	非农户口	低教育	高教育
A 组：以性别比 1 作为性别比的稳健性指标					
性别比 1	0.042 (0.027)	0.084** (0.038)	−0.036 (0.061)	0.103*** (0.034)	−0.016 (0.038)
观测值	5108	3533	1575	2601	2507
Adj. R^2	0.062	0.059	0.113	0.049	0.064
B 组：以性别比 2 作为性别比的稳健性指标					
性别比 2	0.068* (0.040)	0.155*** (0.052)	−0.067 (0.101)	0.181*** (0.050)	−0.036 (0.059)
观测值	5108	3533	1575	2601	2507
Adj. R^2	0.062	0.060	0.113	0.050	0.065
C 组：以性别比 3 作为性别比的稳健性指标					
性别比 3	0.097*** (0.029)	0.129*** (0.042)	0.026 (0.077)	0.155*** (0.038)	0.046 (0.040)
观测值	5108	3533	1575	2601	2507
Adj. R^2	0.063	0.061	0.112	0.050	0.065

第五节　本章小结

本章评估性别比失衡对 1978~1992 年出生人口的婚姻匹配与劳动力市场表现的影响，采用 2013 年中国家庭收入调查（CHIP）和 2000 年第五次全国人口普查数据，得到以下结论。（1）性别比失衡显著提高女性结婚的可能性，并且对于农业户口和低教育的女性的正向影响更大；但是性别比失衡对男性结婚的可能性并没有显著影响，甚至提高了非农户口男性结婚的可能性。（2）性别比失衡扩大了夫妇年龄差异，并且这种影响主要体现在非农户口的夫妇上。（3）性别比失衡对男性和女性劳动参与的概率均没有显著影响。（4）性别比失衡显著提高了男性的小时工资，并且对于农业户口、低教育和未婚男性，性别比失衡对其小时工资的正向影响更显著。（5）性别比失衡显著提高了男性成为创业者的概率，并且这种影响主要体现在农业户口和低教育的男性上。

本章不仅考察了性别比失衡对婚姻匹配与劳动力市场表现的影响，还发现性别比失衡具有局部的积极影响。既有文献多数关注性别比失衡的消极影响，如婚姻挤压和犯罪率，本章研究发现性别比失衡会显著提高男性的小时工资和男性成为创业者的概率，这意味着因性别比失衡而加剧的婚姻市场竞争，促使了男性更努力工作并激发了男性的企业家精神。需要注意的是，尽管性别比失衡会在一定条件下激发男性企业家精神，但应该充分意识到，性别比失衡所造成的婚姻市场扭曲和资源错配，最终会影响宏观经济，因此通过政策干预纠正性别比失衡迫在眉睫。

第八章 性别比失衡、企业资本深化与要素收入分配

第一节 引言

当前，我国存在出生性别比失衡问题，是世界上性别比失衡较为严重的国家之一（Murphy，2003；Ebenstein，2010；Bulte et al.，2011；Li et al.，2011；穆光宗等，2007）。据中国社会科学院发布的《2010 年中国社会形势分析与预测》，到 2020 年中国处于婚龄的男性人数将比女性多出 2400 万人。深刻理解性别比失衡的影响并探寻治理之道具有重要意义。

已有一系列研究发现，性别比是影响经济社会生活的一个重要变量。女性"赤字"的性别比失衡会提高女性在婚姻市场上的相对地位，影响婚姻匹配质量，导致在婚姻市场出现对男性的挤压现象（Angrist，2002）；性别比过高会增加女性在家庭内部和劳动力市场上的议价能力，使得市场条件更有利于女性而让她们获得更高的"准工资"（quasi-wages）（Grossbard-Shechtman，1984，1993）；"分享规则"（sharing rule）更有利于女性（Chiappori，1988，1992；Rapoport et al.，2011），使得女性拥有更多的物质资源，由此产生的收入效应导致女性有更低的劳动参与率，而男性劳动参与率则会提高（Amuedo-Dorantes and Grossbard-Shechtman，2007），女性工作时间减少而男性工作时间增加（Chiappori et al.，2002；Rapoport et al.，2011）。此外，性别比严重失衡会导致犯罪率上升（Chiapa and Viejo，2012；Edlund et al.，2013），威胁社会稳定（Hudson and Den Boer，2004）。[1] Yuan 等（2012）基于 2009 年中国农村金融调查数据发现，在性别比较高的农村，有儿子的家庭更容易创业。

　　事实上，性别比失衡对经济社会生活的影响，远超过人们能直观感受的结果，有许多的潜在影响可能是人们不曾意识到的。性别问题如此重要，以致诺贝尔经济学奖得主 Robert M. Solow 特别强调，"任何事情都会使 Milton Friedman 联想起'货币供给'，同样地，任何事情都会使我联想起'性别'问题……"（Krugman，2007）。本章试图揭示一个潜在的而且可能从未被研究者注意的问题：性别比失衡会不会影响劳动收入份额？

　　结合性别比指标简要回顾近年来我国劳动收入份额（刻画要素收入分配）变动趋势（见图 8.1），可知在 1995~2007 年我国劳动收入份额持续下降，下降幅度多达 12.5 个百分点，即便调整了核算方法，下降幅度亦达到 7.2 个百分点[2]（Bai and Qian，2010）。显然，性别比与劳动收入份额朝着两个不同方向在变化。这正是当今中国所面临的两大现实问题，此现象自然引起本章思考：在性别比失衡与劳动收入份额下降二者之间，究竟存在怎样的内在关系？这需要在理论和经验上予以解答。

　　众所周知，最近二十年中国劳动收入份额持续下降（2008 年后曾略有回升），涌现出不少文献从不同的视角给予解释，包括经济阶段（李稻葵等，2009）、产业调整（罗长远、张军，2009a；白重恩、钱震杰，2010）、所有制变迁（周明海等，2010）、贸易和外资引入（罗长远、张军，2009b；邵敏、黄玖立，2010；蒋为、黄玖立，2014）、劳动力市场转型（魏下海等，2013）、偏向性技术进步（黄先海、徐圣，2009；张莉等，2012；陈宇峰等，2013）等。既有研究分别基于宏观或微观数据确认了中国劳动收入份额下降的事实，无疑深化了人们对当前功能性收入分配扭曲

---

①　Hudson 和 Den Boer（2004）认为，中世纪葡萄牙政治不稳定与高性别比（1.12）有关，过剩年轻男性们以武力方式支持篡位者发动政治动乱，以期实现资源再分配。在中国晚清时代，1851~1863 年的捻军叛乱，也与华北地区性别比失衡（性别比为 1.29）有紧密关系（段青，2008）。

②　图 8.1 为经过标准化处理后的无量纲指标（采用 $\frac{x-\mu}{\sigma}$ 的形式），用于观测劳动收入份额的下降趋势。根据原始值计算可得，1995~2007 年劳动收入份额下降了 12.5 个百分点。根据 Bai 和 Qian（2010）测算的劳动收入份额数据计算可得，核算方法调整后该下降幅度为 7.2 个百分点。

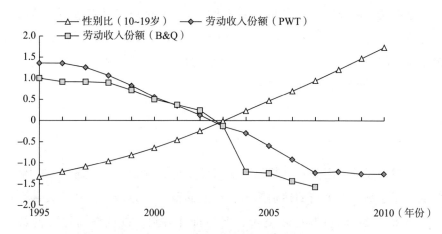

图 8.1　1995~2010 年性别比与劳动收入份额变动的时间序列

注：此处性别比和劳动收入份额指标均标准化处理。

资料来源：性别比（10~19岁）数据来自联合国人口计划署 2013 年的数据，劳动收入份额（PWT）数据来自 Penn World Table，劳动收入份额（B&Q）数据来自 Bai 和 Qian（2010）。

状况的理解。归结起来，这些研究更多的是从"发展故事"角度展开论证。不过由于中国收入分配问题错综复杂，仍要求有新的成因解释。本章旨在从"性别故事"角度探索劳动收入份额变化，换言之，在解释中国劳动收入份额变化方面，性别比失衡也是一个不应该忽视的因素。

第二节　性别比失衡影响企业劳动收入份额的
理论框架

为了对地区性别比如何影响本地企业要素收入分配进行建模，本节将地区的性别比视为一种宏观环境变量，通过考察企业最优生产决策对这一宏观变量的反应，就可以在企业要素收入分配和地区性别比之间建立起联系。这种局部最优化模型虽然简单，却是现有文献考察宏观环境下企业行为的常见思路，对于本节来说也是适用的。

考虑一个封闭的经济，其人口男女性别比为 $\varphi > 0$。定义 $\varphi = 1$ 为男女性别平衡，φ 越远离 1 表示性别比失衡越严重。理论上而言存在男少女多的性别比失衡，即 $\varphi \in (0, 1)$；但是，男多女少的性别比失衡（$\varphi > 1$）才是更为现实的问题。因此本节的讨论不妨假设 $\varphi \geqslant 1$。

已有理论和经验研究表明，性别比失衡会通过加剧婚姻市场竞争而导致竞争性储蓄增加（Du and Wei，2010，2013；Wei and Zhang，2011b；Bhaskar and Hopkins，2016）。令 X 为影响地区储蓄率的一系列其他因素（比如收入、利率等），地区的储蓄率可记为 $s_\varphi = s\ (\varphi-1,\ X)$，满足：

$$\begin{cases} s_\varphi > 0 & \text{if} \quad \varphi > 1 \\ s_\varphi = 0 & \text{if} \quad \varphi = 1 \end{cases} \tag{8.1}$$

上述假设的意思是：当其他因素 X 不变时，性别比失衡越严重，地区的储蓄率越高；而平衡的性别比不会影响储蓄率。为什么性别比失衡会提升储蓄率？其中的机制比较复杂，但仍符合直觉。按照魏尚进等的解释（Du and Wei，2010，2013），当性别比失衡时，比如男性明显多于女性，男性将为了婚配竞争优势而增加储蓄，同时女性也会因为其面临的婚配市场竞争下降而减少储蓄，这一正一负的影响看似使得性别比失衡对总储蓄率的影响自我抵消，但是实际上总储蓄率将会上升。原因有二：（1）男性增加其储蓄时，不仅会考虑自己在婚配市场上的竞争力，也会考虑其潜在配偶的储蓄减少，他预期潜在配偶的储蓄减少越多，他自己就会储蓄更多来进行补偿，这使得男性的储蓄增加会超过女性的储蓄下降；（2）性别比失衡增加（男性变得更多），也意味着经济中有更高储蓄率的人口占比增加，经济的总储蓄率因此会提高。Du 和 Wei（2010，2013）指出，上述两方面都会导致经济中总储蓄率提高，但第一方面是更主要的原因。当然，本节更关心的主要是式（8.1）假设的现实合理性而不是其得以成立的原因。

本节接下来转向对企业最优生产行为的分析。假设经济体中的某个企业只投入两种要素（资本与劳动）从事生产。它拥有常数替代弹性（CES）生产函数：

$$Y = A\big[\ \alpha K^{(\sigma-1)/\sigma} + (1-\alpha) L^{(\sigma-1)/\sigma}\ \big]^{\sigma/(\sigma-1)} \tag{8.2}$$

这里，Y 为企业总产出；K 为企业资本存量；L 为企业所使用的劳动力数量；A 为技术系数；$\alpha \in (0,\ 1)$，表示资本收入份额；$\sigma \in (0,\ \infty)$，表示资本与劳动的替代弹性。需要说明，CES 生产函数是研究劳动收入份额的常用函数形式。如果资本和劳动既非替代也非互补关系，即 $\sigma = 1$，

CES 生产函数就蜕化为柯布-道格拉斯（C-D）生产函数，在 C-D 生产函数中资本和劳动的收入份额是固定不变的，因此研究劳动收入份额的文献均不采用 C-D 生产函数。对式（8.2）进行人均化（即两边除以劳动力数量）可得到其紧凑形式：

$$y = A \left[\alpha k^{(\sigma-1)/\sigma} + (1-\alpha) \right]^{\sigma/(\sigma-1)} \tag{8.3}$$

这里，y 为人均产出；$k = K/L$，表示单位劳动力资本配备，即资本集约度。

假设经济体完全竞争，竞争工资率为 w，利率为 r。对经济体而言，工资率和利率都是在一个复杂的过程中内生决定的，但把它们看作宏观环境变量分析个体企业行为时，可以将它们视为外生。事实上，对于企业内部要素收入分配的份额而言，工资率和利率的决定并不那么重要，因为此处马上就会发现，要素收入份额完全可以只由资本集约度和要素替代弹性得到表达。企业利润最大化决策的结果是，各要素的边际产出等于要素价格，即：

$$f_L = A(1-\alpha) \left[\alpha k^{(\sigma-1)/\sigma} + (1-\alpha) \right]^{1/(\sigma-1)} = w \tag{8.4}$$

$$f_K = A\alpha \left[\alpha + k^{(1-\sigma)/\sigma}(1-\alpha) \right]^{1/(\sigma-1)} - 1 = r \tag{8.5}$$

定义劳动收入份额（LS）为经济体中劳动报酬占总收入的比重，则：

$$LS = \frac{w \cdot L}{w \cdot L + r \cdot K} = \frac{w \cdot L}{Y} = \frac{w}{y} \tag{8.6}$$

将式（8.3）和式（8.4）代入式（8.6）中，可得劳动收入份额另一表达式：

$$LS = \frac{(1-\alpha)}{\alpha k^{(\sigma-1)/\sigma} + (1-\alpha)} \tag{8.7}$$

式（8.7）表明，劳动收入份额取决于资本集约度 k 和要素替代弹性系数 σ。接下来是连接企业劳动收入份额和经济体中性别比的关键一步：企业的资本集约度 k 和经济体总储蓄率 s 的关系。在 Du 和 Wei（2010，2013）的研究中，经济体中的资本集约度（宏观层面）与总储蓄率是正向的线性关系。这很好理解，封闭经济中总储蓄等于总投资，人均的储蓄也就等于人均的投资，储蓄率和资本集约度就是正向的线性关系。在这里，储蓄率是宏观层面的，资本集约度是企业层面的，可以明确的是，经济体中总储蓄率越高，单个企业获得投资的难度（代价或机会成本）就越低，在资本的边际产出给定的情况下，总储蓄率越高企业越倾向使用更多资本。因此企业的资本集约度将与总储蓄率保持正向关系，即：

$$k_s = k(s), \quad k_s > 0 \tag{8.8}$$

结合式（8.1）和式（8.8）对式（8.7）中 LS 求关于性别比 φ 的偏导，有：

$$\frac{\partial LS}{\partial \varphi} = \frac{\partial LS}{\partial k} \cdot k_s \cdot s_\varphi = -\left(\frac{\sigma-1}{\sigma}\right)\left\{\frac{\alpha(1-\alpha)k_s s_\varphi}{k^{1/\sigma} \cdot \left[\alpha k^{(\sigma-1)/\sigma}+(1-\alpha)\right]^2}\right\} \tag{8.9}$$

本节主要考虑 $\varphi > 1$ 的情况。此时，经济中性别比提高对企业劳动收入份额的影响取决于企业生产的要素替代弹性。当资本和劳动相互替代时（$\sigma > 1$），式（8.9）小于 0，即经济体性别比提高会降低劳动收入份额；当资本和劳动互补时（$\sigma < 1$），式（8.9）大于 0，经济体性别比提高会提高劳动收入份额；当资本和劳动既非替代也非互补时（$\sigma = 1$），劳动收入份额与经济体的性别比失衡无关。

总结以上分析，地区性别比失衡影响企业要素收入分配的经济逻辑至少有如下一种：性别比失衡导致本地竞争性储蓄增加，本地企业因而有更低的资本成本，企业生产的资本集约度增加。当劳动和资本存在替代关系时，资本集约度增加意味着企业劳动收入份额将下降；若劳动和资本存在互补关系，资本集约度增加意味着企业劳动收入份额将上升。通常来说，在企业层面，劳动和资本往往是替代关系，对中国企业的一些既有研究也证实了这一点（魏下海等，2013），因此本节预期，在中国经济中，性别比失衡最终会导致企业劳动收入份额的下降。在实证研究上，一个可检验的命题是，在那些性别比失衡越严重的地区（φ 越大），企业的劳动收入份额越低。

第三节　性别比失衡影响企业劳动收入份额的实证设计

一　数据

本章采用的数据为 2005～2007 年中国城市层面性别比和微观企业劳动收入份额数据。数据来源主要有二：（1）2000 年第五次全国人口普查数据；（2）中国工业企业数据库。

需要说明的是，本章使用的是 2000 年第五次全国人口普查长表数据的 0.95% 样本，大约 118 万人。如此庞大的微观数据的优势无疑是显而易见的，可以构建各年龄区间的性别比指标。但此轮人口普查的微观个体资料无法识别到个体所在县，仅能识别到城市级。本节根据源数据，计算各个城市在确定年龄区间的性别比指标。采取与 Wei 和 Zhang（2011a，2011b）类似的做法，并且考虑到中国结婚年龄平均差距是男性比女性高出 2 岁的现实背景，本节将所分析的婚前年龄性别比区间确定为 12～21 岁男性数量与 10～19 岁女性数量之比。① 通过 2000 年第五次全国人口普查数据逐一推断 2005 年、2006 年、2007 年婚前年龄的人口性别比。具体而言，2005 年、2006 年以及 2007 年的 12～21 岁男性数量（10～19 岁女性数量）分别由 2000 年第五次全国人口普查数据中的 7～16 岁（5～14 岁）、6～15 岁（4～13 岁）、5～14 岁（3～12 岁）的人口数量来反推，再取其比值得到婚前年龄性别比。同时，为检验理论模型关于性别比失衡是否影响劳动收入份额，本节只保留性别比失衡样本（即性别比大于 1 的样本，事实上，这部分样本占总体的 87.2%）。城市层面的性别比指标是本章的核心解释变量。

中国工业企业数据库（2005～2007 年）为本章提供了被解释变量劳动

---

① 本节利用第四次全国人口普查（1990 年）1% 抽样微观数据库（样本量为 11835947 个）的数据，统计结果显示，1930～1968 年出生的已婚夫妇的年龄平均差距是男比女大 2.06 岁。同时，《中华人民共和国婚姻法》规定，中国法定结婚年龄，男不得早于 22 周岁，女不得早于 20 周岁。因此，本章选择 12～21 岁男性数量与 10～19 岁女性数量之比作为婚前年龄性别比的指标，是一个较合理的指标。

收入份额数据，初始样本共有 752754 个观测值，具有良好的大样本性质。沿用白重恩等（2008）的做法，利用要素成本增加值（value added at factor cost）测算企业层面的劳动收入份额。计算公式为：劳动收入份额＝（工资总额＋福利费总额）／（产品营业收入−产品营业成本＋工资总额＋福利费总额＋固定资本折旧）。

本章将城市级性别比数据与对应城市的企业级数据进行匹配，并且保留性别比大于 1 的样本，得到 330 个地级市的匹配数据，劳动收入份额变量观测值为 706708 个，性别比变量观测值为 701103 个。

二 模型设定与样本描述性统计

结合前述理论模型，本节设定地区性别比对企业劳动收入份额的待估模型为：

$$LS_{ict} = \alpha_0 + \alpha_1 SR_{ct} + \delta \sum Z_{ict} + \gamma_c + \gamma_t + \varepsilon_{ict} \qquad (8.10)$$

LS_{ict} 表示企业层面劳动收入份额，是被解释变量；SR_{ct} 表示地区性别比，是核心解释变量；$\sum Z_{ict}$ 是影响劳动收入份额的其他一系列控制变量。下标 i、c、t 分别表示企业、城市、年份，γ_c 和 γ_t 分别表示城市和年份固定效应，ε_{ict} 表示随机扰动项。

关于控制变量 $\sum Z_{ict}$ 的选取，参考既有文献通常做法（白重恩等，2008；李稻葵等，2009；魏下海等，2013），具体包括以下方面。（1）技术进步，采用新产品产值占工业总产值比重刻画。从理论上讲，如果技术进步属劳动偏向型，则会提高劳动力议价能力；反之，如果技术进步属劳动节约型，则弱化劳动议价能力。该变量系数符号无法确定。（2）企业年龄，反映企业生命周期对要素收入分配格局的影响，预期符号为正。（3）企业规模，采用企业总资产的对数值度量，通常规模越大的企业，在市场上越具有较强的统治力，资本更具优势，从而弱化劳动谈判能力，预期符号为负。（4）利息负担，用应付利息与总资产之比表示，以反映企业所承担的利息成本，预期符号为负。（5）出口行为，以虚拟变量表示，存在出口行为时取值 1，否则为 0，符号未定。此外，模型还控制企业所有制（包括国有、集体、民营、港澳台和外商企业）、不可观测的行业特征、城市固定效应和年份固定效应。

本节还考虑企业的资本集约度（K/L），但在基准回归中并不会将其纳入，原因在于，理论模型中将资本集约度作为地区性别比影响劳动收入份额的机制变量。本章将在机制检验部分对其论证。此外，从资本集约度回归系数的符号的正负，可反推资本-劳动是替代关系还是互补关系，因而也有助于对企业生产中资本-劳动存在替代关系这一先验假设进行事后的验证。

表 8.1 提供各个变量统计特征。与理论部分一致，本节保留性别比大于 1 的样本。在城市样本中，性别比均值为 1.218，标准差为 0.111，上下四分位数分别为 1.289 和 1.146，存在较大变异性，满足经验分析之需。解释变量之间（包括性别比及其他控制变量）相关系数绝对值最高不超过 0.55，方差膨胀因子（VIF）最高值仅为 1.49，远低于 10，从而不必担心解释变量间多重共线性问题。

表 8.1　企业性别比与劳动收入份额等变量的统计信息

变量	观测值	均值	标准差	25%分位数	50%分位数	75%分位数
劳动收入份额	706708	0.329	0.192	0.180	0.303	0.450
性别比	701103	1.218	0.111	1.146	1.217	1.289
资本集约度	706491	4.051	1.270	3.284	4.104	4.872
技术进步	706708	0.038	0.160	0	0	0
企业年龄	706708	8.136	8.489	3	6	10
企业规模	706708	9.768	1.389	8.795	9.586	10.553
利息负担	706708	0.011	0.030	0	0.002	0.015
出口行为	706708	0.171	0.342	0	0	0.063

第四节　性别比失衡影响企业劳动收入份额的实证检验

一　基准估计结果

本节最感兴趣的是地区性别比变量的回归系数，它反映了地区男女婚前性别比失衡对于劳动收入份额的影响效应。为克服潜在的异方差问题，采用 White（1980）的异方差稳健估计。表 8.2 第（1）列同时控制了性别比变量以及城市固定效应；第（2）列进一步考虑年份固定效应；在此基础上，第（3）列进一步控制技术进步、企业年龄、企业规模、利息负担、出口行为等企业特征，并控制企业的所有制和行业特征。第（4）～（7）列是稳健估计，分别考虑剔除流动人口、剔除少数民族人口、不同婚前年龄区间划分以及剔除异常样本点的影响。

表 8.2　性别比失衡影响企业劳动收入份额的回归结果

变量	(1)	(2)	(3)	(4)	(5)	(6)	(7)
	基准估计			剔除流动人口	剔除少数民族人口	不同婚前年龄区间划分	剔除异常样本点
性别比	-0.0612*** (0.0023)	-0.0526*** (0.0024)	-0.0431*** (0.0022)	-0.0277*** (0.0021)	-0.0329*** (0.0022)	-0.0145*** (0.0025)	-0.0356*** (0.0022)
技术进步			-0.0392*** (0.0012)	-0.0390*** (0.0013)	-0.0388*** (0.0012)	-0.0346*** (0.0013)	-0.0380*** (0.0012)
企业年龄			0.0017*** (0.0000)	0.0017*** (0.0000)	0.0016*** (0.0000)	0.0016*** (0.0000)	0.0016*** (0.0000)
企业规模			-0.0336*** (0.0002)	-0.0336*** (0.0002)	-0.0336*** (0.0002)	-0.0336*** (0.0002)	-0.0317*** (0.0002)
利息负担			-0.5195*** (0.0856)	-0.5192*** (0.0857)	-0.5197*** (0.0857)	-0.5201*** (0.0886)	-0.5323*** (0.0995)
出口行为			0.0782*** (0.0008)	0.0783*** (0.0008)	0.0782*** (0.0008)	0.0802*** (0.0008)	0.0761*** (0.0008)
常数项	0.3862*** (0.0081)	0.3777*** (0.0082)	0.5927*** (0.0078)	0.6018*** (0.0098)	0.6176*** (0.0089)	0.5933*** (0.0100)	0.6013*** (0.0085)
企业所有制	不控制	不控制	控制	控制	控制	控制	控制
行业特征	不控制	不控制	控制	控制	控制	控制	控制
城市固定效应	控制	控制	控制	控制	控制	控制	控制
年份固定效应	不控制	控制	控制	控制	控制	控制	控制
观测值	701103	701103	701103	696530	700145	651063	687150
Adj. R^2	0.0508	0.0510	0.1922	0.1912	0.1919	0.1955	0.1914

注：括号内为系数估计稳健标准误；*、**、***分别表示10%、5%、1%的显著性水平。下同。

表 8.2 第 (1) 列估计结果显示，性别比变量的估计系数为负，且在 1% 的水平下显著。第 (2) 列进一步增加年份固定效应，结果发现性别比变量的估计系数仍显著为负。需要注意，真实的性别比数据可能与由 2000 年第五次全国人口普查资料中反推的数据不一致。特别地，男孩（或年轻男性）的死亡率整体上比女孩（或年轻女性）略高，倘若如此，则会高估样本期间的性别比数值。然而，在给定的关于每个地区每一年的测量误差均相同（但是可能会随年份推移而变化）的条件下，本节通过加入年份固定效应，能够有效地消除测量误差所带来的估计偏误。所以，估计结果是可靠的。表 8.2 第 (3) 列加入了更多控制变量后，性别比变量的估计系数依然显著为负。上述结果表明，地区性别比失衡对企业劳动收入份额具有显著负向影响，男女性别比失衡越严重的城市，其劳动收入份额就越低，这与本章的理论假说是一致的。

回归结果中，其他企业特征变量对劳动收入份额的影响方向与既有经验研究文献基本一致：技术进步对劳动收入份额的影响显著为负，表明中国技能偏向性技术进步导致要素分配有利于资本方而不利于劳动方，这与黄先海和徐圣（2009）的经验证据一致；企业年龄的估计系数显著为正，表明越是老牌的企业越有利于员工分享企业成果；企业规模的估计系数显著为负，表明企业规模越大，劳动收入份额将越低；利息负担的估计系数显著为负，表明承担应付利息越重，劳动者报酬在增加值中的比例越低；出口行为的估计系数显著为正，表明出口企业能为员工带来更多的"工资溢价"（Bernard and Jensen，2004）。上述结果契合经典的斯托尔帕-萨缪尔森（Stolper-Samuelson）假说，也与罗长远和张军（2009b）以及周明海等（2010）的经验证据相一致。

二 稳健性检验

(一) 剔除流动人口的影响

本章第二节的理论框架中，城市的性别比影响企业劳动收入份额的渠道主要是通过加剧婚配竞争导致储蓄增加，进而导致企业资本集约度增加所致。地区性别比失衡加剧本地婚配竞争，其隐含的前提是人们的婚配竞争是在同一地区进行的。如果大量的婚姻可以跨地区匹配，那么个人就易于缓解或摆脱本地性别比失衡带来的婚配压力，这一隐含前提就会被违背，结果就可能是地区性别比对企业劳动收入份额的影响大大下降甚至消失。不过，人口普查数据等证据支持了婚配竞争具有地域性这一隐含前提：在中国农村，89%的婚姻中丈夫与妻子来自同一个县，来自同一城市的男性和女性结婚的概率将会更高；对于城市的流动人口，他们大多数在离家外出务工之前已经完婚（Wei and Zhang，2011b）。以婚姻为目的的城市迁移人口很少，仅占7%左右，即婚姻流动人口比例非常小。

尽管如此，由于以上原因，如果剔除城市流动人口，城市的性别比对劳动收入份额的影响若依然负向显著，那将支持婚配竞争具有地域性这一假设。作为稳健性检验，本节剔除流动人口样本后重新估计了模型，结果列示于表8.2第（4）列，性别比变量的估计系数为-0.0277，且在1%的水平下显著，这一结果佐证了本章关于婚配竞争具有地域性这一假设。

（二）剔除少数民族人口的影响

中国传统生育文化长期影响家庭生育决策，在一些经济相对落后的农村地区，男孩偏好尤其严重。Qian（2009）发现在一些地区，独生子女政策使男性在总人口中的比例提高了10个百分点。考虑到少数民族人口在地域上并非整齐分布，本节将这部分样本剔除，重新计算性别比指标并估计模型，结果见表8.2第（5）列。从估计结果可知，性别比变量的估计系数为-0.0329，统计显著性水平为1%。这表明，即便排除少数民族人口的影响，所考察城市的性别比失衡对企业劳动收入份额仍具有显著的负向影响，这强化了本章的结论。

（三）考虑不同婚前年龄区间划分的影响

为了验证不同的婚前年龄区间划分是否会影响估计结论的稳健性，即企业内部的要素收入分配行为对以当地不同婚前年龄区间划分的性别比失衡是否依然敏感。为此，本节重新构造性别比变量指标，将婚前年龄界定于10~19岁，重新计算性别比并估计模型，结果见表8.2第（6）列。从估计结果可知，新核心解释变量10~19岁性别比的估计系数为-0.0145，在1%的水平下显著，这表明不同婚前年龄区间划分并没有影响本章的核心结论。

（四）剔除异常样本点的影响

由于OLS的估计系数会追随异常样本点，为检验实证结果稳健性，本节剔除了一些异常样本点。具体而言，先计算出各个企业劳动收入份额在1%和99%的分位数，并将首尾两端的1%样本点剔除，在此基础上，再对剩余样本数据重新估计。估计结果表明，考虑异常样本点影响后，城市性别比对劳动收入份额依然有显著的负向影响，估计系数为 -0.0356，达到1%的显著性水平［见表8.2第（7）列］，此亦印证了本章研究结论是稳健可靠的。

第五节　性别比失衡影响企业劳动收入份额的拓展分析

本节内容包括两个方面：一是机制检验，即地区性别比对企业劳动收入份额的影响是否通过改变企业的资本集约度这一途径来实现；二是讨论地区性别比对劳动收入份额影响的异质性，特别地，企业获取投资的范围是否受到地域局限会使得性别比对劳动收入份额的影响存在差异。

一　机制检验

前面的理论框架表明，当资本-劳动存在替代关系时，地区性别比失衡会促进企业资本深化而导致劳动收入份额下降。为考察这一可能存在的影响途径，本节采用两种识别策略，一种是常用的交互项检验方法，另一种是利用机制变量进行检验。

首先，利用交互项检验方法来识别作用途径。在回归模型中增加资本集约度，以及性别比和资本集约度的交互项，新的待估方程如下：

$$LS_{ict} = \alpha_0 + \alpha_1 SR_{ct} + \alpha_2 (K/L)_{ict} + \rho SR_{ct} \cdot (K/L)_{ict} + \delta Z_{ict} + \gamma_c + \gamma_t + \varepsilon_{ict} \tag{8.11}$$

此处重点关注交互项 $SR \cdot (K/L)$（性别比×资本集约度）的符号。根据理论预期，如果性别比失衡通过资本深化导致劳动收入份额下降，则交互项的估计系数应显著为负。由表8.3第（2）列的估计结果可知，交互项的估计系数为 -0.0099，达到1%的显著性水平，并且加入交互项之后，性别比变量的估计系数不再显著，这表明性别比是通过资本深化的途径起作用的。

其次，本节利用资本集约度评估其是否在地区性别比和企业劳动收入份额之间发挥了显著的机制作用以及这一效应有多大。具体分三步进行。第一，检验地区性别比对企业资本集约度的影响。表8.3第（3）列中，被解释变量是资本集约度，核心解释变量是性别比。从结果中可知，性别比变量的估计系数为0.0301，显著为正，表明地区性别比提高会增加企业资本集约度，这与理论分析部分吻合。第二，检验资本集约度对劳动收入份额的影响。表8.3第（4）列中，被解释变量是劳动收入份额，核心解释变量是资本集约度，并且未放入性别比变量，资本集约度变量的估计系数为-0.0561，且达到1%的显著性水平。这表明在其他条件不变的前提下，企业资本深化会导致劳动收入份额下降。遵循欧拉定理，劳动报酬按照边际产品支付，因而在资本与劳动存在替代关系的前提下，劳动报酬份额将随着资本深化而下降，这恰恰是对前文中资本和劳动存在替代关系这一先验假设的支持性验证。① 第三，本节考察在放入资本集约度变量之后，地区性别比变量对劳动收入份额的影响有何变化。表8.3第（5）列中，同时放入性别比和资本集约度变量，其余控制变量与表8.2第（3）列一致，资本集约度变量的估计系数仍然显著为负，性别比变量的估计系数为-0.0414，这一系数在绝对值上小于表8.2第（3）列性别比变量的系数，说明在加入机制变量（资本集约度）之后，性别比对劳动收入份额的影响部分被机制变量吸收了。此外又进行了机制检验，其中被解释变量为劳动收入份额，解释变量为地级市性别比，机制变量为资本集约度，控制变量与表8.2第（3）列一致，结果表明资本集约度的机制效应在5%的水平下显著，Sobel Z值为-2.319。

上述检验结果支持了理论框架猜测的影响机制，即企业资本深化是城市性别比失衡影响企业劳动收入份额的重要渠道之一。当然，企业资本深化肯定并非唯一渠道，但这一渠道在本节研究中得到了证实。这为解开城市性别比如何影响企业劳动收入份额这一问题提供了初步的答案。

---

① 本节利用中国工业企业数据库数据，采用非线性最小二乘法（NLS）估计得到，样本企业的资本-劳动替代弹性（σ）为1.665，大于1，这一结果再次确认了微观企业的资本-劳动是替代而非互补的关系。

表 8.3　性别比失衡影响企业劳动收入份额的机制检验

变量	劳动收入份额		资本集约度	劳动收入份额	
	（1）	（2）	（3）	（4）	（5）
	交互项		机制变量		
性别比	−0.0006	−0.0011	0.0301 **		−0.0414 ***
	（0.0072）	（0.0070）	（0.0130）		（0.0021）
资本集约度	−0.0506 ***	−0.0442 ***		−0.0561 ***	−0.0562 ***
	（0.0019）	（0.0019）		（0.0002）	（0.0002）
性别比×资本集约度	−0.0112 ***	−0.0099 ***			
	（0.0016）	（0.0016）			
技术进步		−0.0463 ***	−0.1248 ***	−0.0453 ***	−0.0462 ***
		（0.0012）	（0.0081）	（0.0012）	（0.0012）
企业年龄		0.0017 ***	0.0007 ***	0.0017 ***	0.0017 ***
		（0.0000）	（0.0001）	（0.0000）	（0.0000）
企业规模		−0.0069 ***	0.4748 ***	−0.0070 ***	−0.0069 ***
		（0.0002）	（0.0010）	（0.0002）	（0.0002）
利息负担		−0.5010 ***	0.3366 ***	−0.5013 ***	−0.5003 ***
		（0.0828）	（0.0663）	（0.0821）	（0.0826）
出口行为		0.0516 ***	−0.4709 ***	0.0515 ***	0.0517 ***
		（0.0007）	（0.0049）	（0.0007）	（0.0007）
常数项	0.6071 ***	0.5495 ***	0.0972 **	0.5650 ***	0.5979 ***
	（0.0113）	（0.0111）	（0.0452）	（0.0086）	（0.0077）
企业所有制	不控制	控制	控制	控制	控制
行业特征	不控制	控制	控制	控制	控制
城市固定效应	控制	控制	控制	控制	控制
年份固定效应	控制	控制	控制	控制	控制
观测值	700892	700892	700892	706491	700892
Adj. R^2	0.2269	0.2797	0.3711	0.2783	0.2797

注：利用第（3）～（5）列的回归结果进行了 Sobel-Goodman 检验，检验结果表明 Sobel Z 值为−2.319，p 值为 0.020，在 5% 的水平下显著。

二　投资来源差异与地区性别比对企业劳动收入份额的影响

在封闭经济假设下，宏观层面的储蓄率和资本集约度是正向的线性关系。在企业层面，如果经济体中总储蓄率越高，单个企业获得投资的难度（或机会成本）将越低，在资本边际产出给定的情况下，这会使企业倾向于使用更多的资本，进而提高企业的资本集约度。封闭经济假设是地区性别比影响企业劳动收入份额的前提，如果经济体足够开放，性别比的影响可能会

不显著。由于外资企业、国有企业和民营企业三者的投资来源不同，它们对
于本地金融市场的依赖程度也不同。沿本章理论框架中的经济逻辑，此处可
以预期：外企、国企和民企对本地金融市场的依赖程度是依次增强的，当本
地性别比失衡影响本地储蓄率进而影响企业投资水平时，外资受到的影响应
该最弱，而民企受到的影响应该最强，国企受到的影响介于二者之间。

经验证据支持了上述猜测。表 8.4 第（1）列是外资企业子样本估计
结果，性别比变量的估计系数为 -0.0148，在 5% 的水平下显著；第（2）
列是国有企业子样本估计结果，性别比变量的估计系数为 -0.0421，且在
1% 的水平下显著；第（3）列是民营企业子样本估计结果，性别比变量的估
计系数为 -0.0422，且在 1% 的水平下显著。上述结果也在一定程度上表明，
本章基于封闭经济讨论性别比与企业劳动收入份额的关系也是较为合理的。

表 8.4 性别比失衡影响不同所有制企业的异质性检验

变量	(1) 外企（含港澳台企业）	(2) 国企（含集体企业）	(3) 民企
性别比	-0.0148** (0.0063)	-0.0421*** (0.0075)	-0.0422*** (0.0029)
技术进步	-0.0205*** (0.0033)	-0.0421*** (0.0034)	-0.0383*** (0.0018)
企业年龄	0.0016*** (0.0001)	0.0025*** (0.0000)	0.0013*** (0.0000)
企业规模	-0.0332*** (0.0004)	-0.0288*** (0.0004)	-0.0342*** (0.0002)
利息负担	-0.4253*** (0.0535)	-0.6623*** (0.0799)	-0.4558*** (0.1087)
出口行为	0.0770*** (0.0016)	0.0675*** (0.0062)	0.0701*** (0.0011)
常数项	0.6528*** (0.0422)	0.6166*** (0.0173)	0.6154*** (0.0140)
企业所有制	不控制	不控制	不控制
行业特征	控制	控制	控制
城市固定效应	控制	控制	控制
年份固定效应	控制	控制	控制
观测值	96942	72227	359200
Adj. R^2	0.2421	0.1808	0.1826

第六节　本章小结

男女性别比过高会加大婚配竞争压力，导致地区的储蓄率更高。在一个封闭经济中，更高的储蓄率使得企业的融资成本下降，企业将使用更多的资本，带来资本深化，或者说资本集约度提高。由于企业层面的生产中，资本和劳动通常是互相替代的，资本集约度增加就会带来企业劳动收入份额的下降。[①]

本章利用人口普查数据结合工业企业调查数据，为上述理论猜想提供了经验证据。研究发现，城市的性别比每增加 1 个单位，该城市中企业的劳动收入份额平均来说会下降 0.043 个单位。在剔除流动人口、剔除少数民族人口、剔除异常样本点、考虑不同婚前年龄区间划分之后，上述关系仍然稳健存在。

进一步的检验结果还显示，改变资本集约度是地区性别比对企业劳动收入份额产生影响的重要渠道之一。企业资本集约度在地区性别比和企业劳动收入份额之间发挥了显著的机制作用。具有不同投资来源的企业（外资企业、国有企业和民营企业）在融资方面受本地金融市场的制约不同，因此地区性别比对其劳动收入份额的影响也存在差异。经验证据与理论预期一致表明：性别比变量对当地外资企业劳动收入份额虽有显著影响，但较小；性别比变量对民营企业的影响略大于对国有企业的影响。

本章从经济逻辑和经验证据上确认了性别比失衡是影响劳动收入份额的重要原因，丰富了关于中国要素收入分配研究的文献，也拓展了中国性别比失衡经济后果的研究视野。政策启示方面，实现人口性别均衡发展，不但是解决婚姻竞争、社会稳定等社会问题之所需，也有助于克服劳动收入份额下降之类的经济问题。2016 年 1 月中国"全面二孩"政策相继在各省份落地，2021 年"全面三孩"政策实施，由于人口结构的调整是一个缓慢的过程，生育政策放松的积极影响需要一定时间才能体现。总之，促进出生性别比平衡，不仅关乎性别安全，也有利于社会收入分配更加公平。

[①] 如果经济是完全开放的，或者婚配行为是完全超越地区的，性别比就不可能影响储蓄，企业的资本成本也不会发生变化，但这不是事实。事实上，资本和劳动的流动绝大多数会受到地域的限制，婚配行为也具有强烈的地域特征。

第九章　性别比失衡、风险偏好
与家庭资产配置

第一节　引言

　　现实中，出生性别比高的年份所积累的男性逐渐达到适婚年龄，进入婚姻市场，将导致男性结婚的压力增大。同时，性别比失衡使得女性在婚姻市场上拥有明显的优势，因此男性想通过竞争迎娶合意的女性，就不得不付出一定的代价，例如通过向女方家庭支付一定的彩礼等方式来实现结婚。而彩礼作为男女双方家庭达成婚姻意愿的一种重要契约方式，它一直存在于婚姻市场上。在古代社会，彩礼是指男女双方婚姻约定初步达成时，男方家庭送给女方家庭的聘礼。虽然这一习俗一直被世人所诟病，却始终存在，尤其是在偏远农村（魏国学等，2008）。发展到如今，彩礼已经不仅仅指礼金，更包括汽车、房屋在内的具有外显性的实物资产，尤其在大城市，在某些家庭，男方如果没有一套新房，是很难获得女方家庭的同意顺利结婚的（韦艳、姜全保，2017）。《2010年全国婚恋调查报告》显示，70.8%的女性认为结婚的前提条件是男性必须有房。从图9.1也可以看出，在性别比失衡严重的地区，不管是人均住宅销售面积还是人均住宅销售套数，均显著增多。因此，随着性别比失衡的加剧，彩礼（房屋）在婚姻市场上越来越受重视，并给众多家庭的经济行为带来系统性影响。

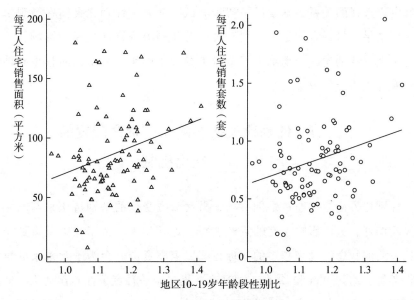

图 9.1　地区性别比与房屋投资

资料来源：2015 年全国 1% 人口抽样调查、《中国统计年鉴》。

关于性别比失衡的研究，受到越来越多学者的关注。本章重点关注性别比失衡的另一种后果——对家庭资产选择的影响。关于家庭资产选择的研究，国内外均有一定的进展，认为家庭主要是通过对金融市场的参与以及对财产进行投资组合，来达到家庭的最大效用（Campbell，2006；高明、刘玉珍，2013）。而家庭的资产选择往往会受到资源禀赋、人口结构以及社会环境等因素的影响（Guiso et al.，2000；尹志超等，2014）。目前，研究我国家庭资产选择的影响因素的文献日益增多，部分学者分别从健康状况、风险态度、金融素养水平等角度进行了阐述（雷晓燕、周月刚，2010；吴卫星等，2018），然而关于性别比失衡如何影响家庭资产选择，并未见于既有研究中。由于性别比失衡的加剧，在婚姻市场中男多女少的现象越来越普遍，男孩家庭（仅养育一个儿子）在婚姻市场中受到的压力也随之增加，其压力会比女孩家庭（仅养育一个女儿）更大（Wei et al.，2017），这会导致不同的家庭选择不同的资产配置。

本章研究的主要特色和创新点在于，从性别比失衡这一独特视角出发，对人口性别结构如何影响家庭资产选择进行解释。一方面性别比失衡是我国现阶段面临的突出问题之一，还未有文献系统地讨论性别比失衡与家庭资产选择的关系，本章做了初步尝试，补充了性别比失衡在微观层面的实证结果。另一方面研究性别比失衡对我国家庭资产选择的影响，不仅有助于理解性别比的变动给中国金融市场带来的重大冲击，而且也有助于为政府提供相应的政策启示。

第二节　性别比失衡影响家庭资产配置的理论机制

性别比失衡主要通过婚姻市场中男女双方受到的婚姻挤压来影响家庭的风险偏好，进而影响家庭的资产选择。近几年来，由于我国一直处于性别比失衡的状态，越来越多的父母在配置家庭资产时会为子女未来的婚姻进行考量，例如 Wei 和 Zhang（2011b）提出了一种竞争性储蓄动机，即随着性别比提高，仅养育一个儿子的家庭会以一种竞争性行为提高储蓄率，来提高其儿子在婚姻选择中的相对吸引力。从经济学的角度来看，性别比失衡往往会带来婚姻挤压，导致婚姻市场中彩礼的变化，进而影响家庭资产的配置。另外，彩礼（房屋）在婚姻形成过程中能够起着信号显示和传递的作用，帮助婚姻的成立和稳定（方丽、田传浩，2016）。这是因为在婚姻市场中，男女双方存在着信息不对称问题，即男性知道自己的经济状况，而女性则并不了解。那么，为了减少这种信息不对称的情况，女性会寻找信息渠道来了解对方，但由于信息伪装的问题女性很难获得正确的信息（Fang and Tian，2018）。而彩礼（房屋）则可以作为一种显化的财富，显示出男方家庭的经济实力和人际关系，起着信号显示作用。因此，彩礼（房屋）作为信息传递工具减少了女方家庭对男方家庭的考察时间和精力，促使婚姻关系的确立。这就意味着性别比失衡能够影响家庭资产的选择。

按照已有文献研究（王聪等，2017），将家庭的资产选择划分为低风险的房屋和高风险的金融资产，分别考察性别比失衡对居民家庭资产选择的偏好。其中，高风险的金融资产具体细分为股票和风险资产。

第一，对于男孩家庭，随着性别比失衡的加剧，为了增强在婚姻市场中的竞争力，会更倾向于对房屋进行投资，新的住房往往彰显了其家庭财富的实力（Sargeson，2002），同时房屋投资风险较低，是一种具有外显性的商品，能够吸引更多的女性关注（Yao and Xu，2018），从而增加其儿子找到另一半的概率。所以男孩家庭出于担忧其儿子未来的婚姻状况，并不愿意再冒险去对股票、基金等虚拟的高风险金融资产进行投资，而是选择对房屋这种相对保守的实物进行投资（Li and Wu，2017）。一般来说，住房在婚姻市场中起着主导作用，它代表了家庭的"面子"（赵丙祥、童周炳，2011），是有效且值得信赖的标志（Glaeser et al.，2017），这样能够帮助女性在婚姻市场中快速地识别"高质量"的男孩家庭，同时增加男孩家庭其儿子在婚姻市场中成功匹配的概率（Fang and Tian，2018）。

第二，对于女孩家庭，一方面想着能够搭男孩家庭的"便车"，在当前环境下，由于受到文化和传统习俗的影响，男孩家庭在婚姻中被期望付出更多的彩礼，包括房屋在内（贺雪峰，2009；韦艳、姜全保，2017）。同时，张川川和陶美娟（2020）也证实了性别比的提高会导致男孩家庭的彩礼支出增加，而这会降低女孩家庭对住房投资的需求。另一方面女孩家庭为了避免女儿婚后的议价能力受损，可能也会增加其家庭对于低风险的房屋投资概率（Wei et al.，2017），从而抵消了"搭便车"带来的影响。另外，考虑到自身受到婚姻市场的压力较小，风险承受能力较强（Wei and Zhang，2011b），女孩家庭往往选择高风险的金融资产进行投资。由于性别比失衡既可能增加女孩家庭对低风险的房屋投资概率，也可能增加对高风险的金融资产投资概率，因此性别比失衡影响女孩家庭的风险偏好程度是不确定的。

简单来说，性别比失衡加剧了婚姻市场的择偶竞争，导致不同的家庭表现出不同的风险偏好，进而影响男孩、女孩家庭的资产配置方式。基于此，本节提出相应的理论假说。

假说：相比于女孩家庭，性别比失衡会降低男孩家庭的风险偏好程度，进而增加男孩家庭未来对房屋的投资，降低对高风险金融资产的投资。

第三节 性别比失衡影响家庭资产配置的实证设计

一 资料来源与描述性统计

本章研究的数据主要来源于西南财经大学 2013 年、2015 年和 2017 年进行的中国家庭金融调查（CHFS）项目，数据包括除新疆、西藏和港澳台地区以外的 29 个省份，三年共调查了 105000 多个家庭的样本。地区性别比和特征变量的数据来源于 2015 年全国 1% 人口抽样调查①和《中国统计年鉴》。在实证分析过程中，本章参考风笑天（2009）和王跃生（2013）等的研究，将分析对象限定为户主年龄小于等于 45 岁、子女未婚且年龄在 0~25 岁的核心家庭（仅养育一个子女），其中包括三口之家（2 个大人 1 个孩子）和两口之家（1 个大人 1 个孩子），这样能够最大限度保证样本中家庭的可比性和可识别性。同时，剔除家庭年收入、净资产小于 0 的家庭，最终得到 5886 个核心家庭的观测值。主要变量的说明见表 9.1。

其中，房屋投资，根据 CHFS 调查问卷中的具体问题"未来，您家是否有新购或新建住房的打算？"来测度，若回答有新购或新建住房的打算，则取 1 表示有住房需求，否则取 0。股票投资，根据 CHFS 调查问卷中的具体问题"您家持有的所有股票目前市值是多少？"来测度，若回答结果大于 0，表示家庭持有股票资产，则取 1，反之取 0。此外，根据尹志超等（2014）的做法，把股票、基金（不包括货币市场基金）、金融债券、企业债券、金融衍生品、理财产品、外汇和黄金等归为风险资产。类似地，风险资产投资通过问卷判断，只要家庭持有上述其中一种风险资产，那么就表示该家庭持有金融资产，则取 1，反之取 0。与此同时，在回归分析中控制了户主和家庭的特征，其中，户主特征包括受教育年限、年龄、性别、是否创业、对金融知识的了解程度和对风险的偏好程度，家庭特征包括就业人口占比、总人口数、子女年龄、净资产和总收入（蓝嘉俊等，2018）。同时考虑到房价对于住房需求的影响，以及地区金融发展水平和宗族等文化差异，进一步控制了人均可支配收入、地区房价收入比、公共服务支出占比、老龄化系数、人均金融机构数、人均宗族家谱数、人均佛教重点寺院数和人均方言片种类数等地区特征变量。

---

① 由于地区分年龄段性别比的数据只出现在历次全国人口普查中，因此本章通过 2015 年全国 1% 人口抽样调查数据中 12~21 岁年龄段性别比、8~17 岁年龄段性别比，分别来推断 2013 年、2017 年 10~19 岁年龄段性别比。

表 9.1　性别比失衡影响家庭资产配置变量的统计信息

变量	定义	观测值	均值	标准误	最小值	最大值
房屋投资	家庭未来有新购或新建住房的打算取1，否则取0	5886	0.333	0.471	0	1
股票投资	家庭持有股票资产取1，否则取0	5886	0.143	0.35	0	1
风险资产投资	家庭持有风险资产取1，否则取0	5886	0.255	0.436	0	1
男孩家庭×性别比	家庭子女性别与性别比交互项	5886	0.678	0.572	0	1.413
性别比	10~19岁年龄段性别比	5886	1.154	0.086	0.959	1.413
男孩家庭	子女为男孩的家庭取1，否则取0	5886	0.588	0.492	0	1
户主年龄	户主年龄，岁	5886	38.29	5.205	20	45
户主性别	户主性别为男取1，否则取0	5886	0.748	0.434	0	1
户主文化	户主受教育年限，年	5886	12.17	3.578	0	22
户主金融知识	户主对金融知识的了解程度，以正确回答关于金融知识的问题个数衡量，取0~2	5886	0.528	0.673	0	2
户主风险偏好	户主风险偏好程度，风险厌恶取0，中性取1，偏好取2	5886	0.647	0.74	0	2
户主创业	户主是否创业，创业取1，否则取0	5886	0.177	0.381	0	1
子女年龄	子女年龄，岁	5886	11.1	5.976	0	25
家庭就业率	家庭就业人口占家庭人口的比例	5886	0.606	0.159	0	1
家庭规模	家庭总人口数，人	5886	2.946	0.225	2	3
家庭净资产	总资产−总负债，元	5886	1232250	2106155	0	2.5×10^7
家庭总收入	家庭总收入，元	5886	111811	208139	0	5000000
地区收入	省级人均可支配收入，元	5886	22519	9334.41	10954.4	54305.3
地区房价收入比	以全省商品房（住宅）平均销售价格与城镇居民人均可支配收入的比计算	5886	0.233	0.064	0.138	0.48
地区公共服务	全省公共服务支出占总支出的比例	5886	0.32	0.025	0.234	0.402
地区老龄化	省级老龄化系数	5886	0.099	0.018	0.066	0.141
地区金融	全省每万人金融机构数	5886	1.75	0.361	1.145	3.161
地区宗族	全省每万人宗族家谱数	5886	0.297	0.545	0.003	2.534

续表

变量	定义	观测值	均值	标准误	最小值	最大值
地区宗教	全省每千万人佛教重点寺院数	5886	1.26	1.187	0	4.808
地区方言	全省每千万人方言片种类数	5886	1.616	1.277	0.413	8.621

资料来源：地区金融机构数据来源于 Wind 数据库；地区佛教重点寺院数的原始数据来自1983年《国务院宗教事务局关于确定汉族地区佛道教全国重点寺观的报告》，手工收集；地区方言片种类数的原始数据来自1986年中国各县方言归属数据，由徐现祥等（2015）收集；地区宗族家谱数的原始数据来自《中国家谱总目》，由 Dincecco 和 Wang（2021）收集。其中，地区宏观经济变量均是省份层面的变量。

二　基准模型

本章使用线性概率模型（LPM）分析性别比失衡对家庭资产选择的影响，具体如下：

$$P(buyhouse_{ijt}=1)=\alpha_0+\alpha_1 son_{ijt}\times SR_{ijt}+\alpha_2 son_{ijt}+\alpha_3 SR_{ijt}+\beta X_{ijt}+\mu_t+\mu_j+\varepsilon_{ijt} \tag{9.1}$$

$$P(stock_{ijt}=1)=\gamma_0+\gamma_1 son_{ijt}\times SR_{ijt}+\gamma_2 son_{ijt}+\gamma_3 SR_{ijt}+\beta X_{ijt}+\mu_t+\mu_j+\varepsilon_{ijt} \tag{9.2}$$

$$P(risk_{ijt}=1)=\delta_0+\delta_1 son_{ijt}\times SR_{ijt}+\delta_2 son_{ijt}+\delta_3 SR_{ijt}+\beta X_{ijt}+\mu_t+\mu_j+\varepsilon_{ijt} \tag{9.3}$$

模型（9.1）~模型（9.3）中：解释变量 son_{ijt}，表示男孩家庭取1，否则取0；SR_{ijt} 为地区10~19岁年龄段性别比；$son_{ijt}\times SR_{ijt}$ 为二者交互项，即男孩家庭×性别比；X 为控制变量，具体包括户主特征、家庭特征和地区特征。下标 i、j、t 分别表示家庭、省份和年份，μ_t 是年份固定效应，μ_j 为不可观测的省份固定效应，ε_{ijt} 为随机扰动项。此外，模型（9.1）中，被解释变量 $buyhouse_{ijt}$，表示预期购房或建房取1，否则取0，考虑了性别比失衡对不同子女性别的家庭未来房屋投资的影响；模型（9.2）中，被解释变量 $stock_{ijt}$，表示持有股票资产取1，否则取0，考虑了性别比失衡对不同子女性别的家庭股票投资的影响；模型（9.3）中，被解释变量 $risk_{ijt}$，表示持有风险资产取1，否则取0，考虑了性别比失衡对不同子女性别的家庭风险资产投资的影响。在上述三个模型里，重点关注系数 α_1、γ_1 和 δ_1，若这三者系数均大于0则表明在性别比失衡越严重的地方，男孩家庭相比于女孩家庭来说更倾向于对未来房屋（股票、风险资产）进行投资；若这三者系数均小于0，则相反。

第四节　性别比失衡影响家庭资产配置的实证检验

一　基准回归

表9.2中分别估计了基准模型的结果，通过婚姻市场，将性别比和家庭资产选择联系起来。具体地，将家庭未来的房屋投资动机、股票市场投资动机和风险资产投资动机归结于男孩、女孩家庭分别在婚姻市场中受到的竞争压力，并通过下面的估计结果进行说明。其中，第（1）、（2）、（3）列是模型（9.1）的估计结果；第（4）、（5）、（6）列是模型（9.2）的估计结果；第（7）、（8）、（9）列是模型（9.3）的估计结果。上述结果，均控制了年份固定效应和省份固定效应，采用稳健异方差估计。

表9.2中第（1）列考虑了变量男孩家庭、性别比、二者的交互项（男孩家庭×性别比），以及户主特征对家庭未来房屋投资的影响，第（2）列和第（3）列在第（1）列的基础上进一步控制了家庭特征和地区特征。显然，这三列中交互项的估计系数均在5%的水平下显著为正，意味着在性别比失衡越严重的地方，男孩家庭未来对房屋的投资越会加大。同样，表9.2中的第（4）、（5）、（6）列考虑了男孩家庭、性别比以及二者的交互项，并依次控制户主、家庭和地区特征对家庭股票投资的影响。根据这三列的估计结果，交互项的估计系数均显著为负，意味着在性别比失衡越严重的地方，男孩家庭对股票的投资越受抑制。类似地，表9.2的第（7）、（8）、（9）列依次考虑了核心解释变量，以及相关特征（户主、家庭、地区）变量对家庭风险资产投资的影响，估计结果显示，交互项的估计系数均显著为负，意味着在性别比失衡越严重的地方，男孩家庭对风险资产的投资越受抑制。这些估计结果证实了前文的理论假说。

表9.2中第（3）列交互项的估计结果与第（6）、（9）列的结果符号正好相反，这恰恰说明了在性别比更高的地方，男孩家庭相比女孩家庭未来会有更高的住房需求，同时也更不愿意选择高风险的金融资产进行投资。这一现象可以通过婚姻缔结（方丽、田传浩，2016）的情况来解释，在家庭特征相似的情况下，其中一户男孩家庭在性别比低的地区，另一户

男孩家庭在性别比高的地区，那么在高性别比地区的男孩家庭在婚姻市场中所受的竞争压力就会更大。为了能让自己的儿子找到另一半，男孩家庭往往通过对房屋进行投资来释放出一种信号，因为房屋常常作为家庭财富的一种可视化载体（相对于虚拟的高风险金融资产），能够让女性快速地识别和匹配，从而增加其儿子找到另一半的概率。

进一步，根据表 9.2 中第（3）列的估计结果，可以得到户主特征、家庭特征对房屋投资的影响。具体地，家庭未来对房屋投资的概率会随着户主文化、户主风险偏好、家庭就业率以及家庭总收入的对数值的提高而上升；其次，户主创业的家庭会更容易有购房或建房的打算。相反，户主年龄、户主金融知识、家庭规模与房屋投资呈负向变动关系。另外，户主性别、子女年龄、家庭净资产的对数值与房屋投资没有显著的关系。类似地，由第（6）、（9）列的估计结果，可以得到户主特征、家庭特征对高风险金融资产投资的影响。此外，地区特征，包括地区收入的对数值、地区房价收入比、地区公共服务、地区老龄化、地区金融、地区宗族、地区宗教和地区方言与家庭金融资产选择之间没有显著的关系。

表 9.2　性别比失衡影响家庭资产配置的回归结果

变量	房屋投资			股票投资			风险资产投资		
	（1）	（2）	（3）	（4）	（5）	（6）	（7）	（8）	（9）
男孩家庭×性别比	0.308 ** (0.143)	0.318 ** (0.144)	0.315 ** (0.144)	-0.207 ** (0.096)	-0.214 ** (0.096)	-0.218 ** (0.096)	-0.360 *** (0.116)	-0.370 *** (0.115)	-0.373 *** (0.115)
性别比	-0.341 (0.217)	-0.358 * (0.216)	-0.447 * (0.230)	0.349 ** (0.157)	0.368 ** (0.156)	0.316 * (0.162)	0.361 * (0.192)	0.396 ** (0.188)	0.278 (0.198)
男孩家庭	-0.302 * (0.165)	-0.311 * (0.166)	-0.308 * (0.166)	0.227 ** (0.109)	0.237 ** (0.109)	0.242 ** (0.109)	0.406 *** (0.133)	0.420 *** (0.132)	0.424 *** (0.132)
户主年龄	-0.008 *** (0.001)	-0.007 *** (0.002)	-0.007 *** (0.002)	0.007 *** (0.001)	0.008 *** (0.001)	0.008 *** (0.001)	0.007 *** (0.001)	0.007 *** (0.001)	0.007 *** (0.001)
户主性别	-0.001 (0.014)	0.013 (0.015)	0.013 (0.015)	-0.018 * (0.010)	-0.015 (0.011)	-0.015 (0.011)	-0.037 *** (0.012)	-0.034 *** (0.013)	-0.035 *** (0.013)
户主文化	0.007 *** (0.002)	0.004 ** (0.002)	0.004 ** (0.002)	0.018 *** (0.001)	0.010 *** (0.001)	0.010 *** (0.001)	0.031 *** (0.002)	0.018 *** (0.002)	0.018 *** (0.002)
户主金融知识	-0.020 ** (0.009)	-0.023 ** (0.009)	-0.023 ** (0.009)	0.025 *** (0.007)	0.018 ** (0.007)	0.018 ** (0.007)	0.046 *** (0.009)	0.034 *** (0.008)	0.034 *** (0.008)

续表

变量	房屋投资			股票投资			风险资产投资		
	（1）	（2）	（3）	（4）	（5）	（6）	（7）	（8）	（9）
户主风险偏好	0.064***	0.058***	0.058***	0.079***	0.070***	0.070***	0.092***	0.078***	0.078***
	（0.009）	（0.009）	（0.009）	（0.007）	（0.007）	（0.007）	（0.008）	（0.008）	（0.008）
户主创业	0.072***	0.074***	0.073***	0.008	−0.012	−0.011	0.007	−0.024*	−0.024*
	（0.017）	（0.017）	（0.017）	（0.011）	（0.011）	（0.011）	（0.014）	（0.014）	（0.014）
子女年龄		−0.002	−0.002		−0.002**	−0.002**		−0.002*	−0.002*
		（0.002）	（0.002）		（0.001）	（0.001）		（0.001）	（0.001）
家庭就业率		0.084**	0.082**		−0.021	−0.021		−0.018	−0.020
		（0.040）	（0.040）		（0.025）	（0.025）		（0.031）	（0.031）
家庭规模		−0.082***	−0.082***		−0.032*	−0.032*		−0.016	−0.015
		（0.029）	（0.029）		（0.019）	（0.019）		（0.022）	（0.022）
ln（家庭净资产）		−0.005	−0.005		0.035***	0.035***		0.057***	0.057***
		（0.006）	（0.006）		（0.003）	（0.003）		（0.004）	（0.004）
ln（家庭总收入）		0.032***	0.032***		0.019***	0.019***		0.030***	0.030***
		（0.005）	（0.005）		（0.003）	（0.003）		（0.004）	（0.004）
ln（地区收入）			−0.616			0.171			−0.381
			（0.379）			（0.314）			（0.368）
地区房价收入比			0.570			−0.407			0.196
			（0.813）			（0.551）			（0.704）
地区公共服务			0.630			0.440			0.515
			（0.518）			（0.359）			（0.468）
地区老龄化			1.141			0.124			1.179
			（1.368）			（0.983）			（1.140）
地区金融			−0.080			−0.078			−0.041
			（0.088）			（0.059）			（0.073）
地区宗族			0.125			−0.004			−0.187
			（0.207）			（0.154）			（0.182）
地区宗教			0.036			0.042			0.024
			（0.074）			（0.054）			（0.063）
地区方言			0.132			0.027			−0.046
			（0.098）			（0.062）			（0.083）
年份固定效应	控制	控制	控制	控制	控制	控制	控制	控制	控制
省份固定效应	控制	控制	控制	控制	控制	控制	控制	控制	控制
观测值	5886	5830	5830	5886	5830	5830	5886	5830	5830
R^2	0.051	0.058	0.059	0.131	0.153	0.154	0.184	0.220	0.221

注：括号内为异方差稳健标准误；*、** 和 *** 分别表示 10%、5% 和 1% 的显著性水平。下同。

二　稳健性估计

（一）不同的估计方法

表 9.3 的第（1）、（2）、（3）列分别报告了采用 Probit 模型估计的结果，同时与基准回归结果表 9.2 中第（3）、（6）、（9）列的控制变量和固定效应保持一致。估计结果显示，第（1）列 Probit 模型估计的交互项估计系数为 0.296，显著为正。第（2）列交互项估计系数为 -0.173，第（3）列交互项估计系数为 -0.340，均显著为负。这意味着性别比失衡会加大男孩家庭未来对房屋的投资，同时抑制对高风险金融资产的投资。这与基准回归结果一致，表明使用 LPM 模型估计的结果是稳健的。

（二）IV 检验

表 9.3 中的第（4）、（5）、（6）列分别报告了 IV 检验结果。具体地，房屋投资的交互项估计系数显著为正，高风险金融资产投资的交互项估计系数显著为负。与基准回归结果相比，交互项的估计系数在方向上保持一致，且绝对值大于基准回归中的结果。同时，Hansen 检验的 p 值均不能拒绝工具变量是有效的原假设，这表明本章的基准回归是稳健可靠的。

（三）不同年龄段的性别比

虽然不同年龄段的性别比略有不同，但是其对家庭资产的选择应该是保持一致的，因此本节选取 5~19 岁扩大范围的年龄段性别比，作为 10~19 岁年龄段性别比的稳健性估计。表 9.3 第（7）、（8）、（9）列使用 LPM 模型分别估计了对房屋投资和高风险金融资产投资的结果，并且控制变量的选取和固定效应与基准回归保持一致，其中的 SR_{ijt} 即为地区 5~19 岁年龄段的性别比。具体地，表 9.3 中的第（7）列交互项的估计系数为 0.350，意味着在性别比失衡越严重的地方，男孩家庭未来对房屋投资的概率越会增加。同时，表 9.3 的第（8）、（9）列中，交互项的估计系数分别是 -0.246 和 -0.418，意味着在性别比失衡越严重的地方，男孩家庭对高风险金融资产投资的概率越会降低。这三列估计结果分别与基准回归结果类似，一致印证了基准回归结果的稳健性。

表 9.3　性别比失衡影响家庭资产配置的稳健性检验

变量	Probit 模型			IV：2SLS			使用 5~19 岁年龄段的性别比		
	房屋投资	股票投资	风险资产投资	房屋投资	股票投资	风险资产投资	房屋投资	股票投资	风险资产投资
	(1)	(2)	(3)	(4)	(5)	(6)	(7)	(8)	(9)
男孩家庭×性别比	0.296**	-0.173*	-0.340***	0.589*	-0.357*	-0.592*	0.350*	-0.246**	-0.418***
	(0.142)	(0.103)	(0.123)	(0.307)	(0.212)	(0.323)	(0.182)	(0.120)	(0.146)
性别比	-0.448*	0.290*	0.298	0.659	0.323	1.032	-0.850*	0.790**	0.422
	(0.244)	(0.170)	(0.213)	(1.891)	(1.252)	(6.628)	(0.501)	(0.365)	(0.447)
男孩家庭	-0.286*	0.192	0.388***	-0.622*	0.402*	0.677*	-0.348*	0.274**	0.476***
	(0.165)	(0.121)	(0.144)	(0.354)	(0.243)	(0.377)	(0.210)	(0.137)	(0.168)
户主特征	控制	控制	控制	控制	控制	控制	控制	控制	控制
家庭特征	控制	控制	控制	控制	控制	控制	控制	控制	控制
地区特征	控制	控制	控制	控制	控制	控制	控制	控制	控制
年份固定效应	控制	控制	控制	控制	控制	控制	控制	控制	控制
省份固定效应	控制	控制	控制	控制	控制	控制	控制	控制	控制
Hansen	—			0.721	0.568	0.701	—		
观测值	5830	5830	5830	5830	5830	5830	5830	5830	5830
R^2	—			0.054	0.153	0.219	0.059	0.154	0.220

注：表 9.3 第（1）、（2）、（3）列的估计结果均为 Probit 模型的平均边际效应。

三　其他稳健性估计

表 9.4 进一步报告了采用 LPM 模型估计的其他稳健性检验结果。首先，考虑到某些家庭为了满足住房刚需而购买房屋的事实，为了避免这一情况对家庭资产决策的影响，本节只保留自有房产的家庭样本。表 9.4 第（1）、（2）、（3）列估计了相应的结果，交互项的估计系数与基准回归结果保持一致。其次，考虑到户主年龄的影响差异，此处将样本中的户主年龄进一步限制为≤40 岁。表 9.4 第（4）、（5）、（6）列报告了户主年龄≤40 岁的样本结果，其估计系数也与基准回归结果保持一致。最后，表 9.4 第（7）、（8）、（9）列报告了城镇样本的结果。由估计结果可知，房屋投资的交互项估计系数显著为正，而高风险金融资产的交互项估计系数则显著为负，表明在性别比越高的地方，相比于投资高风险金融资产，男孩家

庭越容易有购房或建房的打算。上述事实与基准回归结果保持一致，说明性别比失衡对家庭资产选择的作用机制主要体现在城镇地区。[①]

表 9.4　性别比失衡影响家庭资产配置的其他稳健性检验

变量	保留自有房产的样本			保留户主年龄 ≤ 40 岁的样本			城镇样本		
	房屋投资	股票投资	风险资产投资	房屋投资	股票投资	风险资产投资	房屋投资	股票投资	风险资产投资
	(1)	(2)	(3)	(4)	(5)	(6)	(7)	(8)	(9)
男孩家庭×性别比	0.271*	-0.229**	-0.404***	0.435**	-0.339***	-0.381**	0.364**	-0.227**	-0.435***
	(0.163)	(0.112)	(0.134)	(0.192)	(0.123)	(0.151)	(0.152)	(0.107)	(0.128)
性别比	-0.468*	0.253	0.229	-0.650**	0.656***	0.369	-0.385	0.351*	0.334
	(0.251)	(0.190)	(0.232)	(0.289)	(0.211)	(0.257)	(0.239)	(0.182)	(0.222)
男孩家庭	-0.260	0.251**	0.454***	-0.466**	0.377***	0.430**	-0.364**	0.253**	0.498***
	(0.188)	(0.127)	(0.153)	(0.222)	(0.140)	(0.173)	(0.176)	(0.122)	(0.147)
户主特征	控制	控制	控制	控制	控制	控制	控制	控制	控制
家庭特征	控制	控制	控制	控制	控制	控制	控制	控制	控制
地区特征	控制	控制	控制	控制	控制	控制	控制	控制	控制
年份固定效应	控制	控制	控制	控制	控制	控制	控制	控制	控制
省份固定效应	控制	控制	控制	控制	控制	控制	控制	控制	控制
观测值	4591	4591	4591	3405	3405	3405	5150	5150	5150
R^2	0.059	0.158	0.229	0.057	0.144	0.208	0.059	0.145	0.206

四　机制分析

　　基于前文理论分析，性别比失衡导致男孩家庭的风险偏好程度降低，进而增加男孩家庭对住房的投资，减少对高风险金融资产的投资。表 9.5 进一步采用 LPM 模型验证了地区性别比与家庭风险偏好的关系。具体地，被解释变量是家庭风险偏好程度，核心解释变量是地区性别比，第（1）、（2）列分别是男孩家庭、女孩家庭的估计结果，其他特征变量、固定效应

[①]　这里不考虑农村地区的家庭，主要原因有两点：其一，在全样本中农村家庭占比过少，约 12.6%；其二，农村相比于城镇，一方面住房市场不完善，另一方面农村家庭对金融资产了解不多，故对于相关投资较少，因此重点关注城镇样本。

与基准回归保持一致。估计结果显示,性别比失衡的加剧,会显著降低男孩家庭的风险偏好程度,而对女孩家庭的风险偏好程度没有显著影响,这将导致男孩、女孩家庭选择不同的资产配置方式。这也与本章的理论假说保持一致。

表 9.5 性别比失衡影响家庭资产配置的机制检验

变量	家庭风险偏好程度	
	男孩家庭	女孩家庭
	(1)	(2)
性别比	-0.773*	0.159
	(0.415)	(0.530)
户主特征	控制	控制
家庭特征	控制	控制
地区特征	控制	控制
年份固定效应	控制	控制
省份固定效应	控制	控制
观测值	3429	2401
R^2	0.107	0.100

第五节 性别比失衡影响家庭资产配置的扩展分析

前文的实证分析发现性别比越高的地方,男孩家庭对房屋投资的倾向性越强。进一步,本节研究男孩家庭和女孩家庭在性别比高的地方,其预期购房面积、预期购房价值和购房紧迫性的选择差异,作为对房屋投资的补充证据。表 9.6 和基准回归中的控制变量、固定效应保持一致。

表 9.6 性别比失衡影响家庭资产配置的扩展分析

变量	预期购房面积	预期购房价值	购房紧迫性
	(1)	(2)	(3)
男孩家庭×性别比	1.095*	1.093***	0.555**
	(0.567)	(0.406)	(0.276)

续表

变量	预期购房面积	预期购房价值	购房紧迫性
	（1）	（2）	（3）
性别比	-1.595*	-2.256***	-0.786*
	(0.882)	(0.609)	(0.436)
男孩家庭	-1.042	-1.111**	-0.572*
	(0.651)	(0.454)	(0.316)
户主特征	控制	控制	控制
家庭特征	控制	控制	控制
地区特征	控制	控制	控制
年份固定效应	控制	控制	控制
省份固定效应	控制	控制	控制
观测值	5688	4624	4611
R^2	0.076	0.159	0.136

注：（1）预期购房面积，根据 CHFS 问卷中的问题"您预计会买多少平方米的房子？"来测度，根据回答的选项，将购房面积由小到大划分了 8 个类别，取 0~7，数值越大代表预期购房的面积越大；（2）预期购房价值，根据 CHFS 问卷中的问题"您计划购买多少钱一平方米的房子？"来测度，根据回答的选项，将预期购房价值划分为 11 个类别，取 0~10，数值越大代表预期购房的花费越多，房屋的价值越高；（3）购房紧迫性，根据 CHFS 问卷中的问题"您家打算什么时候购买住房？"来测度，根据回答的选项，将预期购房的时间由长到短划分为 5 个类别，取 0~4，数值越大代表预期购房时间越短，对于住房的需求越紧迫。

由表 9.6 中的第（1）、（2）、（3）列可知，不管是预期购房面积、预期购房价值，还是购房紧迫性，交互项估计系数都全部显著为正。这意味着在保持其他特征不变的情况下，在性别比越高的地区，男孩家庭越倾向于选择面积更大、价值更高的房屋，这与 Wei 等（2017）的结论保持一致。此外，对男孩家庭来说，预期的购房时间会随着性别比的提高而缩短，即在性别比失衡越严重的地方，男孩家庭对于住房的需求越大。这是由于在性别比失衡严重的地方，男孩家庭会受到更多的来自婚姻市场的压力，为了提高在婚姻市场中的竞争力，通过提早购买大面积、高价值的住房来展现其家庭财富的实力，吸引女性的注意从而增加其儿子成功找到另一半的概率。上述事实作为补充证据亦支持了前文的结论，即性别比失衡不仅会加剧男孩家庭对房屋的投资，同时也会导致男孩家庭（相比女孩家庭）偏向于选择面积更大、价值更高的房屋，以及缩短购房的时间。

第六节　本章小结

在性别比失衡的背景下，个别地方出现的"筑巢方能引凤""天价彩礼"现象折射出当今中国婚姻市场呈现的竞争性变化。本章从理论和经验上考察性别比失衡如何影响微观家庭在房屋和金融资产之间的配置选择。利用三期的中国家庭金融调查数据的实证研究发现，房屋作为一种更加具有外显性的财富形式和商品，能够为男孩家庭释放高质量信号，赢取婚姻匹配成功的更大可能性。在性别比失衡严重的地区，男孩家庭相比女孩家庭会有更低的风险偏好，因此他们会增加对房屋的投资，而相应地降低对高风险金融资产的投资。在一系列的稳健性估计之后，包括替换不同的估计方法、不同年龄段的性别比和引入工具变量，其估计结果也是一致可靠的。此外，进一步研究发现，性别比失衡对家庭资产选择的作用机制主要体现在城镇地区。同时，据补充的男孩、女孩家庭对于未来房屋投资的相关证据显示，男孩家庭偏向于选择面积更大、价值更高的房屋，以及相比女孩家庭其预期购房时间会更紧迫。

既然性别比失衡影响了家庭资产配置结构，当这种微观影响不断累积叠加时，也可能引起资本金融市场的结构性变化，最终在宏观层面影响中国经济。本章基于一个新颖的分析视角，从理论上拓展了对性别比失衡经济后果评估的研究视角，也能够为当前"购房热"提供一个确凿的新证据。显然，地区性别比失衡造成的婚姻挤压会传递给众多家庭，并改变他们的经济行为和动机。这就意味着，性别比失衡将重塑甚至扭曲社会群体行为，而这并不是一种良性的社会竞争形态。随着一代年轻子女逐渐成年，在婚姻竞争中败下阵来的群体，有可能成为影响社会秩序和安全稳定的隐患，事实上这方面的例证并不少见（Edlund et al., 2013）。

因此，本章的政策启示也较为明显：在对性别比失衡的经济社会风险进行充分评估的前提下，出生性别比综合治理工作刻不容缓。近年来，国家相关部门启动的"关爱女孩行动""圆梦女孩志愿行动"等一系列活动，旨在通过对贫困地区农村女孩进行一对一长期帮扶和短期团队帮扶，唤起全社会对女孩的关注，倡导性别平等。[①] 此外，政府和社会各界应积极宣传引导大众形成良好的婚嫁文化和新型的生育观念，缓解性别比失衡带来的不利影响。

---

① 李莹：《国家卫计委启动"圆梦女孩志愿行动"倡导性别平等》，2013 年 8 月 23 日，ht-tps://china. huanqiu. com/article/9CaKrnJBXsZ；《"健康中国 2030"展望之六：计生服务管理改革让群众生活更美好》，《中国人口报》，2016 年 11 月 4 日，第 1 版。

第十章　全书总结与政策含义

　　本书立足于中国人口结构转变的现实背景，全景式考察人口结构重大转变对收入分配格局的重塑机制和影响效应，着重讲述中国老龄经济学和性别经济学的故事。全书的研究总结和政策启示如下。

　　（一）中国人口结构正经历着前所未有的重大变化，"人口结构转变"已悄然而至

　　从全球范围看，当今许多国家，尤其是发达国家正面临着快速老龄化和劳动力增长率大幅下降的局面。相比而言，中国人口结构转变更为迅猛激烈。过去较长一段时期，人口红利的确塑造了中国的经济增长奇迹。但现在情况正在发生系统性变化——人口红利逐渐消散、老龄化加速推进、劳动力人口和总人口出现负增长、生育率快速下滑以及性别比失衡凸显，人口结构转变将给经济发展（包括收入分配格局）带来诸多挑战和不确定性。因此，公共政策和经济主体要做出积极且富有远见的响应，这也是在人口结构转变时代下行稳致远的根本。

　　（二）老龄化将影响经济中的储蓄和资本劳动比，进而改变初次分配中劳动收入份额

　　理论上，人口年龄结构变化会影响一个经济体的储蓄，进而改变生产的资本劳动比，当资本与劳动存在替代关系时，人口老龄化将最终导致劳动收入份额下降。利用中国数据进行经验分析，确认了少儿抚养比下降、老年抚养比上升以及老龄化系数上升都显著降低劳动收入份额。而且，我国劳动收入份额下降更多来自底部老龄化或者生育率的快速下降。虽然顶部老龄化影响目前较小，但在逐渐强化。在可预期的未来几年，我国少儿抚养比下降空间有限，而老龄化的步伐正在加快，因而老龄化的收入分配影响效应会更加凸显。

在政策的制定和问题解决方案的寻求上，应充分考虑人口结构转变和劳动力供求变化，加强劳动立法提高劳动者议价能力，构建劳动者工资正常增长机制，提高劳动报酬在初次分配中的比重。同时，应积极增强劳动力市场流动性，提高就业包容性，通过完善社会保障、促进跨代沟通、开发老年人力资源等方式，实施积极的老龄化助推收入分配改善措施，促进共同富裕的实现。

（三）老龄化对收入差距扩大具有重要解释力

基本逻辑是，如果不同年龄人群内部的收入差距（或两极化）状况并不一样，那么人口年龄结构变化就会影响整体经济体中居民的收入分配状况。通常，个体经验和人力资本会随年龄增加而增加，收入也跟着增加，不同年龄群体的收入分布也就不同。换言之，人口年龄结构的变化因群体异质性而使总体收入分配不同，当收入差距大的老年群体的相对人口规模变大时，整体意义的收入差距也就扩大了。

研究结果对于反思收入差距和优化分配秩序具有重要的启示。过去，研究者们长期关注导致收入差距扩大的各种经济体制和分配政策等原因，往往忽视了老龄化因素。老龄化加速到来而导致的收入分配不均，就要求政府对人口政策、社会保障和代际转移支付政策进行积极调整。

（四）"年龄移民"对我国家庭收入变迁有重要影响

基于生命周期理论，如果收入冲击是持久的，那么收入状况的变化路径将遵循随机游走（random walk）过程，这意味着，随着同一代人的逐渐老去，其内部的收入差距会扩大。利用世代分析方法（Deaton，1997）和微观调查数据（CHNS）考察中国居民家庭收入动态变化的年龄效应和代际效应，主要研究表明，收入差距表现出随着"年龄移民"增加而扩大的趋势，人口老龄化是造成当今中国微观家庭收入差距扩大的一个重要诱因。

收入差距随年龄老化而扩大，意味着中国收入差距的状况很可能有老龄化因素的推动作用。同时，代际收入差距也是客观存在的。因此在政策寻求上，应着眼于实现共享式的经济发展，把代际公平正义原则应用于政策制定中，通过再分配方式将当前年青一代的部分资源适当转移给老年人口，同时谨防贫困代际传递，最终实现代际公平和社会福利增进。

（五）全球范围，老龄化对收入差距和劳动收入份额都具有显著影响

老龄化与收入分配的显著关系是否具有普遍性？本书利用更加宽广的全球视野予以考察，确认了人口年龄结构对功能性和规模性收入分配均具有显著影响。而且，在深度老龄化的 OECD 国家，人口年龄结构影响效应较大，这种影响主要来自顶部老龄化的作用。而对于未步入老龄化社会的国家，人口年龄结构的影响仅初露端倪，更多的是来自少儿抚养比下降的影响。这预示着，老龄化的经济后果表现出特殊的时序结构特征。

虽然全球人口"变老"是一个共同趋势，但由于政治经济发展的阶段性差异以及生育政策选择不同，世界不同国家和地区的人口发展阶段、特点与未来趋势不尽相同。不同发展阶段（包括人口和经济增长）的国家会面临不同的收入分配模式，在功能性和规模性收入分配方面有着不同规律性特征。借鉴国际经验，尤其借鉴来自业已进入老龄化甚至深度老龄化的国家的经验，致力于将社会公平正义应用于公共政策，努力寻求增长与分配、效率与公平的平衡关系，采取有效措施以保障制度平稳运行，实现"老有所养"和代际相对公平，是应对老龄化问题的未雨绸缪之举。

（六）性别比失衡是影响婚姻匹配质量和劳动力市场表现的重要因素

女性"赤字"的性别比失衡会提高女性在婚姻市场上的相对地位，影响婚姻匹配质量，导致在婚姻市场上出现对男性的挤压现象，但其是否具有额外的积极影响？本书利用中国家庭收入调查和人口普查数据证明，性别比失衡显著提高女性结婚的可能性，并显著提高男性小时工资和成为创业者的概率。而且，性别比失衡对农村和城市人群产生截然不同的影响，这种差异可以通过城乡经济差异和传统文化习俗等中国特有的因素来解释。

本书确认了 1978~1992 年出生人口性别比失衡对婚姻匹配与劳动力市场表现的影响，丰富了性别经济学的研究。需要注意的是，尽管性别比失衡会显著提高男性的小时工资和成为创业者的概率，意味着性别比失衡会促使男性更努力工作和激发男性的企业家精神。但应该充分意识到，性别比失衡所造成的婚姻市场扭曲和资源错配，最终会影响宏观经济，因此通过政策干预纠正性别比失衡迫在眉睫。

（七）地区性别比失衡影响企业资本深化和要素收入分配

理论上，性别比失衡会加剧婚姻市场竞争，导致本地竞争性储蓄增加进而增加企业资本集约度，在资本-劳动存在替代关系的情况下，性别比失衡会降低企业劳动收入份额。在经验证据上，本书结合人口普查数据和工业企业调查数据，为上述理论猜想提供了经验证据。

这一研究结论具有重要的政策启示。实现人口性别均衡发展，不但是解决婚姻竞争、社会稳定等社会问题之所需，也有助于克服劳动收入份额下降之类的经济问题。

（八）地区性别比失衡显著影响微观家庭风险偏好和资产决策

地区性别比显著影响家庭资产决策，随着性别比失衡的加剧，相比女孩家庭，男孩家庭有更大动机选择对房屋进行投资，而不是选择高风险的金融资产。其作用机制在于：性别比失衡加剧了婚姻市场的择偶竞争和信息不对称，相比金融资产，房屋作为一种风险更低、更加具有外显性的财富形式和商品，可以在婚姻市场释放男孩家庭"筑巢引凤"的高质量信号。

地区性别比失衡造成的婚姻挤压会传递给众多家庭，并改变他们的经济行为和动机。因此，在对性别比失衡的经济社会风险进行充分评估的前提下，出生性别比综合治理工作刻不容缓，应积极宣传引导大众形成良好的婚嫁文化和新型的生育观念，有助于缓解性别比失衡带来的不利影响。

总而言之，厘清中国"人口结构-收入分配"的内在逻辑，提出前瞻性的政策洞见，不仅有利于推动人口结构转变背景下收入分配的理论创新和实践创新，也是对党中央要求推动人口高质量发展的积极回应，可以为实现全体人民共同富裕的中国式现代化提供宝贵的人口政策预案。

参考文献

白重恩、钱震杰，2009，《国民收入的要素分配：统计数据背后的故事》，《经济研究》第 3 期。

白重恩、钱震杰，2010，《劳动收入份额决定因素：来自中国省际面板数据的证据》，《世界经济》第 12 期。

白重恩、钱震杰、武康平，2008，《中国工业部门要素分配份额决定因素研究》，《经济研究》第 8 期。

包群、邵敏，2008，《外商投资与东道国工资差异：基于我国工业行业的经验研究》，《管理世界》第 5 期。

蔡昉，2010，《关于中国人口及相关问题的若干认识误区》，《国际经济评论》第 6 期。

蔡昉，2022，《人口红利：认识中国经济增长的有益框架》，《经济研究》第 10 期。

蔡昉，2004，《人口转变、人口红利与经济增长可持续性——兼论充分就业如何促进经济增长》，《人口研究》第 2 期。

蔡昉，2005，《探索适应经济发展的公平分配机制》，《人民论坛》第 10 期。

蔡昉、杨涛，2000，《城乡收入差距的政治经济学》，《中国社会科学》第 4 期。

蔡昉，2007，《中国经济面临的转折及其对发展和改革的挑战》，《中国社会科学》第 3 期。

常进雄、朱帆、董非，2019，《劳动力转移就业对经济增长、投资率及劳动收入份额的影响》，《世界经济》第 7 期。

陈本凤、周敏，2011，《基于产业视角的劳动收入份额分析》，《财经科学》

第 7 期。

陈斌开、杨依山、许伟，2009，《中国城镇居民劳动收入差距演变及其原因：1990—2005》，《经济研究》第 12 期。

陈昌兵，2007，《各地区居民收入基尼系数计算及其非参数计量模型分析》，《数量经济技术经济研究》第 1 期。

陈卫、翟振武，2007，《1990 年代中国出生性别比：究竟有多高?》，《人口研究》第 5 期。

陈彦斌、郭豫媚、姚一旻，2014，《人口老龄化对中国高储蓄的影响》，《金融研究》第 1 期。

陈彦斌、林晨、陈小亮，2019，《人工智能、老龄化与经济增长》，《经济研究》第 7 期。

陈宇峰、贵斌威、陈启清，2013，《技术偏向与中国劳动收入份额的再考察》，《经济研究》第 6 期。

陈云、霍青青、张婉，2021，《生育政策变化视角下的二孩家庭收入流动性》，《人口研究》第 2 期。

陈宗胜、周云波，2002，《再论改革与发展中的收入分配——中国发生两极分化了吗》，经济科学出版社。

戴天仕、徐现祥，2010，《中国的技术进步方向》，《世界经济》第 11 期。

邓国胜，2000，《低生育水平与出生性别比偏高的后果》，《清华大学学报》（哲学社会科学版）第 4 期。

邓明，2014，《人口年龄结构与中国省际技术进步方向》，《经济研究》第 3 期。

董丽霞、赵文哲，2017，《我国人口年龄结构与劳动收入份额变动的实证研究》，《江西社会科学》第 10 期。

董志强、魏下海、汤灿晴，2012，《人口老龄化是否加剧收入不平等？——基于中国（1996～2009）的实证研究》，《人口研究》第 5 期。

都阳、封永刚，2021，《人口快速老龄化对经济增长的冲击》，《经济研究》第 2 期。

都阳，2019，《正确理解中国人口红利的变化趋势》，《人民论坛》第

14 期。

杜运周、任兵、陈忠卫等，2008，《先动性、合法化与中小企业成长——一个中介模型及其启示》，《管理世界》第 12 期。

段青，2008，《哈德逊的"光棍"理论与中国性别比失衡》，《国外理论动态》第 11 期。

方丽、田传浩，2016，《筑好巢才能引好凤：农村住房投资与婚姻缔结》，《经济学》（季刊）第 2 期。

风笑天，2009，《第一代独生子女父母的家庭结构：全国五大城市的调查分析》，《社会科学研究》第 2 期。

冯泰文，2009，《生产性服务业的发展对制造业效率的影响——以交易成本和制造成本为中介变量》，《数量经济技术经济研究》第 3 期。

高明、刘玉珍，2013，《跨国家庭金融比较：理论与政策意涵》，《经济研究》第 2 期。

龚刚、杨光，2010，《论工资性收入占国民收入比例的演变》，《管理世界》第 5 期。

古德哈特，查尔斯、马诺吉·普拉丹，2021，《人口大逆转》，廖岷、缪延亮译，中信出版集团。

郭凯明，2019，《人工智能发展、产业结构转型升级与劳动收入份额变动》，《管理世界》第 7 期。

郭凯明、余靖雯、龚六堂，2021，《家庭隔代抚养文化、延迟退休年龄与劳动力供给》，《经济研究》第 6 期。

郭庆旺、吕冰洋，2012，《论要素收入分配对居民收入分配的影响》，《中国社会科学》第 12 期。

郭志刚、邓国胜，1995，《婚姻市场理论研究——兼论中国生育率下降过程中的婚姻市场》，《中国人口科学》第 3 期。

国家统计局国民经济核算司编，2011，《中国地区投入产出表》，中国统计出版社。

国家卫生和计划生育委员会，2015，《关于加强打击防控采血鉴定胎儿性别行为的通知——文件解读》。

何小钢、朱国悦、冯大威，2023，《工业机器人应用与劳动收入份额——

　　来自中国工业企业的证据》，《中国工业经济》第 4 期。

贺雪峰，2009，《农村代际关系论：兼论代际关系的价值基础》，《社会科
　　学研究》第 5 期。

洪兴建、李金昌，2007，《两极分化测度方法述评与中国居民收入两极分
　　化》，《经济研究》第 11 期。

黄乾、晋晓飞，2022，《生育政策放松对中国城镇女性收入的影响》，《人
　　口研究》第 6 期。

黄先海、徐圣，2009，《中国劳动收入比重下降成因分析——基于劳动节
　　约型技术进步的视角》，《经济研究》第 7 期。

姜全保、李波，2011，《性别失衡对犯罪率的影响研究》，《公共管理学报》
　　第 1 期。

蒋为、黄玖立，2014，《国际生产分割、要素禀赋与劳动收入份额：理论
　　与经验研究》，《世界经济》第 5 期。

蓝嘉俊、杜鹏程、吴泓苇，2018，《家庭人口结构与风险资产选择——基
　　于 2013 年 CHFS 的实证研究》，《国际金融研究》第 11 期。

蓝嘉俊、方颖、马天平，2019a，《就业结构、刘易斯转折点与劳动收入份
　　额：理论与经验研究》，《世界经济》第 6 期。

蓝嘉俊、方颖、魏下海，2019b，《性别比失衡下的婚姻匹配与劳动力市场
　　表现——基于独生子女政策准自然实验的实证分析》，《世界经济文
　　汇》第 4 期。

蓝嘉俊、魏下海、吴超林，2014，《人口老龄化对收入不平等的影响：拉
　　大还是缩小？——来自跨国数据（1970~2011 年）的经验发现》，《人
　　口研究》第 5 期。

雷晓燕、许文健、赵耀辉，2015，《高攀的婚姻更令人满意吗？婚姻匹配
　　模式及其长远影响》，《经济学》（季刊）第 1 期。

雷晓燕、周月刚，2010，《中国家庭的资产组合选择：健康状况与风险偏
　　好》，《金融研究》第 1 期。

李超，2016，《老龄化、抚幼负担与微观人力资本投资——基于 CFPS 家庭
　　数据的实证研究》，《经济学动态》第 12 期。

李稻葵、刘霖林、王红领，2009，《GDP 中劳动份额演变的 U 型规律》，

《经济研究》第 1 期。

李建民、杜鹏、桂世勋等，2011，《新时期的老龄问题我们应该如何面对》，《人口研究》第 4 期。

李建民，2015，《中国的人口新常态与经济新常态》，《人口研究》第 1 期。

李建民，2014，《中国人口与经济关系的转变》，《广东社会科学》第 3 期。

李实、马欣欣，2006，《中国城镇职工的性别工资差异与职业分割的经验分析》，《中国人口科学》第 5 期。

李树茁、姜全保、伊莎贝尔·阿塔尼等，2006，《中国的男孩偏好和婚姻挤压——初婚与再婚市场的综合分析》，《人口与经济》第 4 期。

李文星、徐长生、艾春荣，2008，《中国人口年龄结构和居民消费：1989—2004》，《经济研究》第 7 期。

联合国国际人口学会，1992，《人口学词典》，商务印书馆。

梁超，2017，《计划生育影响了收入不平等吗？——基于 CFPS 数据的经验分析》，《人口与经济》第 1 期。

廖立国，2011，《中国人口老龄化的经济增长效应分析》，博士学位论文，吉林大学。

刘李华、孙早，2022，《人口老龄化、居民健康与收入不平等》，《经济科学》第 5 期。

刘娜、卢玲花，2018，《生育对城镇体制内女性工资收入的影响》，《人口与经济》第 5 期。

刘士杰，2010，《人口转变对经济增长的影响机制研究——基于人口红利理论框架的深入分析》，博士学位论文，南开大学。

刘爽、卫银霞、任慧，2012，《从一次人口转变到二次人口转变——现代人口转变及其启示》，《人口研究》第 1 期。

刘文、张琪，2017，《人口老龄化对人力资本投资的"倒 U"影响效应——理论机制与中日韩比较研究》，《中国人口·资源与环境》第 11 期。

刘小鸽，2016，《计划生育如何影响了收入不平等？——基于代际收入流动的视角》，《中国经济问题》第 1 期。

刘修岩、贺小海、殷醒民，2007，《市场潜能与地区工资差距：基于中国地级面板数据的实证研究》，《管理世界》第 9 期。

刘亚琳、申广军、姚洋，2022，《我国劳动收入份额：新变化与再考察》，《经济学》（季刊）第 5 期。

陆铭、陈钊，2004，《城市化、城市倾向的经济政策与城乡收入差距》，《经济研究》第 6 期。

罗长远，2008，《卡尔多"特征事实"再思考：对劳动收入占比的分析》，《世界经济》第 11 期。

罗长远、张军，2009a，《经济发展中的劳动收入占比：基于中国产业数据的实证研究》，《中国社会科学》第 4 期。

罗长远、张军，2009b，《劳动收入占比下降的经济学解释——基于中国省级面板数据的分析》，《管理世界》第 5 期。

罗楚亮，2010，《居民收入分布的极化》，《中国人口科学》第 6 期。

罗楚亮、颜迪，2020，《家庭结构与居民收入差距》，《劳动经济研究》第 1 期。

罗明津、铁瑛，2021，《企业金融化与劳动收入份额变动》，《金融研究》第 8 期。

吕冰洋、郭庆旺，2012，《中国要素收入分配的测算》，《经济研究》第 10 期。

吕光明，2011，《中国劳动收入份额的测算研究：1993—2008》，《统计研究》第 12 期。

吕指臣、刘生龙，2021，《人口结构变迁与中国家庭储蓄率：理论与实证》，《学术研究》第 9 期。

穆光宗、余利明、杨越忠，2007，《出生人口性别比问题治理研究》，《中国人口科学》第 3 期。

倪旭君，2015，《居民家庭结构变动对收入变动的影响分析》，《上海经济研究》第 11 期。

钱雪松、杜立、马文涛，2015，《中国货币政策利率传导有效性研究：中介效应和体制内外差异》，《管理世界》第 11 期。

曲兆鹏、赵忠，2008，《老龄化对我国农村消费和收入不平等的影响》，《经济研究》第 12 期。

权小锋、吴世农、尹洪英，2015，《企业社会责任与股价崩盘风险："价值利器"或"自利工具"?》，《经济研究》第 11 期。

邵敏、黄玖立，2010，《外资与我国劳动收入份额——基于工业行业的经验研究》，《经济学》（季刊）第 4 期。

唐东波，2011，《全球化与劳动收入占比：基于劳资议价能力的分析》，《管理世界》第 8 期。

童健、刘伟、薛景，2016，《环境规制、要素投入结构与工业行业转型升级》，《经济研究》第 7 期。

万广华，2006，《经济发展与收入不均等：方法和证据》，上海人民出版社。

汪伟，2010，《经济增长、人口结构变化与中国高储蓄》，《经济学》（季刊）第 1 期。

王聪、姚磊、柴时军，2017，《年龄结构对家庭资产配置的影响及其区域差异》，《国际金融研究》第 2 期。

王丹枫，2011，《产业升级、资本深化下的异质性要素分配》，《中国工业经济》第 8 期。

王弟海，2011，《宏观经济学数理模型基础》，格致出版社。

王俊，2020，《初育年龄推迟对女性收入的影响》，《人口研究》第 5 期。

王俊、石人炳，2021，《中国家庭生育二孩的边际机会成本——基于收入分层的视角》，《人口与经济》第 4 期。

王林辉、胡晟明、董直庆，2022，《人工智能技术、任务属性与职业可替代风险：来自微观层面的经验证据》，《管理世界》第 7 期。

王临风、余玲铮、金钊，2018，《性别失衡、婚姻挤压与个体劳动参与》，《劳动经济研究》第 3 期。

王美艳，2005，《中国城市劳动力市场上的性别工资差异》，《经济研究》第 12 期。

王少平、欧阳志刚，2008，《中国城乡收入差距对实际经济增长的阈值效应》，《中国社会科学》第 2 期。

王宋涛、魏下海、涂斌等，2012，《收入差距与中国国民劳动收入变动研究——兼对 GDP 中劳动份额 U 型演变规律的一个解释》，《经济科学》

第 6 期。

王小勇，2006，《市场潜力、外部性与中国地区工资差异》，《南方经济》
　　第 8 期。

王永钦、董雯，2020，《机器人的兴起如何影响中国劳动力市场？——来
　　自制造业上市公司的证据》，《经济研究》第 10 期。

王跃生，2013，《中国城乡家庭结构变动分析——基于 2010 年人口普查数
　　据》，《中国社会科学》第 12 期。

韦艳、姜全保，2017，《代内剥削与代际剥削？——基于九省百村调查的
　　中国农村彩礼研究》，《人口与经济》第 5 期。

魏峰、袁欣、邱杨，2009，《交易型领导、团队授权氛围和心理授权影响
　　下属创新绩效的跨层次研究》，《管理世界》第 4 期。

魏国学、熊启泉、谢玲红，2008，《转型期的中国农村人口高彩礼婚
　　姻——基于经济学视角的研究》，《中国人口科学》第 4 期。

魏下海、曹晖、吴春秀，2018，《生产线升级与企业内性别工资差距的收
　　敛》，《经济研究》第 2 期。

魏下海、董志强、黄玖立，2013，《工会是否改善劳动收入份额？——理
　　论分析与来自中国民营企业的经验证据》，《经济研究》第 8 期。

魏下海、董志强、蓝嘉俊，2017，《地区性别失衡对企业劳动收入份额的
　　影响：理论与经验研究》，《世界经济》第 4 期。

魏下海、董志强、张建武，2012，《人口年龄分布与中国居民劳动收入变
　　动研究》，《中国人口科学》第 3 期。

魏下海、董志强、赵秋运，2012，《人口年龄结构变化与劳动收入份额：
　　理论与经验研究》，《南开经济研究》第 2 期。

魏下海，2015，《人口老龄化及其对劳动力市场的影响——来自 G20 的经
　　验证据》，《社会科学辑刊》第 2 期。

魏下海、万江滔，2020，《人口性别结构与家庭资产选择：性别失衡的视
　　角》，《经济评论》第 5 期。

魏下海、张建武、邹钰莹，2012，《人口结构转变与收入不平等：一个文
　　献综述》，《劳动经济评论》第 5 期。

魏下海、张沛康、杜宇洪，2020，《机器人如何重塑城市劳动力市场：移

民工作任务的视角》,《经济学动态》第 10 期。

邬沧萍、王萍, 2009,《积极应对人口老龄化》,《求是》第 7 期。

吴卫星、吴锟、张旭阳, 2018,《金融素养与家庭资产组合有效性》,《国际金融研究》第 5 期。

伍晓、伯莉红、李海明, 2021,《人口年龄结构、要素替代弹性与劳动收入份额变动》,《西南大学学报》(自然科学版)第 9 期。

冯国明、杨长志, 2009,《外资所有权与工资升水关系研究评述》,《经济学动态》第 3 期。

肖洁, 2017,《生育的收入惩罚效应有多大——基于已婚女性收入分布的研究》,《东南大学学报》(哲学社会科学版)第 3 期。

邢春冰, 2006,《中国不同所有制部门的工资决定与教育回报:分位回归的证据》,《世界经济文汇》第 4 期。

熊家财、刘充、章卫东, 2022,《数字金融发展与劳动收入份额提升——来自上市公司的经验证据》,《经济评论》第 6 期。

徐达实, 2019,《生育选择、人力资本和中等收入陷阱》,《财经理论与实践》第 6 期。

徐强、赵欣, 2022,《基于人口集聚视角的人口变动对劳动收入份额的影响》,《统计与信息论坛》第 8 期。

徐舒, 2010,《技术进步、教育收益与收入不平等》,《经济研究》第 9 期。

徐现祥、刘毓芸、肖泽凯, 2015,《方言与经济增长》,《经济学报》第 2 期。

许琪, 2021,《从父职工资溢价到母职工资惩罚——生育对我国男女工资收入的影响及其变动趋势研究 (1989—2015)》,《社会学研究》第 5 期。

杨菊华, 2019,《"性别—母职双重赋税"与劳动力市场参与的性别差异》,《人口研究》第 1 期。

杨俊、黄潇、李晓羽, 2008,《教育不平等与收入分配差距:中国的实证分析》,《管理世界》第 1 期。

杨俊、廖尝君、邵汉华, 2010,《经济分权模式下地方政府赶超与劳动收入占比——基于中国省级面板数据的实证分析》,《财经研究》第

8 期。

杨天宇，2008，《改革开放以来的收入分配：回顾和展望》，《学习与探索》
　　第 4 期。

杨扬、姜文辉、张卫芳，2018，《人口老龄化、技术偏向是否加剧了中国
　　劳动收入份额下降——基于中国省际面板数据的理论与实证分析》，
　　《经济问题》第 6 期。

尹虹潘、刘姝伶，2011，《中国总体基尼系数的变化趋势——基于 2000～
　　2009 年数据的全国人口细分算法》，《中国人口科学》第 4 期。

尹志超、宋全云、吴雨，2014，《金融知识、投资经验与家庭资产选择》，
　　《经济研究》第 4 期。

于学军，2003，《中国人口转变与"战略机遇期"》，《中国人口科学》第
　　1 期。

于泽、章潇萌、刘凤良，2015，《我国产业结构变迁与劳动收入占比的演
　　化》，《中国人民大学学报》第 4 期。

詹新宇、余倩，2022，《政府补助的收入分配效应——基于劳动收入份额
　　视角的模型与实证》，《财政研究》第 5 期。

张川川、陶美娟，2020，《性别比失衡、婚姻支付与代际支持》，《经济科
　　学》第 2 期。

张建红、Elhorst, J. Paul、Witteloostuijn, Arjen van，2006，《中国地区工资
　　水平差异的影响因素分析》，《经济研究》第 10 期。

张军、吴桂英、张吉鹏，2004，《中国省际物质资本存量估算：1952—
　　2000》，《经济研究》第 10 期。

张克中、冯俊诚，2010，《通货膨胀、不平等与亲贫式增长——来自中国
　　的实证研究》，《管理世界》第 5 期。

张奎、王祖祥，2009，《收入不平等与两极分化的估算与控制——以上海
　　城镇为例》，《统计研究》第 8 期。

张莉、李捷瑜、徐现祥，2012，《国际贸易、偏向型技术进步与要素收入
　　分配》，《经济学》（季刊）第 2 期。

章上峰、许冰，2010，《初次分配中劳动报酬比重测算方法研究》，《统计
　　研究》第 8 期。

赵丙祥、童周炳，2011，《房子与骰子：财富交换之链的个案研究》，《社会学研究》第 3 期。

赵俊康，2006，《我国劳资分配比例分析》，《统计研究》第 12 期。

周明海、肖文、姚先国，2010，《企业异质性、所有制结构与劳动收入份额》，《管理世界》第 10 期。

周明海、姚先国、肖文，2012，《功能性与规模性收入分配：研究进展和未来方向》，《世界经济文汇》第 3 期。

周绍杰、张俊森、李宏彬，2009，《中国城市居民的家庭收入、消费和储蓄行为：一个基于组群的实证研究》，《经济学》（季刊）第 4 期。

宗庆庆、张熠、陈玉宇，2020，《老年健康与照料需求：理论和来自随机实验的证据》，《经济研究》第 2 期。

Abramitzky, R., Delavande, A., Vasconcelos, L., 2011, "Marrying Up: The Role of Sex Ratio in Assortative Matching", *American Economic Journal Applied Economics*, 3 (3), pp. 124–157.

Acemoglu, D., Restrepo, P., 2019, "Automation and New Tasks: How Technology Displaces and Reinstates Labor", *The Journal of Economic Perspectives*, 33 (2), pp. 3–30.

Acemoglu, D., Restrepo, P., 2022, "Demographics and Automation", *The Review of Economic Studies*, 89 (1), pp. 1–44.

Adelman, I., Morris, C. T., 1973, *Economic Growth and Social Equity in Developing Countries*. Stanford: Stanford University Press.

Amuedo-Dorantes, C., Grossbard-Shechtman, S., 2007, "Cohort-Level Sex Ratio Effects on Women's Labor Force Participation", *Review of Economics of the Household*, 5 (3), pp. 249–278.

Angrist, J., 2002, "How Do Sex Ratios Affect Marriage and Labor Markets? Evidence from America's Second Generation", *The Quarterly Journal of Economics*, 117 (3), pp. 997–1038.

Arellano, M., Bover, O., 1995, "Another Look at the Instrumental Variable Estimation of Error-Components Models", *Journal of Econometrics*, 68 (1), pp. 29–51.

Atinc, T. M. , 1997, "Sharing Rising Incomes: Disparities in China", World Bank Publications.

Attanasio, O. P. , Banks, J. , Meghir, C. , et al. , 1999, "Humps and Bumps in Lifetime Consumption", *Journal of Business & Economic Statistics*, 17 (1), pp. 22-35.

Bai, C. E. , Qian, Z. , 2010, "The Factor Income Distribution in China: 1978-2007", *China Economic Review*, 21 (4), pp. 650-670.

Bairoliya, N. , Miller, R. , 2021, "Demographic Transition, Human Capital and Economic Growth in China", *Journal of Economic Dynamics and Control*, 127, p. 104117.

Barber, N. , 2003, "The Sex Ratio and Female Marital Opportunity as Historical Predictors of Violent Crime in England, Scotland, and the United States", *Cross-Cultural Research*, 37 (4), pp. 373-392.

Baron, R. M. , Kenny, D. A. , 1986, "The Moderator-Mediator Variable Distinction in Social Psychological Research: Conceptual, Strategic, and Statistical Considerations", *Journal of Personality and Social Psychology*, 51 (6), pp. 1173-1182.

Basso, H. S. , Jimeno, J. F. , 2021, "From Secular Stagnation to Robocalypse? Implications of Demographic and Technological Changes", *Journal of Monetary Economics*, 117, pp. 833-847.

Bazillier, R. , Najman, B. , 2017, "Labour and Financial Crises: Is Labour Paying the Price of the Crisis?", *Comparative Economic Studies*, 59 (1), pp. 55-76.

Becker, G. S. , 1981, *A Treatise on the Family: Enlarged Edition*. Cambridge, MA: Harvard University Press.

Bentolila, S. , Saint-Paul, G. , 2003, "Explaining Movements in the Labor Share", *Contributions to Macroeconomics*, 3 (1), pp. 1-31.

Bergholt, D. , Furlanetto, F. , Maffei-Faccioli, N. , 2022, "The Decline of the Labor Share: New Empirical Evidence", *American Economic Journal: Macroeconomics*, 14 (3), pp. 163-198.

Bernard, A. B., Jensen, J. B., 2004, "Why Some Firms Export", *The Review of Economics and Statistics*, 86 (2), pp. 561-569.

Bethmann, D., Kvasnicka, M., 2013, "World War II, Missing Men and Out of Wedlock Childbearing", *The Economic Journal (London)*, 123 (567), pp. 162-194.

Bhaskar, V., Hopkins, E., 2016, "Marriage as a Rat Race: Noisy Premarital Investments with Assortative Matching", *Journal of Political Economy*, 124 (4), pp. 992-1045.

Blacker, C. P., 1947, "Stages in Population Growth", *The Eugenics Review*, 39 (3), pp. 88-101.

Bloome, D., 2017, "Childhood Family Structure and Intergenerational Income Mobility in the United States", *Demography*, 54 (2), pp. 541-569.

Blundell, R., Bond, S., 1998, "Initial Conditions and Moment Restrictions in Dynamic Panel Data Models", *Journal of Econometrics*, 87 (1), pp. 115-143.

Bond, S., Hoeffler, A., Temple, J., 2001, "GMM Estimation of Empirical Growth Models", *University of Oxford Economics Papers*, No. 2001-W21.

Bongers, A., 2021, "Economic Growth and the Functional Distribution of Income: A Labor Share Kuznets Curve", *Economics Bulletin*, 41 (1), pp. 192-200.

Boulier, B. L., 1975, "The Effects of Demographic Variables on Income Distribution", Research Program in Economic Development, Woodrow Willson School, Princeton University, Discussion Paper, 61.

Browning, M., Deaton, A., Irish, M., 1985, "A Profitable Approach to Labor Supply and Commodity Demands over the Life-Cycle", *Econometrica*, 53 (3), pp. 503-543.

Brown, P. H., Bulte, E., Zhang, X., 2011, "Positional Spending and Status Seeking in Rural China", *Journal of Development Economics*, 96 (1), pp. 139-149.

Brunnschweiler, C. N., Peretto, P. F., Valente, S., 2021, "Wealth Creation, Wealth Dilution and Demography", *Journal of Monetary Economics*, 117, pp. 441-459.

Bulte, E., Heerink, N., Zhang, X., 2011, "China's One-Child Policy and 'the Mystery of Missing Women': Ethnic Minorities and Male-Biased Sex Ratios", *Oxford Bulletin of Economics and Statistics*, 73 (1), pp. 21-39.

Butler, J., Wildermuth, G. A., Thiede, B. C., et al., 2020, "Population Change and Income Inequality in Rural America", *Population Research and Policy Review*, 39 (5), pp. 889-911.

Calderón, C., Chong, A., 2004, "Volume and Quality of Infrastructure and the Distribution of Income: An Empirical Investigation", *The Review of Income and Wealth*, 50 (1), pp. 87-106.

Campbell, J. Y., 2006, "Household Finance", *The Journal of Finance (New York)*, 61 (4), pp. 1553-1604.

Celik, O., 2022, "How Human Capital Affects Labor Income Share at the Sectoral Level?: Evidence from the EU-13 Countries and the UK", *Journal of Economic Studies (Bradford)*, 49 (8), pp. 1491-1501.

Chang, S., Zhang, X., 2015, "Mating Competition and Entrepreneurship", *Journal of Economic Behavior & Organization*, 116, pp. 292-309.

Chen, J., Wang, Y., Wen, J., et al., 2016, "The Influences of Aging Population and Economic Growth on Chinese Rural Poverty", *Journal of Rural Studies*, 47, pp. 665-676.

Chen, Y., Li, H., Meng, L., 2013, "Prenatal Sex Selection and Missing Girls in China: Evidence from the Diffusion of Diagnostic Ultrasound", *The Journal of Human Resources*, 48 (1), pp. 36-70.

Chiapa, C., Viejo, J. M. P., 2012, "Migration, Sex Ratios and Violent Crime: Evidence from Mexico's Municipalities" (Unpublished Manuscript).

Chiappori, P. A., 1992, "Collective Labor Supply and Welfare", *The Journal of Political Economy*, 100 (3), pp. 437-467.

Chiappori, P. A., Fortin, B., Lacroix, G., 2002, "Marriage Market, Divorce Legislation, and Household Labor Supply", *The Journal of Political Econo-*

my, 110 (1), pp. 37-72.

Chiappori, P. A. , 1988, "Rational Household Labor Supply", *Econometrica*, 56 (1), pp. 63-90.

Chi, W. , Qian, X. , 2013, "Regional Disparity of Labor's Share in China: Evidence and Explanation", *China Economic Review*, 27, pp. 277-293.

Chortareas, G. , Noikokyris, E. , 2021, "Investment and Labor Income Shares", *Economic Change and Restructuring*, 54 (3), pp. 807-820.

Chu, C. Y. C. , Jiang, L. , 1997, "Demographic Transition, Family Structure, and Income Inequality", *The Review of Economics and Statistics*, 79 (4), pp. 665-669.

Chu, C. Y. C. , 1987, "The Dynamics of Population Growth, Differential Fertility, and Inequality: Note", *American Economic Review*, 77, pp. 1054-1056.

Cobb, C. W. , Douglas, P. H. , 1928, "A Theory of Production", *American Economic Review*, 18 (1), pp. 139-165.

Dao, M. , Das, M. , Koczan, Z. , et al. , 2017, "Why Is Labor Receiving a Smaller Share of Global Income? Theory and Empirical Evidence", IMF, Working Paper No. 2017/169.

Daudey, E. , García-Peñalosa, C. , 2007, "The Personal and the Factor Distributions of Income in a Cross-section of Countries", *The Journal of Development Studies*, 43 (5), pp. 812-829.

Deaton, A. , 1985, "Panel Data from Time Series of Cross-sections", *Journal of Econometrics*, 30 (1), pp. 109-126.

Deaton, A. , Paxson, C. , 2000, "Growth, Demographic Structure, and National Saving in Taiwan", *Population and Development Review*, 26, pp. 141-173.

Deaton, A. , Paxson, C. , 1995, "Saving, Inequality and Aging: An East Asian Perspective", *Asia-Pacific Economic Review*, 1 (1), pp. 7-9.

Deaton, A. , 1997, *The Analysis of Household Surveys: A Microeconomic Approach to Development Policy*. Baltimore: Johns Hopkins University Press.

Decreuse, B. , Maarek, P. , 2015, "FDI and the Labor Share in Developing Countries: A Theory and Some Evidence", *Annals of Economics and Statistics*, Special Issue on Health and Labour Economics (119/120), pp. 289-319.

Diamond, P. A. , 1965, "National Debt in a Neoclassical Growth Model", *American Economic Review*, 55 (5), pp. 1126-1150.

Dietzenbacher, E. , 1989, "The Dynamics of Population Growth, Differential Fertility, and Inequality: Comment", *American Economic Review*, 79, pp. 584-587.

Dincecco, M. , Wang, Y. , 2021, "Internal Conflict and State Development: Evidence from Imperial China", Available at SSRN 3209556.

Diwan, I. , 2001, "Debt as Sweat: Labor, Financial Crises, and the Globalization of Capital", World Bank Unpublished Manuscript.

Dünhaupt, P. , 2017, "Determinants of Labour's Income Share in the Era of Financialisation", *Cambridge Journal of Economics*, 41 (1), pp. 283-306.

Dong, Z. , Tang, C. , Wei, X. , 2018, "Does Population Aging Intensify Income Inequality? Evidence from China", *Journal of the Asia Pacific Economy*, 23 (1), pp. 66-77.

Du, J. , Wang, Y. , Zhang, Y. , 2015, "Sex Imbalance, Marital Matching and Intra-Household Bargaining: Evidence from China", *China Economic Review*, 35, pp. 197-218.

Du, Q. , Wei, S. J. , 2010, "A Sexually Unbalanced Model of Current Account Imbalances", National Bureau of Economic Research Working Paper, No. 16000.

Du, Q. , Wei, S. J. , 2013, "A Theory of the Competitive Saving Motive", *Journal of International Economics*, 91 (2), pp. 275-289.

Duclos, J. Y. , Esteban, J. , Ray, D. , 2004, "Polarization: Concepts, Measurement, Estimation", *Econometrica*, 72 (6), pp. 1737-1772.

Dumauli, M. T. , 2019, "The Timing of Childbirth and the Child Wage-Penalty in Japan", *International Journal of Social Economics*, 46 (12), pp. 1369-

1386.

Easterly, W., Fischer, S., 2001, "Inflation and the Poor", *Journal of Money, Credit and Banking*, 33 (2), pp. 160-178.

Ebenstein, A., 2011, "Estimating a Dynamic Model of Sex Selection in China", *Demography*, 48 (2), pp. 783-811.

Ebenstein, A., 2010, "The 'Missing Girls' of China and the Unintended Consequences of the One-Child Policy", *The Journal of Human Resources*, 45 (1), pp. 87-115.

Edlund, L., Lee, C., 2013, "Son Preference, Sex Selection and Economic Development: The Case of South Korea". National Bureau of Economic Research Working Paper, No. 18679.

Edlund, L., Li, H., Yi, J., et al., 2013, "Sex Ratios and Crime: Evidence from China", *The Review of Economics and Statistics*, 95 (5), pp. 1520-1534.

Esteban, J., Gradín, C., Ray, D., 2007, "An Extension of a Measure of Polarization, with an Application to the Income Distribution of Five OECD Countries", *Journal of Economic Inequality*, 5 (1), pp. 1-19.

Esteban, J. M., Ray, D., 1994, "On the Measurement of Polarization", *Econometrica*, 62 (4), pp. 819-851.

EU, 2007, "The Labour Income Share in the European Union".

Fang, L., Tian, C., 2018, "Housing and Marital Matching: A Signaling Perspective", *China Economic Review*, 47, pp. 27-46.

Fisman, R., Iyengar, S. S., Kamenica, E., et al., 2006, "Gender Differences in Mate Selection: Evidence from a Speed Dating Experiment", *The Quarterly Journal of Economics*, 121 (2), pp. 673-697.

Francis, A. M., 2011, "Sex Ratios and the Red Dragon: Using the Chinese Communist Revolution to Explore the Effect of the Sex Ratio on Women and Children in Taiwan", *Journal of Population Economics*, 24 (3), pp. 813-837.

Galor, O., Zeira, J., 1993, "Income Distribution and Macroeconomics", *The*

Review of Economic Studies, 60 (1), pp. 35-52.

Gannon, C. A., Liu, Z., 1997, "Poverty and Transport", World Bank Discussion Paper, No. 22568.

Glaeser, E. L., Huang, W., Ma, Y., et al., 2017, "A Real Estate Boom with Chinese Characteristics", *Journal of Economic Perspectives*, 31 (1), pp. 93-116.

Glenn, N. D., 1977, *Cohort Analysis*. Beverly Hills (Calif.): Sage.

Glover, A., Short, J., 2023, "Demographic Origins of the Decline in Labor's Share", Bank of Canada, Staff Working Papers.

Goldsmith, R. W., 1969, *Financial Structure and Economic Development*. New Haven: Yale University Press.

Goodman, L. A., 1960, "On the Exact Variance of Products", *Journal of the American Statistical Association*, 55 (292), pp. 708-713.

Greenwood, J., Jovanovic, B., 1990, "Financial Development, Growth, and the Distribution of Income", *The Journal of Political Economy*, 98 (5), pp. 1076-1107.

Görg, H., Strobl, E., Walsh, F., 2007, "Why Do Foreign-Owned Firms Pay More? The Role of On-the-Job Training", *Review of World Economics*, 143 (3), pp. 464-482.

Grossbard-Shechtman, S., 1984, "A Theory of Allocation of Time in Markets for Labour and Marriage", *The Economic Journal (London)*, 94 (376), pp. 863-882.

Grossbard-Shechtman, S., 1995, "On the Economics of Marriage: A Theory of Marriage, Labor, and Divorce", *Population*, 50, pp. 206-209.

Grossbard-Shechtman, S., 1993, *On the Economics of Marriage*. New York: Routledge.

Guiso, L., Jappelli, T., Haliassos, M., 2000, "Household Portfolios: An International Comparison", University of Cyprus Discussion Paper.

Guo, R., Li, H., Yi, J., et al., 2018, "Fertility, Household Structure, and Parental Labor Supply: Evidence from China", *Journal of Comparative Eco-*

nomics, 46（1）, pp. 145-156.

Harrison, A. E., 2005, "Has Globalization Eroded Labor's Share? Some Cross-Country Evidence", University of California at Berkeley and NBER.

Hicks, J. R., 1932, *The Theory of Wages*. London: Macmillan and Co. Limited.

Hopenhayn, H., Neira, J., Singhania, R., 2022, "From Population Growth to Firm Demographics: Implications for Concentration, Entrepreneurship and the Labor Share", *Econometrica*, 90（4）, pp. 1879-1914.

Hudson, V. M., Den Boer, A. M., 2004, *Bare Branches: The Security Implications of Asia's Surplus Male Population*. Cambridge, Massachusetts and London: MIT Press.

Hung, J. H., Hammett, P., 2016, "Globalization and the Labor Share in the United States", *Eastern Economic Journal*, 42（2）, pp. 193-214.

Hwang, S., Choe, C., Choi, K., 2021, "Population Ageing and Income Inequality", *The Journal of the Economics of Ageing*, 20, p. 100345.

Irmen, A., 2021, "Automation, Growth, and Factor Shares in the Era of Population Aging", *Journal of Economic Growth*, 26（4）, pp. 415-453.

İmrohoroğlu, A., Zhao, K., 2018, "The Chinese Saving Rate: Long-Term Care Risks, Family Insurance, and Demographics", *Journal of Monetary Economics*, 96, pp. 33-52.

Kaldor, N., 1961, "Capital Accumulation and Economic Growth". *In The Theory of Capital*, edited by Lutz, F. A., Hague, D. C., London: Palgrave Macmillan.

Kamal, F., Lovely, M. E., Mitra, D., 2019, "Trade Liberalisation and Labour Shares in China", *The World Economy*, 42（12）, pp. 3588-3618.

Kasy, M., Ramos-Chaves, A., 2014, "The Impact of Changing Family Structures on the Income Distribution among Costa Rican Women 1993-2009", *Feminist Economics*, 20（2）, pp. 122-144.

Keynes, J. M., 1939, "Relative Movements of Real Wages and Output", *The Economic journal (London)*, 49（193）, pp. 34-51.

Kollmeyer, C., 2013, "Family Structure, Female Employment, and National

Income Inequality: A Cross-National Study of 16 Western Countries", *European Sociological Review*, 29 (4), pp. 816-827.

Koochakzadeh, S., Heydari, H., Yazdi-Feyzabadi, V., et al., 2021, "Does Population Aging Affect Income Inequality in Iran?", *Sālmand-Iranian Journal of Ageing*, 16 (3), pp. 396-411.

Krugman, P., 2007, "Who Was Milton Friedman", *New York Review of Books*, 54 (2), pp. 27-30.

Kuznets, S., 1955, "Economic Growth and Income Inequality", *American Economic Review*, 45 (1), pp. 1-28.

Kuznets, S., 1973, *Population, Capital and Growth*. New York: Norton.

Lam, D., 1997, "Demographic Variables and Income Inequality". *In Handbook of Population and Family Economics*, edited by Rosenzweig, M. R., Stark, O., Elsevier.

Lam, D., 1986, "The Dynamics of Population Growth, Differential Fertility, and Inequality", *American Economic Review*, 76, pp. 1103-1116.

Leblebicioğlu, A., Weinberger, A., 2021, "Openness and Factor Shares: Is Globalization Always Bad for Labor?", *Journal of International Economics*, 128, pp. 1-21.

Li, H., Yi, J., Zhang, J., 2011, "Estimating the Effect of the One-Child Policy on the Sex Ratio Imbalance in China: Identification Based on the Difference-in-Differences", *Demography*, 48 (4), pp. 1535-1557.

Li, H., Zheng, H., 2009, "Ultrasonography and Sex Ratios in China", *Asian Economic Policy Review*, 4 (1), pp. 121-141.

Li, J., La, H. A., Sologon, D. M., 2021, "Policy, Demography, and Market Income Volatility: What Shaped Income Distribution and Inequality in Australia Between 2002 and 2016?", *The Review of Income and Wealth*, 67 (1), pp. 196-221.

Li, L., Wu, X., 2017, "The Consequences of Having a Son on Family Wealth in Urban China", *The Review of Income and Wealth*, 63 (2), pp. 378-393.

Loh, C., Remick, E. J., 2015, "China's Skewed Sex Ratio and the One-Child Policy", *The China Quarterly*, 222, pp. 295–319.

Lugauer, S., Ni, J., Yin, Z., 2019, "Chinese Household Saving and Dependent Children: Theory and Evidence", *China Economic Review*, 57, p. 101091.

Maarek, P., Orgiazzi, E., 2020, "Development and the Labor Share", *The World Bank Economic Review*, 34 (1), pp. 232–257.

Maia, A. G., Sakamoto, C. S., 2016, "The Impacts of Rapid Demographic Transition on Family Structure and Income Inequality in Brazil, 1981 – 2011", *Population Studies*, 70 (3), pp. 293–309.

Manyika, J., Mischk, J., Bughin, J., et al., 2019, "A New Look at the Declining Labor Share of Income in the United States", McKinsey Global Institute Discussion Paper.

Martin, M. A., 2006, "Family Structure and Income Inequality in Families with Children, 1976 to 2000", *Demography*, 43 (3), pp. 421–445.

Mason, A., Lee, S. H., 2002, "Population Aging and the Extended Family in Taiwan: A New Model for Analyzing and Projecting Living Arrangements", Workshop on 16 Future Seniors and their Kin in honor of Gene Hammel, Marconi Conference Center, Marshall, CA.

Mattina, G. L., 2017, "Civil Conflict, Domestic Violence and Intra-Household Bargaining in Post-Genocide Rwanda", *Journal of Development Economics*, 124, pp. 168–198.

Maurer, N., Haber, S., 2007, "Related Lending and Economic Performance: Evidence from Mexico", *The Journal of Economic History*, 67 (3), pp. 551–581.

Mieila, M., 2017, "Modified Internal Rate of Return: Alternative Measure in the Efficiency of Investments Evaluation", *International Journal of Sustainable Economies Management (IJSEM)*, 6 (4), pp. 35–42.

Miyazawa, K., 2006, "Growth and Inequality: A Demographic Explanation", *Journal of Population Economics*, 19 (3), pp. 559–578.

Mosk, C., Nakata, Y. F., 1985, "The Age-Wage Profile and Structural Change in the Japanese Labor Market for Males, 1964–1982", *The Journal of Human Resources*, 20 (1), pp. 100–116.

Murphy, R., 2003, "Fertility and Distorted Sex Ratios in a Rural Chinese County: Culture, State, and Policy", *Population and Development Review*, 29 (4), pp. 595–626.

Myck, M., 2010, "Wages and Ageing: Is There Evidence for the 'Inverse-U' Profile?", *Oxford Bulletin of Economics and Statistics*, 72 (3), pp. 282–306.

Ohtake, F., Saito, M., 1998, "Population Aging and Consumption Inequality in Japan", *The Review of Income and Wealth*, 44 (3), pp. 361–381.

Panon, L., 2022, "Labor Share, Foreign Demand and Superstar Exporters", *Journal of International Economics*, 139, p. 103678.

Porter, M., 2016, "How Do Sex Ratios in China Influence Marriage Decisions and Intra-Household Resource Allocation?", *Review of Economics of the Household*, 14 (2), pp. 337–371.

Potter, R. G., 1979, "Fertility Effect of Seasonal Migration and Seasonal Variation in Fecundability: Test of a Useful Approximation under More General Conditions", *Demography*, 16, pp. 475–479.

Preacher, K. J., Hayes, A. F., 2008, "Asymptotic and Resampling Strategies for Assessing and Comparing Indirect Effects in Multiple Mediator Models", *Behavior Research Methods*, 40 (3), pp. 879–891.

Prettner, K., 2019, "A Note on The Implications of Automation for Economic Growth and The Labor Share", *Macroeconomic Dynamics*, 23 (3), pp. 1294–1301.

Purba, B., Masbar, R., Maipita, I., et al., 2019, "The Effect of Capital Expenditure and Gross Fixed Capital Formation on Income Disparity in West Coast Region of North Sumatera", *IOP Conference Series: Earth and Environmental Science*, 260 (1), p. 012022.

Qian, N., 2009, "Quantity-Quality and the One Child Policy: The Only-Child

Disadvantage in School Enrollment in Rural China". National Bureau of Economic Research Working Paper, No. 14973.

Qi, H., 2014, "The Labor Share Question in China", *Monthly Review*, 65 (8), p. 23.

Rapoport, B., Sofer, C., Solaz, A., 2011, "Household Production in a Collective Model: Some New Results", *Journal of Population Economics*, 24 (1), pp. 23-45.

Razin, A., Ben-Zion, U., 1975, "An Intergenerational Model of Population Growth", *American Economic Review*, 66, pp. 923-933.

Repetto, R., 1978, "The Interaction of Fertility and Size Distribution of Income", *Journal of Development Studies*, 14, pp. 22-39.

Romer, D., 2001, *Advanced Macroeconomics*. New York: McGraw-Hill.

Sargeson, S., 2002, "Subduing 'The Rural House-building Craze': Attitudes Towards Housing Construction and Land Use Controls in Four Zhejiang Villages", *The China Quarterly (London)*, 172 (172), pp. 927-955.

Schmidt, T., Vosen, S., 2013, "Demographic Change and the Labour Share of Income", *Journal of Population Economics*, 26 (1), pp. 357-378.

Schultz, T. P., 1997, "Income Inequality in Taiwan 1976 - 1995: Changing Family Composition, Aging, and Female Labor Force Participation", Economic Growth Center, Yale University, in Center Discussion Paper, no. 778.

Sen, A., 1990, "More Than a Hundred Million Women Are Missing", *The New York Review of Books*, 37 (20), pp. 61-66.

Sobel, M. E., 1982, "Asymptotic Confidence Intervals for Indirect Effects in Structural Equation Models", *Sociological Methodology*, 13, pp. 290-312.

Solow, R. M., 1958, "A Skeptical Note on the Constancy of Relative Shares", *American Economic Review*, 48 (4), pp. 618-631.

Stockhammer, E., 2017, "Determinants of the Wage Share: A Panel Analysis of Advanced and Developing Economies", *British Journal of Industrial Relations*, 55 (1), pp. 3-33.

Wang, F., Mason, A., 2008, "The Demographic Factor in China's Transition", *China's Great Economic Transformation*, edited by Brandt, L., Rawski, T. G., Cambridge University Press: 136-166.

Wei, S. J., Zhang, X., 2011a, "Sex Ratios, Entrepreneurship, and Economic Growth in the People's Republic of China", National Bureau of Economic Research Working Paper, No. w16800.

Wei, S. J., Zhang, X., 2011b, "The Competitive Saving Motive: Evidence from Rising Sex Ratios and Savings Rates in China", *Journal of Political Economy*, 119 (3), pp. 511-564.

Wei, S. J., Zhang, X., Liu, Y., 2017, "Home Ownership as Status Competition: Some Theory and Evidence", *Journal of Development Economics*, 127, pp. 169-186.

White, H., 1980, "A Heteroskedasticity-Consistent Covariance Matrix Estimator and a Direct Test for Heteroskedasticity", *Econometrica*, 48 (4), pp. 817-838.

Wolfson, M. C., 1994, "When Inequalities Diverge", *The American Economic Review*, 84 (2), pp. 353-358.

World Bank, 1998, "World Development Report 1998".

Wu, X., 2022, "Fertility and Maternal Labor Supply: Evidence from the New Two-Child Policies in Urban China", *Journal of Comparative Economics*, 50 (2), pp. 584-598.

Xing, Y., Zhang, K. H., 2004, "FDI and Regional Income Disparity in Host Countries: Evidence from China", *Economia Internazionale*, 57 (3), pp. 363-379.

Yao, R., Xu, C., 2018, "Factors Related to Non-Primary Housing Ownership: Evidence from China General Social Survey", *Electronic Journal*.

Yuan, Y., Rong, Z., Xu, L., 2012, *Sex Imbalance, Marriage Competition, and Entrepreneurship: Evidence from Rural China*. Seattle, Washington: Agricultural and Applied Economics Association (AAEA).

Zhang, C., Li, T., 2017, "Culture, Fertility and the Socioeconomic Status of

Women", *China Economic Review*, 45, pp. 279-288.

Zhang, H. , Ke, L. , Ding, D. , 2021, "The Effect of Chinese Population Aging on Income Inequality: Based on a Micro-Macro Multiregional Dynamic CGE Modelling Analysis", *Emerging Markets Finance & Trade*, 57 (5), pp. 1399-1419.

Zhang, L. , 2022, "Patrilineality, Fertility, and Women's Income: Evidence from Family Lineage in China", *China Economic Review*, 74, p. 101805.

Zhao, L. , Feng, Q. , Hu, W. Q. , 2022, "Investment Incentives and Labor Share: Evidence from Accelerated Depreciation Policy in China", *Applied Economics*, 54 (41), pp. 4751-4766.

图书在版编目（CIP）数据

中国人口结构转变与收入分配：事实、机制与政策
含义／魏下海，董志强，蓝嘉俊著 . -- 北京：社会科
学文献出版社，2025.3. -- （华侨大学哲学社会科学文
库）. --ISBN 978-7-5228-4522-7

Ⅰ. C924.24；F124.7

中国国家版本馆 CIP 数据核字第 2024C1N943 号

华侨大学哲学社会科学文库·经济学系列
中国人口结构转变与收入分配：事实、机制与政策含义

著　　者／魏下海　董志强　蓝嘉俊

出 版 人／冀祥德
责任编辑／高　雁
文稿编辑／王红平
责任印制／王京美

出　　版／社会科学文献出版社·经济与管理分社（010）59367226
　　　　　地址：北京市北三环中路甲 29 号院华龙大厦　邮编：100029
　　　　　网址：www.ssap.com.cn
发　　行／社会科学文献出版社（010）59367028
印　　装／三河市龙林印务有限公司

规　　格／开　本：787mm×1092mm　1/16
　　　　　印　张：15.25　字　数：236 千字
版　　次／2025 年 3 月第 1 版　2025 年 3 月第 1 次印刷
书　　号／ISBN 978-7-5228-4522-7
定　　价／128.00 元